Zu diesem Buch

Erkenne dich selbst – das ist eigentlich das Programm jeder Psychotherapie und jeder spirituellen Schulung. Leider ist das gar nicht so einfach. Denn wir haben alle unsere blinden Flecken, die verhindern, daß wir unsere beschränkte Weltsicht und unsere unbewußten Konditionierungen erkennen. Das Enneagramm – ein von den Sufis entwickeltes System von neun Charaktertypen – ist dabei ein unschätzbares Hilfsmittel. Wenn wir erst einmal herausgefunden haben, zu welcher der neun Charakterstrukturen wir gehören, wissen wir, wo unsere speziellen blinden Flecken liegen, welchen unbewußten Mechanismen wir ausgeliefert sind und welche Dinge wir verdrängen.

Margaret Frings Keyes gelingt in diesem Buch eine Synthese aus dem Enneagramm und dem Jungschen Konzept des Schattens und moderner Psychotherapie. Doch es geht nicht nur um die Aufdeckung von dunklen Seiten unserer Persönlichkeit, sondern um die Transformation dieser Schattenanteile, die ja, wenn sie erst bewußt geworden sind, ein ungeheures Potential darstellen. Das Buch bietet viele praktische Wege und Techniken, seelische Konflikte zu lösen, Schwächen in Stärken zu verwandeln und zu einer höheren Integration der eigenen Persönlichkeit zu kommen.

MARGARET FRINGS KEYES ist Psychotherapeutin in San Francicso. Sie hat mehrere Bücher über Lebenskrisen und Fragen des seelischen Familienerbes geschrieben. Viele der in diesem Buch angeführten Übungen und Techniken hat sie aufgrund von Erfahrungen in ihrem therapeutischen Alltag entwickelt.

Margaret Frings Keyes

Transformiere deinen Schatten

Die Psychologie des Enneagramms

Aus dem Amerikanischen
von Erika Ifang

rororo

Rowohlt

rororo transformation
Herausgegeben von Bernd Jost
und Jutta Schwarz

Umschlaggestaltung Peter Keller/Britta Lembke
Umschlagillustration Stefan Kiefer

Für Kathleen, Peter und Lucia,
die Innen- und Außenwelt
mit Mut und Anmut in Einklang bringen.

Deutsche Erstausgabe
Veröffentlicht im Rowohlt Taschenbuch Verlag GmbH,
Reinbek bei Hamburg, März 1992
Die Originalausgabe erschien bei Molysdatur Publishing, Muir Beach,
Ca. unter dem Titel «Emotions and the Enneagram –
Working Through Your Shadow Life Script»

Satz Sabon PostScript Linotype Library, PM 4.0
Langosch Grafik+DTP, Hamburg
Gesamtherstellung Clausen & Bosse, Leck
Printed in Germany
1280-ISBN 3 499 19165 2

Inhalt

Danksagung

Anfang der siebziger Jahre machte mich der Jesuitenpater Bob Ochs mit dem Enneagramm bekannt. Dieses System zum besseren Verständnis von Persönlichkeitstypen berücksichtigte offenbar den Schattenarchetyp besonders, jene schwierigen, zwanghaften Züge des Menschen, die C. G. Jung als erster beschrieben hat. Es befaßte sich mit den drei Leidensarten, mit denen die Leute zur Therapie kommen – Depression, Angst und Wut. Außerdem verband es eine ungewöhnliche Zahl von Verhaltensweisen, Einstellungen und Wertvorstellungen mit jedem dieser Gefühle. Die zugeordneten Eigenschaften entsprechen Jungs Konzept der unbewußten Komplexe.*

In den darauffolgenden Jahren habe ich von Jane Lipman aus Taos, New Mexico, Suzanna Baldwin aus Denver, Colorado, und Helen Palmer aus Berkeley, Kalifornien, einiges über das Enneagramm gelernt. Helen Palmer, Gründerin des «Zentrums zur Untersuchung und Übung der Intuition», war so freundlich, mir die Verwendung von Videotapes dieses Zentrums zu gestatten, als ich das Buch schrieb. Für diese Videos hatte sie jeden Enneagramm-Punkt am Beispiel ihrer Studenten anschaulich gemacht, indem sie deren wesentliche Charakterzüge und Befindlichkeiten durch gezielte Fragen sichtbar machte.

Helens klares, präzises Denken hat wesentlich zu meinen Programm-Beschreibungen beigetragen. Alle Darstellungen der wichtigsten Punkt-Merkmale und -Befindlichkeiten tragen ihren Stempel. In meinem Buch geht es allerdings vorwiegend um das Enneagramm als eine Chance, früh im Leben mit schwierigen Emotionen fertig zu werden. Die Gefühle werden dabei im Sinne der Schattenthematik transformiert, um dem Menschen die Augen für Möglichkeiten seines Innenlebens und seiner Außenwelt neu zu öffnen.

* Anmerkungen finden Sie am Ende des Buches.

Stark beeinflußt haben mich Dr. Donald T. Brown, Leiter von Seminaren, bei denen die Allgemeine Systemtheorie mit Gruppenprozessoren in Zusammenhang gebracht wird, und Dr. Hector Sabelli mit seiner Analyse der Konfliktvektoren. Dr. Louis Bartolucci hat mich auf einschlägige Forschungen über das menschliche Gehirn aufmerksam gemacht und mich vor Verallgemeinerungen gewarnt. Darüber hinaus wußte er stets Rat bei jedem Computerproblem, das während des Schreibens an diesem Buch auftauchte.

Mein Dank geht ferner an Doris Arrington und andere Fakultätsmitglieder des Notre-Dame-Colleges in Belmont, Kalifornien, durch die ich im Herbst 1984 den Catherine-Julie-Cunningham-Lehrstuhl erhielt. In diese Zeit fällt meine Forschungsarbeit über den kollektiven Schattenarchetyp. Verschiedene Leute halfen mir, die Funktionsweise von Emotionen zu verstehen: meine Mentoren aus alter Zeit Eric Berne, Fritz Perls und Jo Wheelwright; außerdem meine Psychodrama-Freunde Mary Gerber, Dorothy Satten und besonders John Argue, Schauspiellehrer und Ausbilder von Gestalttherapeuten. John, der die körperlichen Begleiterscheinungen heftiger Gefühlszustände eingehend beobachtet und identifiziert hat, lehrte mich, nicht nur mit den Augen zu sehen. John Enright danke ich dafür, daß er die heilende Funktion von Humor und Aggression im Synanon-Spiel herausgearbeitet hat. Scott O'Keefe und John Lavine boten mir eine unschätzbare Hilfe bei der Auswertung und Gestaltung des Materials. Bill Chapin, Linda Remy, James Folliard und Stan Nelson übten in wichtigen Punkten nützliche Kritik. Meine Muir-Beach-Autorenkollegen Larry Stump, Leba Wine und Judith Yamamoto haben mir unermeßlich geholfen, indem sie die Rohfassung des Manuskripts lasen, und Mary Hayward unterstützte mich bei der Fertigstellung.

Margaret Frings Keyes
San Francisco, Kalifornien, im Februar 1990

Vorwort

Seit vielen Jahrhunderten haben die Menschen schriftliche Aufzeichnungen über sich selbst und andere gemacht. Sie haben beobachtet, welche Zusammenhänge bestehen, und Überlegungen über das menschliche Verhalten angestellt. Viele unserer Vorfahren haben uns ihre ersten scharfsinnigen Beobachtungen in Geschichten versteckt überliefert, zum Beispiel in Göttersagen.

Heute betrachten wir diese Mythen als typisierte Muster der menschlichen Existenz. Zum Beispiel geht es in den Sagen von Hera und Zeus um die Eifersucht in der Ehe einer willensstarken Frau und ihres auf Freiersfüßen wandelnden Mannes.

Zeitgenössische Schriftsteller wie John Updike und Marge Piercy befassen sich mit den gleichen Fragen in der heutigen Gesellschaft.

Das Kräftespiel widersprüchlicher emotionaler Möglichkeiten bestimmt den Inhalt des menschlichen Dramas. Wir beobachten völlig hingerissen, wie ein tragisches Ereignis seinen Lauf nimmt, sei es ein Regierungsskandal oder eine Filmszene. Der Konflikt fesselt unsere Aufmerksamkeit. Im normalen Leben kooperieren wir meistens miteinander. Streitigkeiten sind jedoch unvermeidlich, und schon brechen Ärger oder Angst über uns herein, die jeweils eine Reaktion auslösen – Kampf oder Flucht. Wenn wir siegen, fühlen wir uns erhaben; wenn wir fliehen, sind wir erleichtert; aber wenn wir uns unterwerfen müssen, sind wir deprimiert.

Grundmuster des Verhaltens

Bestimmte körperliche Reaktionen einschließlich Veränderungen in der chemischen Zusammensetzung des Blutes begleiten unsere wechselnden Gemütszustände. In dem Maße, in dem wir mehr über die Strukturen des menschlichen Gehirns erfahren und darüber, wie wir Informationen speichern und auswerten, wird uns klar, daß die Muster, die wir beobachten, als mentale Programme bezeichnet werden könnten.

Jeder einzelne von uns hat offenbar einen ganz eigenen Satz von Reaktionsmechanismen, der seinem Lebenswillen, seinen sexuellen und sozialen Bedürfnissen entspricht. Diese Programme liegen unterhalb der Bewußtseinsschwelle. Sie geben genaue Anweisungen, welchen Signalen Beachtung geschenkt, welche Information gespeichert, welchen Gefühlen freier Lauf gegeben, ja sogar welche Wahlmöglichkeiten erkannt werden sollen. Manche Daten werden stillschweigend übersehen und manche Möglichkeiten übergangen oder ausgeblendet.

Unsere Primärprogramme bilden sich durch Kindheitserfahrungen aus. Bestimmte Gefühlsreaktionen, die sich wiederholen und verstärken, werden beim Kind zum Programm. Unter normalen Belastungen entwickelt das Kind angemessene Kräfte, und aus dem Programm wird ein flexibler persönlicher Stil. Auf der anderen Seite kann die Programmierung, je nach Schwere der Bedrohungen und dem Zeitpunkt ihres Auftretens im Leben des Kindes, sehr starr sein. Das kann zu unterschiedlich starken Behinderungen bei der Bewältigung der Lebensaufgaben führen. Das Kind entwickelt sich nicht richtig. Der Neurotiker entwickelt keinen Sinn dafür, wie er seine Arbeit bewerkstelligen oder ein Freund sein kann. Der Psychotiker zimmert sich ein inneres Bild von der Welt zurecht, die sich vollkommen von der unterscheidet, in der wir anderen leben.

Psychologische Theorien und einige religiöse Richtungen machen den Versuch, diese Programme zu beschreiben, wenn sie sie auch nicht so nennen mögen. Sie wählen andere Begriffe und setzen andere Schwerpunkte.

In diesem Buch werde ich neun Körper/Geist-Programme vorstellen, neun verschiedene Arten, wie die Gefühle mit dem Denken und Handeln interagieren. Grundlage dafür sind Verhaltensbeschreibungen, die aus dem Enneagramm entwickelt wurden. (Das griechische Wort «Enneagramm» bedeutet «Zeichen mit neun Punkten» und bezieht sich hier auf die Klassifizierung von neun Persönlichkeitstypen.) Durch bewußte Arbeit wird es möglich, sich einer Wirklichkeit zuzuwenden, die nicht so nachdrücklich verteidigt werden muß und die umfassender ist. Diese Arbeit entspricht ziemlich genau den wesentlichen Stufen, die uns aus vielen spirituellen Traditionen bekannt sind.

Das Enneagramm widerspricht den Verhaltenstheorien mit ihrem breiten Spektrum von Behaviorismus bis Jungscher Analyse nicht, sondern erweitert sie. Zum Beispiel können neun völlig verschiedene Formen des Jungschen Schattenarchetyps davon abgeleitet werden. Außerdem können wir – wie im Behaviorismus – bestimmte Verhaltensweisen identifizieren, die wir ablehnen und vermeiden, und den Preis erkennen, den wir für die Veränderung eines jeden festgesetzten Programms bezahlen. Das Enneagramm zeigt uns, daß das Ringen mit einem Gefühlswirrwarr einzigartige Kräfte freisetzt; sobald wir eine Schwäche überwunden haben, verwandeln wir sie in eine besondere Stärke.

Die Schwierigkeit beim Enneagramm ist die, daß es sich dabei um den Kern einer esoterischen Tradition handelt, die mit allerlei Ausschmückungen, vielfachen Interpretationen und schwierigen Spekulationen befrachtet ist. Indem es sich von dieser Fracht freimacht, erforscht dieses Buch ausschließlich den emotionalen Inhalt, um den es eigentlich geht. Es will nicht die gesamte Lehre des Enneagramms darstellen. Die emotionalen Muster geben jedoch einen einzigartigen Einblick in die dunklen, unerwünschten Kräfte und Bedrohungen, denen wir uns in unserem persönlichen Leben und in der Außenwelt ausgeliefert fühlen. Wir finden diese Schattenmuster des Individuums in den Interaktionsmustern kleiner und großer sozialer Gruppen, auch Nationen, wieder.

Das Enneagramm

Das Enneagramm soll vor fast 2000 Jahren in Afghanistan entstanden sein und seitdem als Teil einer mündlichen Geheimtradition von den Sufis überliefert worden sein.

Allem Anschein nach bestand in der Provence um 1250 ein Zusammenhang zwischen dem Enneagramm und den Sephirot der Kabbala, einer esoterischen Auslegung hebräischer Schriften. Mathematische Überlegungen stellen eine Verbindung zwischen Enneagramm und

Kabbala her und deuten darauf hin, daß die neun Persönlichkeitstypen den neun Aspekten des einen Gottes entsprechen.[2]

Georg Iwanowitsch Gurdjieff, 1873 im Kaukasus geboren, hat die mystischen Traditionen der Sufis, Inder, Tibeter und Christen studiert und in der ersten Hälfte dieses Jahrhunderts erfolgreich im Westen gelehrt. Von seinem Denken sind unter anderem Doris Lessing und der Architekt Frank Lloyd Wright starkt geprägt worden.

Eines der Lehrmittel Gurdjieffs war das Enneagramm, das er als immerwährende Bewegung beschrieb. Er verglich es metaphorisch mit dem Stein der Weisen (der unedles Metall zu Gold verwandelt), den die ersten Alchimisten suchten.[3] Bei C. G. Jung, der die alchimistische Symbolik als Sprache der Psyche bezeichnete, sollte der Stein der Weisen später das vereinte Selbst repräsentieren, das erklärte Ziel aller spirituellen und psychologischen Disziplinen.

Was immer es auch sonst noch sein mag, das Enneagramm verknüpft und vereint Informationen in einer Bandbreite von der Musik bis hin zur Psychologie. Heute, nach einer Einführung in den Vereinigten Staaten durch Oscar Ichazo[4], bedient es sich der Sprache der Psychologie.

Claudio Naranjo, aus Chile gebürtiger und im kalifornischen Berkeley lebender Psychiater, stellte einen Bezug her zwischen der pathologischen Form eines jeden Enneagramm-Punktes und dem *DSM III*, dem «diagnostisch-statistischen Verzeichnis psychischer Störungen»[5]. Das heißt, jedes der neun Verhaltensprogramme hat ein Intensitätsspektrum. Je stärker das Verhalten einer Person im Programm eingeschlossen ist, um so näher ist sie psychotischem Verhalten, wie es nach dem *DSM III* beschrieben werden kann. Wenn diese Identifikation weniger gewichtig ist, kommt das betreffende Programm als persönlicher Stil mit bestimmten Stärken zum Tragen. Die Stärken entwickeln sich dadurch, daß die Person mit den Fragen und Voreingenommenheiten ringt, die ihr Schatten aufwirft.

Helen Palmer hat das Enneagramm dazu benutzt, die latenten intuitiven Fähigkeiten eines jeden Punktes zu identifizieren und weiterzuentwickeln. Der Psychologe Charles Tart, der Jesuit Bob Ochs und viele andere mehr, die sich eingehend mit dem Enneagramm befaßt haben, haben für ihre Zwecke jeweils eigene Schwerpunkte gesetzt.

Programme löschen und zu einer umfassenderen Wirklichkeit erwachen

Welchen Nutzen haben solche Erkenntnisse? Wenn wir einmal die Filter-, Ausblendungs- und Auslösemechanismen unseres Gehirns im Licht der Programmbeschreibungen betrachten, können wir unseren Horizont erweitern und dadurch mehr Informationen aufnehmen. Psychedelische Drogen haben ihre Faszination, weil sie die Filter ausschalten und Sinnesinformationen Einlaß verschaffen, die normalerweise als für das Alltagsleben irrelevant abgeblockt werden. Drogenerlebnisse lassen jedoch keine Integration zu; wenn wir hingegen wissen, was unsere mentalen Programme auszublenden pflegen, haben wir auch wieder die Freiheit, diese Wahrnehmungen einzubeziehen.

Das ist nicht nur eine intellektuelle Arbeit; vielmehr setzt es voraus, daß wir anderen Gebrauch von unseren negativen Gefühlen machen – von Depression, Angst und Wut. Wir müssen mit den Problemen und Möglichkeiten umgehen, die dieses Einbeziehen mit sich bringt. Aber indem wir uns selbst tiefer ergründen, bekommen wir auch wieder einen neuen Sinn für Freude, Anerkennung und Staunen. Dann erfassen wir den Zweck unseres Daseins: das Leben zu begreifen, zu lieben und ihm zu dienen.

Durch das Studium der Programme können wir unsere eigenen Anfänge verstehen und würdigen lernen, was Kinder brauchen, um ihre Fähigkeiten entwickeln zu können. Gesellschaftliche Einflüsse sind dem gesunden Gefühlsleben sowohl dienlich als auch hinderlich. Wir bekommen ein Gespür dafür, wie wir diejenigen heilen und ihnen weiterhelfen können, die tief verwundet worden sind; mit diesem Gespür können wir die Verwundeten anders sehen: als solche, die uns sehr nahestehen.

Außerdem wollen sich viele von uns eine umfassendere, tiefere innere und äußere Wirklichkeit erschließen. Wir sind neugierig, welche geheimnisvollen Bereiche jenseits der Grenzen normalen Bewußtseins liegen. Kreativität und Spontaneität haben ihren Reiz für uns, und wir wünschen uns möglichst viel davon für uns selbst.

Eine einfache Anfangsübung sowie Informationen über die verschiedenen Handlungsmöglichkeiten und die Konsequenzen, die sich ergeben, wenn man ihnen folgt, finden Sie im Schlußkapitel zu Teil I. Die zweite Hälfte des Buches lenkt unsere Aufmerksamkeit zunächst auf die äußere Welt. Es wird eine Strategie zum Verständnis dessen dargelegt, wie wir einen Feind definieren, wir wir bestimmte Bindungen zwischen «uns» und «ihnen» erkennen können und wie wir eine Lösung für unsere Differenzen finden, durch die wir unser Überleben sichern. Wir leben innerhalb eines bestimmten Spektrums von Verhaltensmustern, doch wenn wir diese Muster verstehen, eröffnen wir uns die Freiheit der Wahl.

Die letzten Kapitel sind dann wieder unseren individuellen Enneagramm-Programmen gewidmet, wobei aufgezeigt wird, durch welchen Prozeß wir unsere jeweiligen Einstiegs- und Einflußpunkte in der Weltgemeinschaft ausfindig machen können. Da jeder von uns eng mit allem und jedem verbunden ist, fällt jede unserer Entscheidungen ins Gewicht.

Teil I

«Wir leben Seite an Seite in verschiedenen Welten»

Einleitung

Wissen, was wir fühlen, und fühlen, was wir wissen

Als Kinder basteln wir uns Stück für Stück ein Bild von den Leuten um uns herum zurecht und davon, womit wir es im Leben zu tun haben werden. Unsere Welt sieht anders aus als die unserer Eltern und Geschwister. Unsere Sinne, unsere Sprache, unsere Familie, unsere gesellschaftlich akzeptierten Vorstellungen und zum großen Teil unsere Erfahrungen und Entscheidungen aus der Kindheit konditionieren uns dazu, bestimmte Realitäten auszuwählen und den Rest zu unterdrükken. Diese ausgewählten Ideen fügen wir in einer Weise zusammen, die für uns einen Sinn ergibt, in einer Weise, die uns sagt, wie wir uns am Leben erhalten und unsere Bedürfnisse befriedigen können. Wenn wir nach diesem Modell Entscheidungen treffen, schaffen wir eine Lebensstrategie oder ein Lebensprogramm.

Die meisten Menschen haben Programme, die gut funktionieren. Bei manchen allerdings werden wichtige Wahrnehmungen blockiert, und das Denken wird durch Depression, Angst und Ärger oder Wut erheblich verzerrt.

Um die Verbindung zwischen Denken und Fühlen zu verstehen, stellen Sie sich einmal vor, Sie führen gerade von der Arbeit nach Hause. Kurz bevor Sie Ihr Büro verlassen haben, hat Ihnen Ihr Chef eine Sache zurückgegeben, die Sie für abgeschlossen hielten, und Ihnen gesagt, Sie hätten etwas übersehen und müßten das Ganze noch einmal machen. In Gedanken sind Sie noch immer damit beschäftigt, während Sie auf eine Straßenkreuzung zufahren. Die Ampel springt von Grün über Gelb auf Rot, und Sie sind zu einer Vollbremsung gezwungen, um nicht mit einem schnell fahrenden Auto zusammenzustoßen, das Ihre Fahrtrichtung kreuzt.

Je nachdem wie Sie Ihr Gehirn programmiert haben, werden Sie jetzt

- die Autotür öffnen und wutentbrannt aussteigen, vollkommen fixiert auf das angeblich rücksichtslose Verhalten des anderen Fahrers, und bereit, sich verbal oder psychisch in ein Gefecht mit ihm einzulassen;
- mit aschgrauem Gesicht und weichen Knien im Auto sitzen bleiben, voller Entsetzen darüber, dem Tode so nahe gewesen zu sein;
- im Auto sitzen bleiben, ihren Mangel an Wachsamkeit beklagen, sich Vorwürfe machen, das Risiko mit der gelben Ampel eingegangen zu sein, und deprimiert sein über diesen erneuten Beweis Ihrer Unfähigkeit, mit dem Leben zurechtzukommen.

Was geht im Innern vor, das solche Unterschiede ermöglicht?

Bei unserem Beispiel ist ein gut Teil Ihrer Energie noch beruflichen Fragen gewidmet. Sie sind sozusagen mit «Autopilot» gefahren, was normalerweise für Ihren Heimweg auch genügt. Aber dann geschah etwas Unvorhergesehenes. Die auf Minimum eingestellte «Automatik» schaltete aufgrund der veränderten visuellen Wahrnehmung (Gelb/Auto nähert sich aus der Querstraße) plötzlich auf höchste Wachsamkeit.

Ihr Gehirn löste Gefühle aus. Es verglich die von innen und außen kommenden Reize mit den einprogrammierten Anweisungen, die auf früheren Erfahrungen beruhen. Dann löste es eine Gefühls- und Muskelreaktion aus, als die betreffenden Reize (Rot/Auto kommt schnell näher) nicht ins vorgesehene Muster paßten. Das gab den Ausschlag für die sofortige Ausschüttung von Hormonen, die bei Ihnen die Gefühle von Ärger, Wut und Angst verursachten. Durch diese Reaktion erhöhte sich Ihr Adrenalin- und Blutzuckerspiegel, Ihr Herz schlug schneller, und Sie wurden so aktiviert, daß Ihr Körper auf Kampf, Flucht oder Anerkennung der neuen, vom Gehirn als gefährlich eingestuften Situation vorbereitet war.

Unsere Gefühle helfen uns beim Überleben und drängen uns, das zu tun, was wir mit Sicherheit, Annehmlichkeit und Wohlbefinden assoziieren. Sie haben nicht innegehalten und eine Entscheidung getroffen. Ihr Fuß trat heftig auf die Bremse, und Sie stellten sich voll auf die Situation ein.

Während dies alles in einem Teil des Gehirns geschieht, operiert ein anderer Teil offenbar völlig gegensätzlich; er sorgt dafür, daß wir uns wieder beruhigen und sich die emotionale Spannung löst. Wenn wir bewußt darüber nachdenken, wie wir am besten reagieren, werden wir spürbar ruhiger. Das Adrenalin vermindert sich, und das Herz schlägt wieder langsamer. Bei unserem Beispiel geschah das, als Sie vor dem Weiterfahren beschlossen, die beruflichen Sorgen erst einmal beiseite zu lassen.

Die Programmierung der Persönlichkeit

Wir wissen zwar nicht genau, wie Neurotransmitter funktionieren, aber es hat den Anschein, als stelle das kindliche Gehirn eine Reihe von Programmen auf, die Selbsterhaltung, Sexualität und soziale Bedürfnisse betreffen. Diese Programme beeinflussen die Gefühle, die Erkenntnis von Wahlmöglichkeiten und das Verhalten des Kindes, auch wenn gar kein Notfall vorliegt.

Nach der Gestalttheorie der Wahrnehmung beansprucht das, was wir fürchten, begehren, erwarten oder fordern, einen größeren Teil unserer Aufmerksamkeit als neutrale Reize. Wenn wir hungrig sind, nehmen wir Essen und Orte, wo es etwas zu essen gibt, eher wahr, als wenn wir satt sind. Wenn wir verärgert sind, sind wir empfindlicher für Provokationen. Unser Gehirn filtert hereindringende Sinnesinformationen und verhält sich entsprechend unserer Programmierung, um das Weltbild noch fester einzuprägen, das bereits besteht. Es läßt nur Informationen durch, die im Interesse unseres gewählten Programms liegen.

In einer unerwarteten Stress-Situation überwiegt eine charakteristische Reaktion; das ist ein Gefühl der Wut, der Angst oder der hilflosen Niedergeschlagenheit in der einen oder anderen Form.

Solche Gefühle sind unschwer zu erkennen, aber schwer vorauszuahnen. Meist werden uns Angst, Eifersucht, Wut, Traurigkeit oder emotionale Erstarrung erst bewußt, nachdem ein Programm der Ich-Befindlichkeit abgelaufen ist und wir bereits automatisch mit Wort oder Tat auf andere Menschen reagieren. Wenn wir uns über unsere gewohnheitsmäßigen Gefühlsreaktionen klarwerden, merken wir oft auch, daß sich bestimmte Gedanken wiederholen. Sie können uns helfen herauszufinden, wie der Geist funktioniert. Gewohnheitsmäßige Gefühle und Gedanken blockieren andere, möglicherweise angemessenere Reaktionen. Um ein Programm zu stoppen, müssen wir uns immer wieder fest vornehmen, die alten Filter zu entfernen und durch eine umfassendere Wirklichkeitswahrnehmung zu ersetzen. Die verschiedensten spirituellen und psychologischen Disziplinen sind zu diesem Zweck entwickelt worden.

Jede der folgenden Lebensstrategien des Enneagramms hat einen Hauptschwerpunkt, auf den wir fixiert sind wie Süchtige. Bei jeder Strategie muß eine bestimmte Verzerrung oder Fehleinstellung, die auf den Schatten zurückzuführen ist, überwunden werden, um eine bestimmte Kraft (früher sagte man «Tugend») zu erwerben. Wir müssen uns mit dem befassen, was wir verdrängt oder abgewiesen haben. Stressreaktionen wie Depression, Angst und Wut müssen als Hilfsmittel gewertet und anders eingesetzt werden. In dem Maße, in dem das geschieht, finden wir zu unserer individuellen menschlichen Ganzheit.

Und nun eine Beschreibung der Programme.

Die immerwährende Bewegung des Enneagramms

Jeder Punkt des Enneagramms ist mit zwei anderen Punkten verbunden. Wenn sich die Lebensumstände ändern, reagiert ein Mensch zuerst darauf, indem er sich fester an die Verteidungsmechanismen *seines eigenen Punktes* klammert. Nimmt der Stress noch zu, geht er in Pfeilrichtung zu einem Verhalten über, das für den *darauffolgenden Punkt* charakteristischer ist. Unter weniger stresshaften Bedingungen verhält er sich aufgeschlossener und kann die Merkmale des *vorhergehenden Punktes* übernehmen.

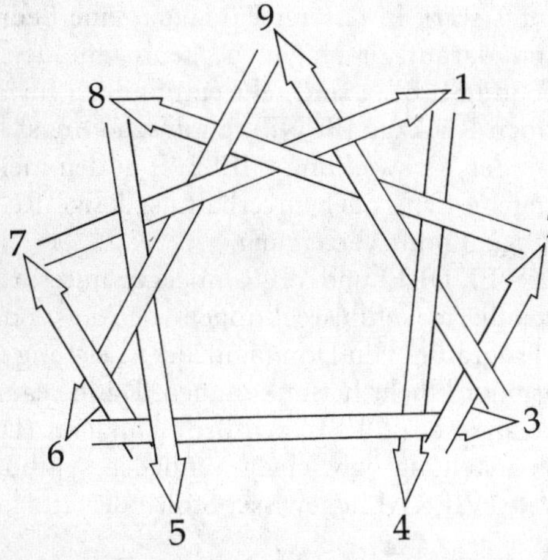

Die Pfeile verbinden die Punkte in folgender Reihenfolge: EINS – VIER – ZWEI – ACHT – FÜNF – SIEBEN – EINS. Sie entsprechen damit einer mathematischen Folge, die mit dem esoterischen Ursprung des Enneagramms zusammenhängt.[1]

Ein inneres Dreieck verbindet die Punkte DREI – SECHS – NEUN miteinander; jedem dieser drei Programme sind zwei weitere Programme zugeordnet, die unterschiedlich mit den Grundgefühlen (Depression, Angst und Wut) umgehen.

Enneagramm-Gefühle als Reaktion auf Gefahr

Dieses Diagramm stellt Gefühle als Mittel dar, mit deren Hilfe wir Energie mobilisieren und freisetzen. *Alle* Gefühle sind in jedem von uns gegenwärtig, nur sind wir in unterschiedlichem Maße zur Kenntnisnahme bestimmter Gefühle bereit. Der Abwehrmodus verhindert das Abweichen von unserem Programm und verdeckt andere Gefühle, die angemessener wären. Zum Beispiel benutzen die Programme ACHT, NEUN und EINS *Wut* als ihre spezifische Reaktion auf Stress. Manchmal ist diese Reaktion angebracht und kein festgelegtes Verhaltensschema; aber wenn wir aus Gewohnheit auf Stress mit unverhohlener Wut (ACHT), passiver Aggression (NEUN) oder Groll (EINS) reagieren, ist das ein Hinweis auf eine Enneagramm-Verzerrung.

In gleicher Weise ist *Angst* als angemessene Reaktion auf eine echte Gefahr in allen Programmen angelegt (direkt oder indirekt), aber wir unterscheiden uns stark in unserer Fähigkeit, eine Bedrohung richtig zu erfassen und darauf zu reagieren. Leute mit den Programmen FÜNF, SECHS und SIEBEN sind sehr empfindlich für alle Arten von Gefahr. Da jedoch Rückzug (FÜNF), phobische Angst bzw. Angstabwehr (SECHS) oder Verzweiflung (SIEBEN) in den meisten Stress-Situationen unangemessene oder unverhältnismäßige Reaktionen sind, besteht eine Enneagramm-Verzerrung.

Programm ZWEI, DREI und VIER hingegen unterdrücken im Normalfall unkontrollierte Gefühlsreaktionen wie Angst oder Wut. Wenn wir uns in ein Programm von Dominanz oder Leistung fügen, können wir um Kampf oder Flucht herumkommen. Dann reagieren wir eher auf die Gefühle anderer (ZWEI), den Beifall anderer (DREI) oder auf eine Phantasievorstellung bzw. einen ähnlichen symbolischen Ersatz für echte Gefühle (VIER). Ein gewisser Stolz oder Eitelkeit stellen sich ein, wenn wir äußere Leistungsnormen so erfüllen, daß wir als Überlegene dastehen. Eine zugrundeliegende *Depression,* Anzeichen dafür, daß Gefühle unter Verschluß gehalten wurden, tritt nur dann sichtbar zutage, wenn Stress uns zu überwältigen droht.

Die Enneagramm-Programme

Aufbau und Beschreibungen

Jedes Programm beschreibt ein zentrales Eltern-Kind-Problem. Mit Wort und Tat vermitteln Eltern ihren Kindern sowohl ihr bewußtes als auch ihr unbewußtes Verständnis von den Möglichkeiten und Gefahren des Lebens. Daraus werden in den folgenden Beschreibungen vereinfachte, einprägsame Botschaften, die zeigen sollen, in welcher Art das Kind unterwiesen wird.

Mit der Zeit führt die Strategie, die das Kind anwendet, um mit mißlichen Lagen fertig zu werden, zu einem Enneagramm-Programm mit der Stressreaktion Depression, Angst oder Wut. Der betreffende Textabschnitt, der dieses Programm zusammenfaßt, ist jeweils durch kursive Schrift gekennzeichnet.

Immer drei Programme bilden entsprechend ihrer Stressreaktion eine Gruppe. In den Geschichten und den Beispielen dafür, wie die Programme funktionieren, wurden die tatsächlichen Namen und Begleitumstände zum Schutz der Privatsphäre abgeändert. Jeder Programmbeschreibung ist ein Vorspann vorangestellt, der die Hauptmerkmale des Programms wie folgt auflistet:

Selbtsbeschreibung: Ein Begriff, den die Person unter Umständen benutzt, um ihr eigenes Verhalten zu beschreiben. Zum Beispiel sagt die EINS: «Ich arbeite schwer.»

Schattenproblem: Das Negative oder die unannehmbare Eigenschaft, mit der die Person ringen muß, um die persönliche Integration zu erreichen.

Der persönliche Schatten nimmt in jedem Enneagramm-Programm

eine unterschiedliche Form an. Als der Teil von uns, der unserem bewußten Verlangen im Wege steht, vollkommen zu sein, keine Fehler, halbherzigen Gefühle oder schwankenden Einstellungen zu haben, bringt uns der Schatten in Verlegenheit. Selbst wenn wir uns der Inhalte unseres Schattens bewußt sind wie etwa des Neids der VIER, bleibt er stets eine Kraft aus unserem Unbewußten, die vielerlei Formen annimmt.

Abgelehntes Element, das zur Verwandlung notwendig ist: ein geflissentlich übersehenes Gefühl oder Erlebnis, gegen das eine Abneigung besteht, das jedoch für die Ganzwerdung eines Menschen notwendig ist. Wenn beispielsweise eine ACHT ihre persönlichen Schwächen zugibt und anerkennt, ist Heilung möglich.

Sucht: ein Zwangsverhalten, das der betreffende Mensch als Grundbedürfnis ansieht. Zum Beispiel der Perfektionismus der EINS.

Benötigte Stärke: die besondere Eigenschaft, die der betreffende Mensch durch bewußte Arbeit mit den Problemen und Fragen des Programms erwirbt. Ein Beispiel dafür ist das Loslassenkönnen bei der FÜNF.

Abwehrmechanismus: die charakteristische psychologische Abwehrhaltung, deren sich der Mensch unter Stress bedient (Kampf, Flucht oder Unterwerfung in verschiedenster Form), wie etwa die Projektion bei der SECHS.

Psychologische Störung: eine Art geistiger Erkrankung, die mit größeren Schmerzen verbunden ist, beispielsweise die Paranoia bei der SECHS.

Voreingenommenheiten: allgemeine Strategievorgaben und deren besondere Schwerpunkte bei den verschiedenen Verhaltenstypen.

Prioritäten: Innerhalb eines jeden Enneagramms tritt eine weitere Unterteilung ein. Einer von den drei Trieben ist im Triebleben des Menschen meist vorherrschend. Die Triebenergie eines Menschen kann auf die Selbsterhaltung, auf Intimität mit einem anderen Menschen oder auf die Bedürfnisse einer Gruppe ausgerichtet sein – auf eine Person, das Paar oder die Gemeinschaft. Im letzten Fall kann die Ausrichtung politisch oder auch altruistisch sein. Eine *persönliche Priorität* setzen Menschen, deren Hauptleidenschaft das Überleben ist. Leute, bei denen der Sexualtrieb am ausgeprägtesten ist oder die sich in erster Linie auf ihre Beziehung zu einem anderen Menschen konzentrieren, haben eine *Paarpriorität.* Menschen, deren Leidenschaft vorrangig politischen oder Gruppenzielen gilt, haben eine *Gemeinschaftspriorität.*

Lebensaufgabe: die Arbeit, die wir leisten müssen, um ein voll verwirklichter Mensch zu werden. Jede Beschreibung enthält eine Zeichnung des Enneagramms, in dem die zwei Alternativprogramme zu sehen sind, die mit jeder Strategie verknüpft sind.

Zur Klassifizierung braucht man Begriffe. Normalerweise sind die Enneagramm-Punkte durch Zahlen oder die von Oscar Ichazo eingeführten Deformationstypen von Egozuständen gekennzeichnet. Für unsere Zwecke werden die folgenden Verhaltensbeschreibungen zur Klassifizierung der Programme benutzt; es sind die äußeren Anzeichen für die Systematik, mit der wir Informationen über die Außenwelt aufnehmen, mit unseren Gefühlen verfahren und unsere Handlungsmöglichkeiten eingrenzen.

Zum Beispiel wird Nummer EINS deshalb als Programm *Perfektion und Groll* bezeichnet. Daraus geht nicht nur der Groll klar hervor, der sich durch das Denken des betreffenden Menschen zieht, sondern auch der Programmschwerpunkt, der auf der Perfektion liegt. Die Programmnamen geben eine Spannung wieder. Das erste beschreibende Wort ist sozusagen eine Rechtfertigung für das gewählte Verhalten wie etwa Perfektionismus oder Hilfsbereitschaft; diese Eigenschaften haben etwas von Sucht und Zwanghaftigkeit an sich. Aus dem zweiten beschreibenden Wort, dem negativen Gefährten der Rechtfertigung, geht die mögliche Energie zur Wandlung hervor. Ressentiments, manipulatives Verhalten und dergleichen müssen umgewandelt werden, ehe sie zu gebrauchen sind.

Die Beschreibungen sind in der dritten Person. Da jedes Enneagramm für Menschen beiderlei Geschlechts gilt und da die korrekte sprachliche Form, die immer beide Geschlechter nennt, manchmal etwas umständlich ist, bin ich auf den Plural übergegangen, soweit möglich, und wo ich doch «er» oder «sie» gesagt habe, sind immer beide gemeint.

Es erscheint einem stets einfacher, andere Menschen zu klassifizieren, als das zu identifizieren und zu akzeptieren, was zum eigenen Schatten gehört. «Na hör mal, ich bin doch nicht knickerig!» – «Wie meinst du das, rachsüchtig?» Dennoch werden Sie, wenn Sie die Enneagramm-Programme lesen, den einen oder anderen Punkt finden, der Ihnen bekannt vorkommt, und Sie werden sich daran erinnern, daß Sie in Ihrem Leben von Zeit zu Zeit mit ähnlichen Problemen zu tun hatten. Vielleicht lesen Sie die Beschreibungen durch, kehren dann zu der zurück, die Ihnen besonders vertraut erscheint, und setzen darin überall «ich» ein, um festzustellen, ob sie «paßt».

Auch Gruppen legen oft ein Verhalten an den Tag, das an Enneagramm-Programme erinnert. Manche wirken systematisch auf die Entstehung solcher Grundmuster hin. Jede Programmbeschreibung nennt auch eine oder mehrere solcher Gruppen, um so ein umfassenderes Bild von den Mustern zu vermitteln.

Kapitel 1

Die Programme Unterwerfung/Depression

Das Programm Hilfsbereitschaft und Manipulation

Das Programm Leistung und Image

Das Programm Außergewöhnlichkeit und Sentimentalität

Ein Hund rollt sich auf den Rücken und zeigt seine ungeschützte Kehle. Der andere Hund knurrt, greift aber nicht mehr an. Die Machtverhältnisse, «wer Herr im Haus ist», sind festgelegt.

Es mag grotesk wirken, einen höchst erfolgreichen leitenden Angestellten mit dem unterlegenen Hund, dem «Underdog», zu vergleichen. Vielleicht ist es leichter, die charmante, geschickt manipulierende Frau zu definieren, die auf diese Weise ihren Stolz auf ihren einflußreichen Mann kundtut, allerdings ohne den Mann selbst entsprechend zu würdigen. Oder nehmen wir das Beispiel des bekannten Entertainers, der mit Depressionen zu kämpfen hat – was haben diese Verhaltensweisen mit Unterwerfung zu tun?

Unterwerfung ist dann gegeben, wenn man bewußt (Unterdrükkung) oder unbewußt (Verdrängung) einen vitalen Trieb, eine lebendige Kraft im Interesse von Sicherheit oder Selbsterhaltung lahmlegt. Der leitende Angestellte, der sich mit Erfolg durchgesetzt hat, weil er Aspekte seiner selbst unterdrückt hat, die nicht in sein «Siegerimage» paßten, hat sich äußeren kulturellen Normen unterworfen. Die Frau, die ihre eigenen Bedürfnisse unterdrückt hat und sich nun mit dem Einfluß ihres Mannes identifiziert, hat sich der kulturellen Norm unterworfen, daß Frauen lieber Hilfestellung geben sollten, als selbst Macht zu gewinnen. Der Entertainer, der unterhält, um den Beifall seines Publikums zu finden, ist unter Umständen *deprimiert,* will jedoch seine tiefinnerste Traurigkeit nicht wahrhaben, die er eigentlich bewußt erleben und bewältigen müßte.

Ein Unterwerfungsstil und -muster kann in der Kindheit geprägt werden, wenn das Kind die Weltanschauung der Erwachsenen akzeptiert und an die Stelle seiner eigenen Auffassung dessen, was ist, setzt. Die Erwartungen anderer zu erfüllen bringt Beifall ein, der andere Wunscherfüllungen ersetzt. Aber in nächster Nähe lauern Depressionen. Paradoxerweise sind sie oft der erste Schritt aus einem Leben im Unbewußten und aus Suchtgewohnheiten heraus zur eigenen Wirklichkeit hin.

Die Enneagramm-Programme ZWEI, DREI und VIER beschreiben drei Hauptvariationen der scheinbaren Bedrohung, der Unterwerfungsmuster und der nötigen Lösungsschritte.

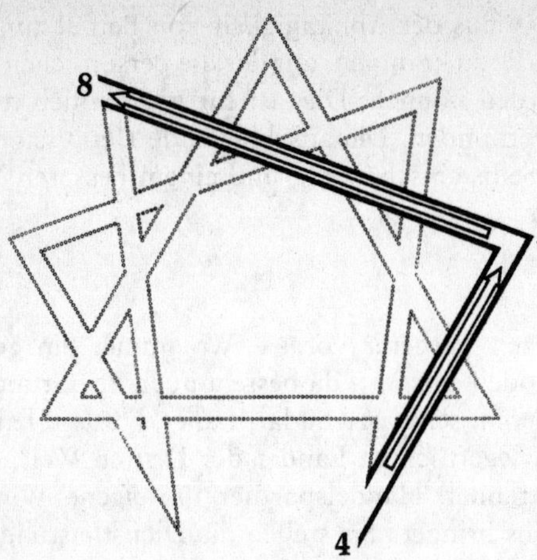

Punkt 2:
Hilfsbereitschaft und Manipulation

Selbstbeschreibung: «Ich bin hilfsbereit.»
Schattenproblem: parasitärer Stolz
Abgelehntes Element: die eigenen Bedürfnisse
Sucht: Dienen/Manipulieren
Benötigte Stärke: angemessenes Selbstwertgefühl (Bescheidenheit)
Abwehrmechanismus: Repression
Psychologische Störung: Hysterie/abhängige Persönlichkeit
Voreingenommenheiten: Streben nach Beifall und Vermeiden von Zurückweisung; Selbstüberhebung in Beziehungen
Unterwerfung unter einen mächtigen anderen Menschen, dann Identifikation mit dem anderen zur Vermeidung von Depressionen
Beunruhigung über eingeschränkte persönliche Freiheit
Selbstveränderung zugunsten der Bedürfnisse anderer
Einfühlung in die Emotion anderer; Anpassung an deren Wünsche, um sich ihrer Liebe zu versichern
Prioritäten: persönliche Priorität: Privilegiertheit («zuerst ich»)
Paarpriorität: Aggression/Verführung
Gemeinschaftspriorität: Ehrgeiz

Lebensaufgabe: aus der Abhängigkeit von Beifall zur Erkenntnis der eigenen Stärke zu kommen, mit der die persönlichen Bedürfnisse befriedigt werden können. Dies ist für gewöhnlich mit persönlichen Verlusten verbunden. Die anschließende Depression kann zu einer genaueren Selbsteinschätzung und einem besseren Verständnis der Ziele führen.

*

Gewinner setzen Verlierer voraus. Wo immer ein gesellschaftliches Herrschaftsmodell existiert, da besteht auch bei Gruppen das Bedürfnis zu dominieren: schwarze Südafrikaner, Frauen, Fabrikarbeiter, japanische Schwiegertöchter, Länder der Dritten Welt, die zum Wohle ihrer dominierenden Handelspartner die eigene Wirtschaft an den Rand des Ruins bringen. Sie stellen die Dienstleistungen, die von der Obergruppe gebraucht werden. Dafür werden sie im einfachsten Fall mit der Erhaltung ihres Daseins belohnt und im günstigsten Fall mit beträchtlicher unerkannter Macht.

Bei der ZWEI-Strategie geht es darum, wie die Beherrschten Selbsterhaltungsfähigkeiten, Einsichten und Macht gewinnen können.

Die ZWEIEN sind stets zum Helfen bereit und wissen nicht um eigene Bedürfnisse; sie beschäftigen sich beständig damit, den Bedürfnissen anderer nachzukommen. Sie erhoffen sich etwas von den Leuten, denen sie helfen: Aufmerksamkeit, Liebe, Zustimmung und Abhängigkeit. Sie wollen gebraucht werden. Als Kinder lernen ZWEIER, ihre wahren Gefühle zu opfern, um anderen zu gefallen. Dafür fühlen sie sich beschützt und anerkannt.

> Jeans Eltern ließen sich scheiden, als sie vier Jahre alt war. «Beide brauchten mich: Mutter, weil ich gut mit Vater auskam und er uns deshalb weiterhin unterstützen würde, und Vater, weil er so einsam war.»

ZWEIER zeigen ihre Gefühle so offen, daß es schwerfällt, sich klarzumachen, daß ihre Gefühle mehr den Stimmungen und Vorlieben ihrer Beziehungspartner entsprechen als ihrer eigenen wahren Wirklichkeit. Sie sind freundlich, sensibel und um das Wohl anderer besorgt. In ihren persönlichen Beziehungen opfern sie sich auf. Als warmherzige Sinnesmenschen, die gern etwas anfassen, gehen sie anderen gegenüber leicht aus sich heraus und verbreiten Wohlgefühl. Sie sind sympathisch und merken schnell, wodurch sich andere wichtig und bestätigt fühlen.

Andererseits erwarten die ZWEIER von anderen, daß sie ihrem

Tun Beachtung schenken und entsprechend freundlich reagieren. «Du müßtest eigentlich wissen, was ich brauche. Ich sollte nicht bitten müssen!» ist die unausgesprochene Erwartungshaltung. Wenn sie unbemerkt bleibt, ist die ZWEI unter Umständen verstimmt und verletzt, sie wird sich ungerecht behandelt und um den Lohn ihrer Mühe betrogen fühlen. Ähnliche Probleme treten auf, wenn die ZWEI annähernd das tut oder bekommt, was sie ersehnt. Aufmerksamkeit und Anerkennung ihrer Dienste sind nicht das, was sie wirklich braucht. Wenn sie sich selbst eingesteht, was sie sich wünscht, und es dann nicht bekommt, fühlt sie sich elend. Statt dessen den Bedürfnissen anderer Aufmerksamkeit zu schenken ist für sie leichter zu ertragen.

Eltern-Kind-Probleme

Kinder wählen ein ZWEI-Programm, wenn sie spüren, daß ihr Leben davon abhängt, daß sie den Bedürfnissen eines Elternteils nachkommen. Sie beschließen, sich um diesen Elternteil zu kümmern, sei es, indem sie ein hilfsbereiter Pseudoerwachsener bzw. eine Pseudomutter werden oder indem sie – wie im Fall des Hysterikers – die unbewußten Wünsche des Elternteils ausleben und ihre sexuellen Reize ausspielen. Wie die Wahl auch ausfallen mag, sie erfordert stets eine ungeheure Konzentration auf die Stimmungen anderer, eine Geschicklichkeit, die in spätere Beziehungen eingebracht wird.

Das Kind reagiert auf die elterliche Körpersprache und den Tonfall der Stimme. Es hört Botschaften, ausgesprochene und unausgesprochene, die ihm zu sagen scheinen:

«Tu mir etwas zu Gefallen (kümmere dich um mich).»
«Widersprich mir nicht.»
«Denk nicht.»
«Nimm dich nicht wichtig.»

Die Überlebensstrategie des Kindes besteht darin, ein Gespür dafür zu entwickeln, was der mächtige andere Mensch wünscht, und sich selbst so zu verändern, daß es diesem entspricht.

In der späteren Kindheit richten ZWEIER ihre Aufmerksamkeit stets auf das, was andere wünschen. Sie passen sich der emotionalen Verfassung anderer an, mit dem Ziel, dem Beliebtesten oder Mächtigsten näherzukommen. Billigung zu finden bedeutet, gesehen und bemerkt zu werden.

Das ZWEI-Verhalten reicht von unbewußten, schwer gestörten Formen über verschiedene Grade bewußter Manipulation bis hin zu reinem Altruismus. Die qualvolle Form, die in der psychologischen Fachliteratur als Hysterie beschrieben wird, ist als eine der ersten von den Ärzten des alten Griechenland erkannt worden. Der Stamm des Wortes «hysterisch» hat, wie bei Hysterektomie, etwas mit der Gebärmutter zu tun. Da die Ärzte meinten, eine «wandernde Gebärmutter» verursache die Symptome, nannten sie die Erkrankung «Hysterie» und sahen sie in erster Linie bei Frauen. Wir wissen, daß das unrichtig ist; auch Männer wählen dieses Programm.

Hysteriker beschreiben sich oft selbst als «Vaters Liebling», manchmal auch als Gegenstand seiner sexuellen Empfindungen. Ihren Vater beschreiben sie seinerseits als konfliktbeladen und voller Widersprüche, stark triebhaft, gewalttätig, impulsiv, manchmal alkoholabhängig, andererseits als hilflosen Kindskopf voller Selbstmitleid. Der Hysteriker befindet sich meist in der festgefahrenen Konfliktsituation, von Kindesbeinen an seine innere Wut zu unterdrücken und äußerlich nach Zustimmung zu gieren.

Nicht alle ZWEIER sind Hysteriker, aber die Verhaltensmuster der ZWEI ufern leicht aus und gipfeln schließlich in Hysterie. Hysteriker gehen über die kulturell erwünschten Merkmale und Mechanismen hinaus, die für eine normale, lebendige Sexualität kennzeichnend sind – Wärme, Phantasie und Charme. Sie sind exhibitionistisch und setzen sich übertrieben in Szene, und ihre Sprache ist mit Superlativen gefüllt. Sie halten sich nicht unbedingt an die Wahrheit, wenn Entstellungen besser ins Spiel passen. Masochistische Phantasien und Promiskuität sind keine Seltenheit. ZWEIER handeln aus einem Impuls heraus und setzen das kritische Denken zugunsten flüchtiger Ahnungen und Eindrücke außer Kraft. Sie wirken narzißtisch, aber ihr Sicherheits- und Selbsterhaltungsgefühl hängt von dem Maß der Aufmerksamkeit ab, das ihnen gewährt wird.

Obgleich ZWEIER echte Schwierigkeiten haben, Liebe und Intimität zu erleben, signalisiert ihre äußere Erscheinung eigentlich das Gegenteil. Sie sind für gewöhnlich attraktiv, da sie alles tun, um Aufmerksamkeit und Beifall zu erringen. ZWEIER sind daher stark an Trends und Mode interessiert und wirken oft jünger, als sie sind. Ihre Gefälligkeit und Wärme führt leicht zu dem täuschenden Gefühl, es mit einem alten Freund zu tun zu haben, dabei kommt man ihnen im allgemeinen nicht näher. Hysteriker sind auf emotionale Bestätigung aus, und wenn sie ihnen versagt wird, beschuldigen sie gern den anderen, langweilig oder kalt zu sein, oder sie mimen den Traurigen, um bei dem anderen Menschen Schuldgefühle zu wecken. Hinter einer dünnen Fassade von Selbstbewußtsein verbergen sich Selbstzweifel und Unsicherheit.

Hysteriker sind offenbar nicht in der Lage, mit sich allein glücklich zu sein; vielmehr beanspruchen sie viel Aufmerksamkeit von seiten anderer. Ihr Problem ist nicht die Langeweile, sondern die Prämisse ihres Programms, daß sie zum Leben unaufhörlich das Interesse und die Zuneigung des anderen brauchen.

Leah hatte solche Probleme mit der Menstruation, daß ihr schon in ihrer Jugend schwere schmerzstillende Mittel verschrieben wurden. Weitschweifig und detailliert erzählte sie unter gelegentlichem qualvollem, ersticktem Schluchzen die Geschichte ihrer Sucht und medizinischen Fehlbehandlung durch eine ganze Reihe von Ärzten, die darin gipfelte, daß sie sich mit 28 Jahren die Gebärmutter operativ entfernen lassen mußte.
Ihrer Freundin wurde, erst nachdem sie die Geschichte zum drittenmal mit leichten Abwandlungen einem Publikum von versunken lauschenden, mitfühlenden und entrüsteten Frauen vorgetragen hatte, klar, daß darin zwar ein wahrer Kern stecken mochte, Leah jedoch in Wirklichkeit das arme Opfer spielte.

Die Abwehrmechanismen des Hysterikers wechseln je nach den sozialen Gegebenheiten. Zweck einer jeden Abwehrhaltung ist der, dem Erwachen von unterdrückter Sexualität vorzubeugen. Erinnerungslükken und mangelnde Sexualgefühle sind klinische Anzeichen für die Repression. Fakt und Phantasie, Schuldzuweisung und Traurigkeit verflechten sich miteinander, um den direkten Kontakt mit der Welt zu verhindern. Emotionalität dient der Abwehr tiefer Gefühle und Gefahren, die dem realen Leben innewohnen.

Der männliche Hysteriker leidet darüber hinaus unter sexuellen Störungen, Potenzproblemen, er spielt sich als Don Juan auf, gibt sich bewußt oder unbewußt homosexuellen Phantasien hin und hat häufig eine intensive, neurotische Beziehung zu seiner Mutter.

Gegensätze ziehen sich an. Hysteriker und zwanghafte Persönlichkeiten (Enneagramm EINS), die einander oft heiraten, liegen an den entgegengesetzten Enden des Spektrums. Die einer Bewußtwerdung nahen Verhaltensmuster des einen Typs werden bei dem anderen heftig unterdrückt. Bezeichnenderweise erkennt keiner der Partner die grundlegende passive Abhängigkeit der EINS.

Nach drei Ehejahren sah Sandy in ihrem Mann einen selbstbezogenen, herrschsüchtigen Tyrannen, der sie als Gefangene halten wollte. Zu Anfang war es wie im Film. Sie heirateten, als sie eben als talentierte Bildhauerin bekannt wurde und er sein Medizinstudium abgeschlossen hatte. Er war stolz auf ihre Attraktivität, ihre verführerische Art und ihre Wirkung auf andere Männer. Er war noch nie mit einer Frau von solcher Ausstrahlung zusammen gewesen. Dennoch erwartete er von ihr, für ihn zu sorgen und sich seinen hohen Anforderungen gemäß um den Haushalt zu kümmern. Er behandelte sie weitgehend wie eine ideale Mutter, die nur für ihn dazusein und seine Sexual- und Abhängigkeitsbedürfnisse zu belohnen hatte, während er selbst passiv blieb.

Die Ehekonflikte waren typisch. Die Zeit ihrer jungen Liebe war stürmisch verlaufen, aber die Ehe sorgte bald für beiderseitige Meinungsverschiedenheiten. Sie warf ihm Kälte und Unnahbarkeit, Geiz und Manipulation vor. Ihn wiederum irritierten ihr anmaßendes Verhalten, ihre Extravaganz und ihre Weigerung, sich in seine Dominanz zu fügen. Er versuchte, sie durch intellektuelle Diskussionen und Appelle an Logik und Verstand für sich einzunehmen. Zuerst reagierte sie entsprechend, um jedoch bald emotional zu werden und ihrem Ärger oder ihren verletzten Gefühlen darüber, als Frau abgelehnt zu werden, Luft zu machen. Daraufhin pflegte er sich völlig irritiert und frustriert zurückzuziehen oder aber einen Wutanfall zu bekommen.

Sandy, die sich entsprechend dem auf Sicherheit ausgerichteten ZWEI-Programm verhielt, hatte sich einen Mann ausgesucht, der sie nicht als Frau und ebenbürtige Partnerin begehrte. Jetzt hatte sie keine andere Wahl bei ihrer Strategie zur Aufrechterhaltung der Abhängigkeit als die, zwischen einer Rolle als Mutter oder Kind hin und her zu pendeln.

Das Verführerische, das ZWEI-Frauen zugeschrieben wird, entspringt deren Verlangen, Beifall, Bewunderung und Schutz zu erringen, und nicht einem Gefühl der Intimität oder sexueller Lust. Verführerischsein beinhaltet eine Anpassung des persönlichen Erscheinungsbildes, um in Zweierbeziehungen begehrenswert zu sein. Körperliche Nähe ersetzt die emotionale Nähe.

Zwischen ZWEIEN kommt es häufig zu Rivalität. ZWEIER ärgern sich über jede bedrohliche Konkurrenz für die Beziehungen, die sie mit besitzergreifendem Abhängigkeitswillen und Macht über ihren Sexualpartner aufbauen. Zu Anfang sehen ZWEIER im Partner noch ein Ideal, einen Vater, der keine Ansprüche an sie stellt, aber das ändert sich entsprechend dem Verlauf ihres Lebensdramas. Andere durch Charme zu becircen ist reizvoll. Tritt der andere den Rückzug an, verfolgt ihn eine ZWEI unter Umständen, läßt jedoch wieder davon ab aus Angst, zurückgewiesen zu werden, und zieht lieber alle Register der Verführungskunst, um ihn – oder sie – so für sich zu gewinnen. Aus Angst, den Partner zu verlieren, wählt sie sich oft einen Gefährten, den sie aufgrund seiner Abhängigkeitsbedürfnisse halten kann.

Ehrgeiz ist das Schlüsselwort einer ZWEI mit Gemeinschaftspriorität. Der Anschluß an mächtige andere und deren Anerkennung beschützt die ZWEI und sichert ihr Privilegien. In diesem Stadium wird das archetypische Schattenproblem des Stolzes und die damit einhergehende Geringschätzung anderer akut. Machtorientierte Ansichten werden einfach ohne den Rückhalt durch entsprechende Stärke übernommen – eine tödliche Position. Höflinge sind ein treffendes Beispiel für diesen Untertyp. Der persönliche Modus ist ebenfalls durch den Schwerpunkt «zuerst ich» gekennzeichnet. Aggressives Lavieren sichert der ZWEI ihren Anteil – oder mehr – von allem, was zur Verfügung stehen mag.

Die Korrektur der ZWEI-Strategie

ZWEIER ordnen sich unter und identifizieren sich mit jemandem, der mehr Macht zu besitzen und in der Lage zu sein scheint, sie zu beschützen oder ihnen das zu bieten, was sie brauchen. Sie unterdrücken Bedürfnisse, die nicht ins Leben des anderen passen – eine Ursache für Depression. Der «andere» kann auch ein gutes Werk, der Beruf oder eine Institution sein. Pflegeberufe, Sozialarbeit, religiöse Ämter und Lehrberufe haben üblicherweise ihren Reiz für ZWEIER und stellen die Werte des ZWEI-Programms dar. Die meisten Gesellschaften ermutigen einen großen Prozentsatz ihrer Frauen dazu, gegenüber Ehemann und Kindern die Funktion der ZWEI auszuüben.

Normalerweise stürzt das Ende einer Abhängigkeitsbeziehung durch Scheidung oder Tod oder eine andere Kalamität die ZWEI in die für eine Veränderung ihres Blickwinkels notwendige Depression. Die Versuchung ist groß, eilends eine neue Beziehung einzugehen, statt an der eigenen Veränderung zu arbeiten.

Die spirituelle und psychologische Aufgabe von ZWEIERN besteht darin, selbständig etwas zu tun, sich aufs Alleinsein zu konzentrieren und ein Gefühl für die eigenen Bedürfnisse zu entwickeln. Sie müssen merken, wann sie echte Gefühle durch solche ersetzen, die die Aufmerksamkeit anderer fesseln sollen. Sie dürfen sich nicht länger davon abhängig machen, wie andere sie sehen, sondern müssen ein Selbst entwickeln, das seine eigene Festigkeit hat. Selbstbeobachtung, künstlerische Betätigung, Meditation und aktive Imagination sind Übungen, die dazu beitragen können, daß sich allmählich ein Sinn für das eigene Selbst entwickelt.

ZWEIER müssen lernen, daß sie sich ihre Wünsche erfüllen können, ohne dazu auf Manipulation durch Hilfsbereitschaft *oder* Hilflosigkeit zurückzugreifen. Sie können sagen, was sie brauchen und wollen. Sie können das Spiel abbrechen und sich wahrhaftig selbst beschützen. ZWEIER müssen ihren wirklichen Wert erkennen, ohne zwischen wichtigtuerischer Aufgeblasenheit und abgrundtiefer Bescheidenheit hin und her zu schwanken. Manche Verhaltensweisen wie etwa das Einschmeicheln weisen sowohl auf wachsende Angst wie auch auf den Wunsch hin, andere durch angebliche Hilflosigkeit oder «Nettigkeit» zu manipulieren. Nachdem sie ihr Leben so lange damit verbracht haben, anderen gefällig zu sein, werden die ZWEIER auf einmal die Angst entdecken, daß sie kein wirkliches Selbst besitzen. Um den Sinn für ein Selbst zu entwickeln, müssen sie ihre eigene Stärke anerkennen und ihre Macht anwenden, sei es in der Familie oder in sozialen und beruflichen Einrichtungen.

Die Ungewißheit der ZWEIER, ob sie ohne den Schutz anderer überhaupt leben können, und die Angst davor, daß Unabhängigkeit dazu führen kann, ungeliebt zu sein, kann dem erwachenden Sinn für die eigenen Bedürfnisse entgegenwirken.

Sie brauchen Zeit, um ihre wahren Gefühle zu erkennen und sich mit ihnen vertraut zu machen. An diesem Punkt könnte eine Selbsthilfegruppe, die Erfahrungen einordnen, Ursachen von sozialem Stress erkennen und Schritte zur Veränderung vorschlagen kann, von Nutzen sein.

Jungsche Psychotherapeuten setzen viele Probleme der ZWEI-Strategie symbolisch mit dem alchimistischen Prozeß der *Solutio* gleich. Erstarrte, statische Aspekte der Persönlichkeit lassen keine Veränderung zu. Wandlung setzt Auflösung voraus. Die vielen Spielarten von Liebe und Lust sind Katalysatoren in diesem Prozeß. Was immer oder wer immer größer ist als das Ich, droht es aufzulösen. Die ZWEI erforscht lieber intensive, ekstatische Erlebnisse als solche mit einer klar strukturierten Bedeutung. Die Gefahr dabei ist, überschwemmt zu werden und zu ertrinken; Ziel ist es zu überleben und die Fragen, die nicht zu beantworten sind, sich auflösen zu lassen.

Die einzigartigen Vorteile der verwandelten ZWEI-Strategie werden dringend benötigt, um die immer ichbezogenere westliche Kultur wieder ins Gleichgewicht zu bringen. Die wohlfundierte Aufmerksamkeit, die ZWEIER den unterschiedlich gearteten Entwicklungen und Bedürfnissen jedes Menschen in ihrer Umgebung entgegenbringen, verbunden mit einem Einfühlungsvermögen, das Konflikte entschärft, sind Pluspunkte, die wir anerkennen, würdigen und unterstützen sollten. Dann eröffnet sich die Möglichkeit einer echten Partnerschaft statt dominanter Macht.

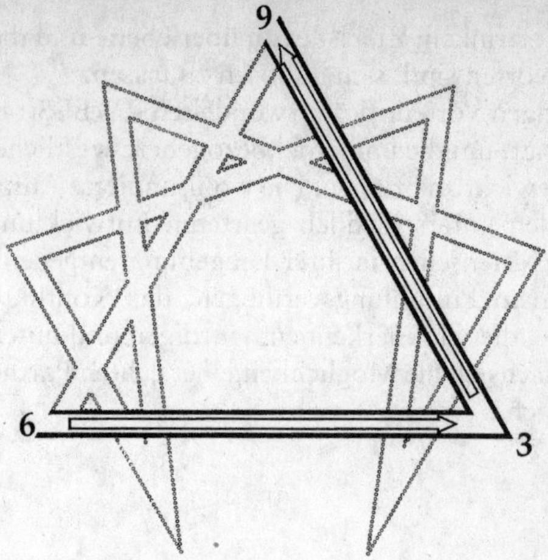

Punkt 3:

Leistung und Image

Selbstbeschreibung: «Ich bin erfolgreich.»
Schattenproblem: Lüge
Abgelehntes Element: Versagen
Sucht: Effizienz
Benötigte Stärke: Wahrheit/Hoffnung
Abwehrmechanismus: Identifikation
Psychologische Störung: Arbeitswut, manische Depression
Voreingenommenheiten: Identifikation mit Wettbewerbserfolgen
Der Glaube, Liebe nicht für sich selbst so, wie man ist, zu bekommen, sondern für Leistung
Kaum Zugang zu den eigenen Gefühlen
Ständige Imageanpassung, um Beifall zu finden
Selbstbetrug, um in der Öffentlichkeit ein bestimmtes Image aufrechtzuerhalten
Identifikation des Selbst mit Rolle oder Beruf hat Vorrang vor Familienangelegenheiten
Unterwerfung durch Konformgehen mit den Wertvorstellungen anderer, dann Vermeidung einer Depression durch Erringen von Beifall

Konvergentes Denken: vielspurige, auf ein einziges Ziel konzentrierte Geistestätigkeit

Prioritäten: persönliche Priorität: Sicherheit

Paarpriorität: Männlichkeit/Weiblichkeit

Gemeinschaftspriorität: Prestige

Lebensaufgabe: aufhören, sich nach Leistung zu bewerten. Im allgemeinen kann nur ein einschneidendes Versagen die Depressionen auslösen, die nötig sind, damit DREIER langsamer treten und in Frage stellen, was sie tun und warum sie es tun. Hoffnung besteht, sobald Wahrhafigkeit geübt wird und Rechtmäßigkeit ins Blickfeld rückt.

*

Angst und Geiz beherrschen die Marktwirtschaft, deren Drahtzieher dafür bekannt sind, daß sie ihre Gefühle und Werte, die nicht der Grundforderung des Profits entsprechen, ignorieren. Die Geschäftswelt ist eine natürliche Bühne für das DREI-Programm.

DREI ist die Enneagramm-Strategie, bei der die größten Schwierigkeiten bestehen, sowohl die eigenen Gefühle als auch die anderer anzuerkennen. Sie ist eine beliebte Männerstrategie, und besonders Amerikaner haben etwas für aggressiven Wettbewerb, Effizienz und das Erfolgsimage übrig, das sie betont. Dieser Persönlichkeitstyp ist allerdings auch bei den Frauen stark im Kommen, die im Geschäftsleben stehen. DREIER identifizieren sich mit dem Erfolg; sie neigen dazu, ihren Wert als Menschen einzig an den Leistungen und Rollen zu messen, die sie am höchsten schätzen. Sie organisieren und planen ihr Leben und ihre Beziehungen sorgfältig, um ihre Ziele zu erreichen.

Dieser Typ ist in der modernen westlichen Welt hochgerühmt. DREIER identifizieren sich mit dem Image, das am höchsten im Kurs steht: Jugend, Energie, Wettbewerbsfähigkeit und Leistung.

Das zahlt sich für sie aus. Die Spannung und die sprudelnde Energie werden als großartig empfunden; außerdem werden DREIER materiell mit Prestige, Geld und Macht belohnt. Sie wissen, wie sie ihren Adrenalinspiegel in Schwung bringen können, aber unter Umständen müssen sie körperlich einen hohen Preis dafür zahlen. Eine Frau, die mit einem Beinbruch aus dem Skiurlaub heimkam, nahm sich nicht einmal die Zeit, um einen Arzt aufzusuchen, «weil soviel Arbeit nachzuholen war». Sie bekam eine Infektion und verlor beinahe ihr Bein.

Eine DREI wächst bei Eltern auf, die das Kind dauernd zu Leistungen drängen («Wir wollen stolz auf dich sein können!»), die nie zufriedenzustellen sind («Fünf Einsen und eine Zwei – warum nicht sechs Einsen?»), die erreichte Leistungen übersehen oder vom Kind erwarten, auf Gebieten erfolgreich zu sein, denen ihr eigenes Interesse gilt. Dadurch gerät das Kind in ein Dilemma. Die Botschaft der Eltern lautet etwa:

«Sei auf der Gewinnerseite.»
«Nimm deine Gefühle nicht wichtig.»
«Stelle uns gefälligst zufrieden.»
«Streng dich mehr an.»

Wenn Kinder, die solche Signale empfangen, den Ansprüchen ihrer Eltern nicht gerecht werden können, fühlen sie sich als Versager, aber da für befriedigende Leistungen keine Obergrenze gesetzt ist, können sie machen, was sie wollen, es ist nie genug. Sie müssen immer mehr tun und sich immer mehr anstrengen. Eine Frau verband mit diesen Gefühlen ihrer Kindheit den Gedanken: «Sie sagten mir immer, daß sie mich lieben würden, wenn ich gut genug wäre, nicht wahr? Ich hatte nie das Gefühl, je genug zu tun, und so tat ich immer mehr – Malen, Schlittschuhlaufen, Tanzen, Musizieren, dem Schwimmverein beitreten. Als ich älter war, übernahm ich das alles einfach in meine Arbeitswelt und bürdete mir immer mehr Aufgaben auf.»

Das ist nicht der einzige Preis. Hinzukommen unterdrückte Gefühle, nicht richtig am Leben teilzuhaben und keine echten emotionalen Erfahrungen zu machen, und zudem wird gute Arbeit geleistet, ohne gute Gefühle auszulösen.

Die Strategie besteht darin, Aktivitäten und Eigenschaften aufzugreifen, die nach Meinung des Kindes den meisten Beifall finden werden. Das Kind schafft sich damit ein Image mit dem Ziel, nicht das Gefühl haben zu müssen, ein Versager zu sein.

Menschen mit einem DREI-Programm werden oft Manager oder übernehmen einen Verwaltungsposten, und sie pflegen einen sehr selbstbewußten Arbeitsstil. Sie stellen hohe Ansprüche und finden Ineffizienz, Inkompetenz und Zeitverschwendung unbegreiflich. Sie sind für klare Ziele und Beurteilungen. Da in ihren Augen der Erfolg ihres Unternehmens das Wichtigste überhaupt ist und sie bereitwillig ihre Zeit, ihr Familienleben und andere Interessen dafür opfern, erwarten sie von anderen eine ähnliche Opferbereitschaft. Sie machen sich selten das nahezu unablässig nagende Gefühl bewußt, müde zu sein und sich im Laufe der Jahre zu verausgaben.

In der Öffentlichkeit das Image eines Erfolgsmenschen zu haben ist ihnen fast genauso wichtig wie ihre Tätigkeit. Ebenso wie sie sich mit ihrer Kleidung am Erfolg orientieren, passen sie auch ihre Gefühle der jeweiligen Situation an. DREIER sind gute Verhandlungspartner und wissen Probleme zu lösen, allerdings nicht auf der Gefühlsebene. Gefühle, die ihnen Unbehagen bereiten oder die ihnen nicht geheuer sind, drängen sie beiseite, um später darüber nachzudenken, falls überhaupt.

DREIER gönnen sich wenig Privatleben. Sie sind an ihre Rolle gefesselt und an das, was sie gewinnen wollen. In Jungscher Terminologie identifizieren sie sich mit ihrer Person und tragen in der Öffentlichkeit eine Maske, die zwar ihre Rolle anschaulich macht, ihnen jedoch nicht erlaubt, sich zu erkennen zu geben oder selbst zu erkennen.

Laura, Betriebswirtschaftlerin mit steiler Karriere, geriet allmählich in Panik, als sie auf die Vierzig zuging. In ihrer Hektik, ihre beruflichen Ziele zu erreichen, hatte sie keine Zeit für ein Kind gefunden. Ihre erste Ehe, die sie gleich nach dem College eingegangen war, endete, als sie eine Stelle als Geschäftsführerin in einer neuen Firma an der Westküste annahm und ihr Mann sie nicht dorthin begleiten wollte.

Jetzt hatte sie ein Verhältnis mit einem Vorstandsmitglied ihrer Firma, der ein Kind haben wollte. Laura wollte den Mann, und ein Kind hielt sie für eine wunderbare neue Erfahrung, aber sie war sich auch darüber im klaren, daß sie nicht mehr die Jüngste war. Sie war hin und her gerissen zwischen dem, was sie sich ersehnte, und der Realität, in der es dafür zu spät sein mochte. Sie wußte nicht, wie sie Zugang zu ihren ambivalenten Gefühlen über eine Schwangerschaft gewinnen konnte.

DREIER lassen sich nicht gern in ihre Arbeit dreinreden und übersehen oft, was andere zum Erfolg ihrer Arbeit oder Karriere beitragen. Unter Umständen manipulieren sie auch andere, sei es, um eine Arbeit fertigzustellen oder um sie als Trittsteine auf dem Weg zum nächsten Erfolg zu benutzen. Das Muster aus der Kindheit wiederholt sich ständig. Kein Sieg scheint ihnen je zu genügen, um sie von ihrem wahren Wert zu überzeugen. Sie müssen noch mehr leisten.

Leistung sorgt für Aufmerksamkeit. Für den geselligen Typ dieser Art sind Prestige und ein voller Terminkalender die Lösung. Emotionen werden untergeordnet, während das Handeln in den Vordergrund tritt. Aber paradoxerweise sind sie bei ihren Triumphen innerlich darauf ausgerichtet, Liebe zu gewinnen.

Barry war der dritte von vier Brüdern; schon früh beschloß er, sich nicht unterbuttern zu lassen. Seine Eltern pflegten ein sehr aufreibendes Gesellschaftsleben und hatten offenbar durch ihre vielen Verpflichtungen gegenüber Geschäftsfreunden kaum Zeit für die Jungen, die deshalb unter der Obhut von wechselnden Hausangestellten aufwuchsen. Barry wetteiferte mit seinen Brüdern um Anerkennung, so daß er, als er in die Schule kam, bereits wußte, wie er die Aufmerksamkeit von Erwachsenen fesseln konnte.

Die Anerkennung der Eltern empfand er als Liebe, und wenn er etwas leistete, wurde ihm Beachtung geschenkt. Trotzdem meinte er immer zu hören, daß ihm signalisiert wurde: «Du kannst noch mehr tun und noch besser sein.» Wer er war und was er fühlte, wurde weitgehend ignoriert. Er wurde prestigesüchtig. Er schützte sich vor Kränkungen von seiten seiner Eltern, vor ihrem Zorn oder vor Streit mit ihnen durch Teilnahme an vielerlei Freizeitaktivitäten, wofür er sich Dank und Anerkennung erhoffte, die er auch erhielt. Wenn er seine Sache schlecht machte, hätte seine Selbstachtung darunter gelitten, also fuhr er fort, Pluspunkte zu sammeln, sich immer mehr Aktivitäten zu widmen und immer noch mehr anzustrengen.

Bei Barrys Eltern genossen der Erfolg und die Identifikation mit Arbeit und Zielen, Maske oder Image Priorität. Er übernahm ihr Programm und bekam mit der Zeit Angst davor stehenzubleiben, kein Projekt vorzuhaben, keine Aufmerksamkeit zu erregen.

Gemeinschaftsorientierte DREIER unterhalten sich gern und wissen die Aufmerksamkeit ihrer Zuhörer zu fesseln. Bei ihnen hat Priorität, was anderen gefallen könnte; sie spielen stets die Rolle, die in dem Kreis, in dem sie sich gerade befinden, sicher Eindruck macht. Eine DREI erklärte: «Es geht darum, sich ständig auf die Zuhörer einzustellen. So entsteht ein Image.»

Zum sexuellen Selbstbild der DREI gehören Phantasien. Paarpriorität genießen die Attribute der Männlichkeit und Weiblichkeit, die verheißen: «Ich werde so sein, wie du mich haben willst.» Inwieweit andere ihnen Beachtung schenken, wird zum Maßstab für ihr Verhalten: Stelle etwas dar, warte auf Feedback, passe dich an; gib dir ein Image, aber verachte die, die darauf hereinfallen. «Ich sorge für Unterhaltung und Spaß, und ihr wißt nicht einmal, wer ich bin.» Mit intimen Beziehungen gehen sie so vorsichtig um wie mit einem Joker. Selbst der Liebesakt hat für sie ein Flair von Wettbewerb und Leistung. Sexualität vewirrt sie, so daß sie sich zum Schutz vor dem Beunruhigenden lieber von Intimitäten fernhalten und ihren Beziehungen nicht viel Gewicht einräumen.

DREIER zeigen ihre Gefühle nicht. Nur ungern befassen sie sich mit den Gefühlen anderer oder auch mit den eigenen. Sie können sich nicht entspannen; sie besitzen kein Einfühlungsvermögen. Empfindungen anderen gegenüber bereiten ihnen Unbehagen, und sie meiden dieses Unbehagen durch Ablenkungsmanöver. DREIER können keine längeren Gesprächspausen ertragen, da dann unter Umständen ihre Gefühle hervordrängen, und deshalb weichen sie dem Jetzt aus und malen sich lieber die Zukunft aus.

Geld und der Besitz von materiellen Gütern bieten der DREI für ihr Leben einige Sicherheit, aber gleichgültig wieviel sie haben, steht ihnen ständig die Möglichkeit einer Katastrophe vor Augen, für die sie dann nicht genug haben könnten. In Selbsttäuschung befangen, sind sie wie besessen davon, mehr und mehr anzuhäufen. Jean zum Beispiel macht sich Sorgen:

> Sams Geschäft wirft 80 000 Dollar jährlich ab, dabei leben wir, als würden wir 180 000 verdienen. Unser Lebensstil hat mir immer gefallen, aber in den letzten zehn Jahren haben wir unser Haus dreimal mit neuen Hypotheken belastet. Sam hat so viele Kredite aufgenommen, daß die Banken nicht mehr durchblicken. Er sagt, ich würde einmal eine reiche Witwe sein, doch ich bin es leid, Darlehen mitabzuzeichnen. Jeder Extradollar, den ich verdiene, verschwindet spurlos in einem Geldlabyrinth. Wozu leben wir eigentlich? Sam wandte traurig ein, daß Jean nicht mehr an ihn glaube, wo er doch ihr Vertrauen brauche, um seine riskanten finanziellen Transaktionen weiter abwickeln zu können. Ihr Urteil tat er mit dem Hinweis ab, daß sie keine unmittelbaren Erfahrungen mit der Geschäftswelt habe: «Sie ist einfach nicht objektiv; das sieht man daran, wie emotional sie gleich wird», eine Reaktion, die Jean in helle Wut versetzte, da sie nicht von Gefühlen, sondern von objektiv sichtbaren Fakten sprach.
>
> Sam wollte, daß Jean daran glaubte, er baue sein Finanzimperium für sie und die Familie und nicht etwa aus egoistischen Gründen oder Machtgelüsten. Er erwartete von ihr, ihm ihre Treue zu beweisen, indem sie neue

Darlehensverträge, «ohne sie durch Fragen zu sabotieren», mitunterzeichnete. Er erwartete von ihr, Gläubiger hinzuhalten und in seinem Interesse von ihren geschäftlichen Talenten Gebrauch zu machen. Jahrelang verschleierte das Körnchen Wahrheit in dem, was er sagte, begleitet von Zärtlichkeit und Attraktivität, seine egozentrischen Manipulationen, und zwar für beide.

Die mit dem DREI-Programm verbundene psychologische Störung ist das «Typ-A-Verhalten» oder die Arbeitswut sowie in der extremen Form die manische Depression. Als Abwehrmechanismus wählt die DREI die Identifikation.

In der Außenwelt tritt die Schattenseite des DREI-Programms am deutlichsten in solchen Situationen zutage, in denen die rücksichtslose Präsentation eines Images die Wahrheit ersetzt: zum Beispiel bei aggressiven Werbekampagnen, ob für Produkte oder für Politiker. Viele Werbeslogans unterstellen fälschlich reale menschliche Werte und schlagen daraus Profit. Effizienz, Geschicklichkeit und Propaganda in eigener Sache beherrschen auch das Gruppenverhalten der DREI.

Die Revision der DREI-Strategie

Diese Strategie ändert sich für gewöhnlich nur bei Versagen. Erst wenn Probleme auf persönlicher wie auf Gruppenebene auftauchen, merken DREIER, daß etwas im argen liegt. Der Ausweg aus ihrem Dilemma heißt, langsamer zu treten und sich selbst einmal zu fragen, was eigentlich vor sich geht. Wem wollen sie gefallen und warum? Was wollen sie? Wie steht es um ihre persönlichen Wünsche, die wenig mit dem zu tun haben, was beliebt und allgemein üblich ist?

DREIER können lange Zeit leiden, ohne es sich einzugestehen, solange sie nur arbeitsfähig bleiben. Sie müssen allmählich merken, daß sie sich immer mehr von ihren Gefühlen entfernen und keine Erfahrung mit der Tiefe und Weite ihrer eigenen Emotionen haben. Sie brauchen jemanden, der ihnen hilft, indem er ihnen die Wahrheit sagt und das gleiche von ihnen fordert. Das kann ein Therapeut sein, ist jedoch meistens der Ehepartner.

Die Worte «Image», «äußere Erscheinung» und «äußerlich» sind bei DREIERN ausschlaggebend für das Verständnis ihres Schattenproblems des Selbstbetrugs. Obwohl es ihnen anscheinend weitgehend an dem Antrieb fehlt, gut zu *sein,* wünschen sie doch nichts sehnlicher, als gut zu *wirken*. Das ist die Lüge, weniger dazu gedacht, andere zu täuschen, als vielmehr sich selbst zu betrügen. Sie können oder wollen den Schmerz einer Selbstkritik nicht ertragen.[1]

Betrug, einschließlich Selbstbetrug, zieht sich durch die ganze Imagepflege. Alles, was nicht ins Bild paßt, muß versteckt werden. DREIER haben ein Interesse daran, die Fakten ihres Lebens in einem bestimmten Licht darzustellen. Die «Zustimmung» anderer ist eine Bestätigung und bewahrt vor «Gesichtsverlust». Ein Partner, der mit einer DREI zusammenzuleben versucht, gerät oft in die Lage, seine eigenen Wahrnehmungen und Urteile anzuzweifeln, weil die DREI die verschiedensten Techniken und Machthebel benutzt, um sich Treue und Beistand von seiten des Partners zu versichern.

Das Phänomen mittlerer Ehejahre, bei dem ein Partner widerstrebend «aufwacht», beschwört oft eine Depression herauf. Dabei könnte eine persönliche Individuation beider Partner beginnen, aber das ist schwere Arbeit, und die Versuchung, wieder zurückzufallen, ist groß. Das Paar hat unter Umständen jahrelang mit einer Reihe von Vereinbarungen zusammengelebt, die auf Lüge beruhten, auf einer unrealistischen, nicht authentischen Definition seiner Wirklichkeit.

Wenn der Partner einer DREI allmählich wieder auf die Wahrheit der Situation stößt, muß er sie zu seinem eigenen Besten aussprechen und darf seinen Standpunkt keinesfalls nach dem Denksystem der DREI verteidigen. Er muß seinen eigenen Wahrnehmungen, Urteilen und Entscheidungen treu bleiben. Nur so kann sich die Beziehung wiederbeleben – und die DREI gesunden.

Zweifellos können auch Nicht-DREIER ein Leben führen, das auf Lüge beruht. Doch was die DREI in ihr Image – und in das Verführerische eines solchen Images – investiert, macht diese Strategie besonders anfällig für Betrug. Die Geschäftswelt und insbesondere Werbung, Public Relations und Medienarbeit haben ihren Reiz für DREIER und bestärken sie in ihren Wertvorstellungen.

Der alchimistische Begriff *Nigredo* (Schwärze) erklärt einiges von den spirituellen Aspekten des DREI-Programms, besonders den mangelnden Bezug zwischen Leistung und Gefühl. Dieser Bezug muß wiederhergestellt werde.[2]

DREIER müssen ihre Lebensstrategie revidieren, um neben dem Gewinnenwollen, der Ursache für die Verzerrung, auch andere Ziele einzubeziehen. Sie müssen mit ihrer Überaktivität aufhören und sich endlich mit Wahrnehmungen von innen und außen befassen. Sie müssen daran arbeiten, sich über ihre emotionalen und instinktiven Reaktionen klarzuwerden.

Die reife DREI-Strategie, ein produktives, kreatives, energiegeladenes Programm, hat großen gesellschaftlichen Wert, nur müssen DREIER erkennen, daß es weder der höchste Wert noch das einzige ist, wofür es sich zu leben lohnt.

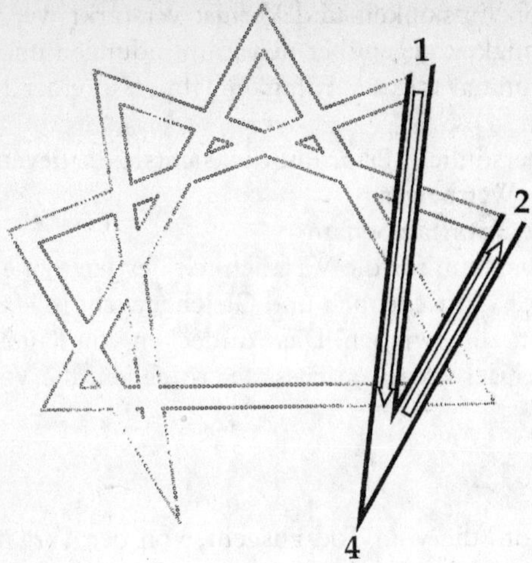

Punkt 4:

Außergewöhnlichkeit und Sentimentalität

Selbstbeschreibung: «Ich bin einzigartig. Ich erfülle höchste Ansprüche.»
Schattenproblem: Neid
Abgelehntes Element: das «Gewöhnliche»
Sucht: höchste Ansprüche und Geringschätzung weniger hoher Normen
Benötigte Stärke: Zufriedenheit
Abwehrmechanismus: Introjektion, künstlerische Vergeistigung
Psychologische Störung: Depression und manische Depression
Voreingenommenheiten: Gefesseltsein vom Fernen, Unerreichbaren
Neigung zu melancholischer Stimmung, Geringschätzung seichter, normaler Gefühle, Sehnsucht nach Intensivierung durch Verlust, Phantasie und Dramatik
Unterwerfung unter Verlust und Begrenztheit durch eine veränderte Version des betreffenden Ereignisses
Luxus und Kunstsinn zur Stärkung der Selbstachtung
Hin- und Herschwanken zwischen negativer Haltung zu dem, was da ist, und positiver Haltung zu dem, was unerreichbar ist, wodurch

Gefühle von Einsamkeit und Verlust verstärkt werden, aber auch die Feinfühligkeit gegenüber den Empfindungen und dem Leid anderer, verbunden mit der Fähigkeit, ihnen in einer Krisensituation beizustehen

Prioritäten: persönliche Priorität: rücksichtsloses, devensives Handeln
Paarpriorität: Wettbewerb
Gemeinschaftspriorität: Scham

Lebensaufgabe: Sinn für die Wirklichkeit des Jetzt zu entwickeln und die Kraft von Zufriedenheit und Gleichgewicht in Harmonie mit allem, was ist, zu gewinnen. Das Aufdecken von Kummer und Traurigkeit unter der kreativen Fassade ermöglicht die Vollendung.

*

Die Faszination, die vom Tod ausgeht, von der Vergänglichkeit von Leben und Schönheit, gibt den Anstoß zur Tragödie und vielen großen Dichtungen. Die solche Werke schaffen, sind oft VIERER, denn die VIER-Strategie nimmt ihren Ausgang von der Tragödie und deren Umwandlung.

VIERER halten sich für etwas Besseres als andere Leute. Von Durchschnittlichkeit wollen sie nichts wissen, sind jedoch verstimmt, wenn andere das zu besitzen scheinen, was ihrem eigenen Leben fehlt. Jede VIER hat unter einem Verlust in früher Kindheit gelitten oder sich damit identifiziert. VIERER schreiben ihr Anderssein häufig diesem tragischen Erlebnis am Anfang ihres Lebens zu. Sie haben tiefere Erfahrungen mit Einsamkeit und Leid gemacht als andere.

Liz ist als ältestes von drei Mädchen aufgewachsen. Ihr Vater verließ die Familie, als sie knapp sieben war. Ihre Mutter, eine notorische Spielerin, lebte in einer Phantasiewelt und hegte ständig die Erwartung, «das große Los zu gewinnen», das ihr Leben ganz und gar verändern würde. Dabei wohnten sie nacheinander in verschiedenen Pensionen rund um Reno, während die Mutter als Bardame arbeitete und eine Reihe von Beziehungen einging, in denen sie nur ausgenutzt wurde. Liz, ein hübsches Kind mit einem offenen Lächeln, entschloß sich zum Überleben und schmeichelte sich bei Nachbarn ein, die ihr Nahrung und Schutz zukommen ließen, wenn sie es brauchte. Sie war auch intelligent genug, um in der Schule Anerkennung und Beachtung zu finden.

Das Kind lernt schon früh, daß die Eltern nicht da sind, um ihm emotionale Unterstützung zu geben. Die Botschaften, die es empfängt, signalisieren ihm unter anderem:

«Rechne nicht damit, daß ich für dich da bin.»

«Komm mir nicht zu nahe.»

(Manchmal:) «Fühl nicht, was du fühlst; fühl, was ich fühle (Trauer).»

VIERER wollen glücklich sein, wie sie es bei anderen zu erleben glauben, aber da die ursprüngliche Quelle des Glücks ein Elternteil war, der sie preisgegeben hat, setzen sie Glück mit Enttäuschung gleich. Jedes Glück trägt den Keim der Grundangst vor dem Verlassenwerden in sich. Vertrauliche Nähe ist gefährlich, und das Empfinden davon löst Ärger und Wut aus. Eine VIER will lieber selbst zurückweisen, als es darauf ankommen zu lassen, abgelehnt und wieder verlassen zu werden.

«Der andere wird ohnehin wieder gehen. Daran wird sich nichts ändern, was ich auch tue. Da ist es doch besser, einfach die Verantwortung zu übernehmen und es selbst herbeizuführen.»

Das Kind entwickelt die VIER-Strategie, um der lähmenden Depression vorzubeugen, die mit einem tatsächlichen Verlust einhergeht. Danach vermeidet es ein totales emotionales Engagement bei jeder laufenden Beziehung. Nach einem tatsächlichen Verlust füllt das Kind sein Leben mit Imagination und Phantasie, es legt sich das Geschehen symbolisch aus und unternimmt eine Gratwanderung zwischen seinem Sehnen danach, Nähe zu erfahren – und zerstört zu werden.

Es besteht ein Unterschied zwischen einer Depression (der Unfähigkeit, eine Handlungsmöglichkeit zu finden) und einer Melancholie (dem süßen Schmerz durch kreisende Gedanken). Eine Depression ist durch die Umstände bedingt, lähmend, qualvoll und führt zu Selbsthaß. Auslöser kann Einsamkeit, der Bruch einer Beziehung oder Machtverlust sein. Das Kind geht dadurch, daß es das VIER-Programm wählt, von der durch wirklichen Verlust verursachten Depression auf einen Zustand der Melancholie und nostalgischen Sentimentalität über. Hier besitzen Tod und Verlust durchaus eine gewisse Attraktivität; sie vermischen sich mit Phantasien – «Wie herrlich könnte es sein, wenn nur ...»

Die herbeigesehnte melancholische Stimmung versetzt die VIER in eine Schauspielsituation, in die Rolle eines tragischen Helden oder einer Heldin, die Leere oder Verlust erleben. VIERER leben nicht gern im gegenwärtigen Augenblick, sondern lieber in ihrer Phantasiewelt. Oft führt ihr Verständnis von symbolischen Ausdrucksformen zu einer Betätigung in Dichtung, Musik, bildender Kunst, Schriftstellerei oder Theater. Sie sind originell und ernsthaft in ihrem Schaffen. Auch in der Gestaltung ihrer unmittelbaren Umgebung sind sie kreativ, denn sie haben Geschmack und Sinn für Schönheit und Eleganz.

Einer VIER fällt es schwer, sich ungekünstelt und spontan zu verhalten; Vorsicht ist ihr angeboren. VIERER neigen dazu, einzustudieren, wie sie vor anderen zu erscheinen gedenken. Sie sehnen sich nach zwangloser Einfachheit, die ihnen jedoch anscheinend unerreichbar ist. Sie haben etwas an sich, das ihnen ein Flair gibt, als seien sie etwas Besonderes und verstünden vieles besser als andere Leute. Selbst ihre Körpersprache drückt aus, daß sie von sich selbst glauben, mehr Geschmack, Stil und Gefühl zu haben als andere. Häufig kleiden sie sich bewußt zurückhaltend, aber stets elegant. Ihr Stil entspringt ihrem speziellen Verständnis und Gebrauch von Symbolen.

VIERER beneiden andere, die ihnen natürlicher vorkommen als sie selbst. Gefühle aller Art fesseln ihre Aufmerksamkeit. Sie lassen gern ihre traurige Vergangenheit an sich vorüberziehen, die verpaßten Gelegenheiten, den Schmerz, die Einsamkeit und Verlassenheit, die andere verursacht haben. Erinnerungen stellen im Gegensatz zu Beziehungen in der Gegenwart keine Anforderungen; VIERER genießen die Sehnsucht nach dem, was war oder hätte sein können. Von diesem Sehnen ist die schillernde Sinneswelt ihrer Phantasie erfüllt, ein stark suchterzeugender Bewußtseinszustand, den sie nicht aufgeben möchten.

So sabotieren sie ihre Selbstverwirklichung und ihre Erfolge. Sie lassen nichts ausreifen, ehe sie auf etwas anderes übergehen. Ihre Sehnsucht hat eine Süße, die der Besitz ihnen nicht vermittelt. «Ich kann es nicht bekommen, und doch muß ich es haben.» Sie verehren etwas am liebsten aus der Ferne, und sie sind gern allein. Sie glauben, das nicht zu verdienen, was sie sich ersehnen.

Meist handelt es sich um attraktive, oft charmante Leute, mit denen jedoch schwer ein vertrauliches Verhältnis anzubahnen ist, da sie stets auf dem Sprung zur Flucht sind. Sie ermutigen keine Annäherung, und sie sind auch nicht an Gegenseitigkeit oder Ebenbürtigkeit interessiert. VIERER sind nicht leicht zufriedenzustellen, und jede Routine ist ihnen langweilig. Wenn es so aussieht, als kämen sie gut mit jemandem aus, ist der betreffende Mensch ihnen wahrscheinlich gleichgültig.

Sie empfinden Mitleid; da sie Schmerzen kennen, sind sie sehr sensibel in bezug auf Verletzungen, die andere womöglich nicht einmal bemerken. Aus Liz, dem zuvor erwähnten mißbrauchten Kind, wurde eine außergewöhnlich kreative Frau, die aufgrund ihrer eigenen Erfahrungen mit frühkindlichem Verlust eine Berufslaufbahn einschlug, in der sie sich politisch für Kinder einsetzen konnte.

Von intimer Nähe halten VIERER sich nach Möglichkeit fern. Sie versagen sich, was sie ersehnen, so daß sich ihre Sehnsucht noch verstärkt. In Beziehungen sind VIERER elitär; wenn sie da sind, sehen sie vorwiegend das Schlechte, und wenn sie fort sind, eher das Gute. Sie wollen den anderen nach ihrer Idealvorstellung von dem verändern, was er sein sollte. VIERER haben Probleme, Schwächen und Fehler hinzunehmen, und lassen Beziehungen im allgemeinen wieder abkühlen. Sie lassen gern Jagd auf sich machen, solange sie nicht manipuliert werden.

VIERER sind konkurrenzfreudig, ohne stets gewinnen zu müssen. Wettbewerb ist für sie eher ein Mittel, um an anderen oder an dem, was andere haben, ihren eigenen Wert zu messen und dabei auf die ursprüngliche Frage zurückzukommen: «Warum bin ich verlassen worden?»

Ihre Schattenseite ist der Neid in Kombination mit Traurigkeit. Ihre Selbstachtung hängt von irgendwelchen äußeren Maßstäben ab, und ihre Aufmerksamkeit ist dauernd von Nichtvorhandenem in Anspruch genommen. Der mit diesem Programm gekoppelte Abwehrmechanismus ist die Introjektion und die psychische Störung, Depression oder manische Depression. Auch körperliche Funktionsstörungen treten auf. VIERER scheinen überdurchschnittlich oft unter Eß- und Magersucht zu leiden, Erkrankungen, die symbolisch mit Lebenshunger und Sehnsucht assoziiert werden.

In den Programmvariationen von Punkt 4 intensiviert jeder andere Punkt irgendein gefährliches persönliches Gefühl. VIERER leben gern riskant. Paarpriorität besitzt der Wettbewerb, durch den sie vor sich selbst beweisen und deutlich machen, daß sie nicht unterschätzt werden sollten. Scham hat Gemeinschaftspriorität, wenn es darum geht, Anforderungen zu genügen. Gleichgültigkeit dem eigenen Leben gegenüber schafft neue Verlustmöglichkeiten für den Untertyp der Selbsterhaltung.

VIERER unterwerfen sich der Realität dessen, was ihnen einmal widerfahren ist – Verlust und Begrenzung –, aber sie lassen sich nicht von Verzweiflung verzehren. Sie rekonstruieren ihre Erfahrungen mittels symbolischer Phantasien und verfallen lieber in Melancholie, die mildere Form von Depression. In der äußeren Welt passiert etwas Ähnliches, wenn Menschen in der Fremde einer Demoralisierung ausweichen und lieber versuchen, mit der drohenden Vernichtung fertig zu werden. Unter Gruppen, die von der VIER-Strategie beherrscht werden, nehmen die Iren eine herausragende Position ein, die in der Zeit der englischen Unterdrückung eine Fülle von Gedichten, Schauspielen und Romanen produziert haben. In den Vereinigten Staaten setzen sich Soulmusik, Gospel und Blues mit der unaussprechlichen Gruppentragödie von Sklaverei und Rassismus auseinander. Flüchtlinge, Asylanten und entwurzelte Menschen in aller Welt wie auch die Verfolgten des Holocausts sind von ähnlicher Geistesart.

Die Revision der VIER-Strategie

Aus dem VIER-Programm auszuscheren erfordert die Risikobereitschaft, Zuneigung und Sorge zu empfinden. VIERER müssen sich in die Gegenwart einbringen; sie dürfen nicht länger aus einer Wirklichkeit, die mit Makeln behaftet ist, in idealisierte Phantasien flüchten. Wenn sie eine Therapie beginnen, müssen ihre Emotionen ernst genommen werden, ohne daß ihrer Depression oder Schauspielerei vom Therapeuten zuviel Gewicht beigemessen wird. Sie müssen sehen, wie sie ihre eigene Arbeit sabotieren. Statt sich über ihre eigenen Bedürfnisse klarzuwerden, ihre Schattentendenzen zu erkennen und ihr Handeln konkret zu verändern, stellen sie lieber voller Neid Vergleiche an. Sie konzentrieren sich darauf, andere abzulehnen oder sich darin zu ergehen, wie sehr sie doch von anderen mißverstanden werden. Konkurrenzverhalten und Scham lenken sie von der schwierigen Arbeit ab, die vor ihnen liegt.

Die Schattenqualität des Neids liegt darin begründet, daß er die vorhandene Sensibilität und Zufriedenheit zersetzt und zerstört. VIERER müssen lernen, in ihren Beziehungen Befriedigung zu finden, indem sie sowohl das momentane Gute als auch das momentane Schlechte sehen.

Auf der Gemeinschaftsebene liegt das Problem mit einer VIER-Gruppenstrategie in der Tendenz, keine Macht mobilisieren zu können, um Veränderungen zu ermöglichen. Dabei sind die Hebel für eine Veränderung in Reichweite. Zum Beispiel lernt man erst durch die kleinen Erfolgserlebnisse von Gruppen, eine Gemeinschaft zu organisieren und größere Veränderungen zu bewirken; dabei kann sich das Organisationstalent weiterentwickeln und der Kreativität von VIERERN Raum geben, sich voll zu entfalten.

Sowie sie über ihre Selbsteinengungen hinausgekommen sind, bringen VIERER ein tiefgreifendes Verständnis dessen auf, was die Alchimisten *Mortificatio* nannten, womit sie anderen helfen können, sich ihre Sehnsüchte und die in ihren Qualen angelegten Wandlungsmöglichkeiten bewußt zu machen. Genau diesen Prozeß beschreibt Theodore Roethke in seinem bemerkenswerten Gedicht *In einer dunklen Zeit*. Zu Beginn spricht er von der Notwendigkeit, sich mit dem Dunkel auseinanderzusetzen: «In dunkler Zeit, da wird das Auge sehend, begegne ich im tieferen Dunkel meinem Schatten...» Er schließt mit einem Erlebnis der Vervollständigung: «Ein sündger Mensch, entsteig ich meiner Angst. Der Geist tritt in sich selbst ein, und in den Geist tritt Gott, und man ist eins, und frei im scharfen Wind.»[3]

In diesem Gedicht eröffnet die Dunkelheit eine neue Perspektive. Die Begierden des Egos werden besiegt, und das Unbewußte, Natur und Tier, bricht ins Bewußtsein ein. Roethke spricht über den Wahnsinn, den wir erleben, wenn Innen- und Außenwelt sich verwirren, die Gegensätze ins Blickfeld kommen und wir auf dem schmalen Grat dazwischen wandeln.

Transpersonaler Sinn scheint durch diese machtvollen Bilder. Vom Unterbewußtsein her wird der tiefere Sinn des Daseins beleuchtet.

Wiederholung und Zusammenfassung der Programme Unterwerfung/Depression

Die ZWEI-Strategie dient dem Kind dazu, zu seiner Selbsterhaltung zu erfassen, was der mächtige andere Mensch will, und sich entsprechend zu verändern oder dem Wunsch des anderen nachzukommen.

Die Kindheitsstrategie von DREIERN soll Aktivitäten und Eigenschaften mobilisieren, die nach Überzeugung des Kindes die meiste Zustimmung finden werden. Mit diesen Eigenschaften verschafft sich das Kind ein Image, um nicht mehr das Gefühl haben zu müssen, ein Versager zu sein.

Mit der VIER-Strategie will das Kind der lähmenden Depression vorbeugen, die es von einem tatsächlichen Verlust her aus Erfahrung kennt. Danach wird totales emotionales Engagement in jeder aktuellen Beziehung vermieden. Nach einem realen Verlust füllt das Kind sein Leben mit Imagination und Phantasie, legt Geschehenes symbolisch aus und unternimmt eine Gratwanderung zwischen seinem Sehnen nach Nähe und nach Zerstörung.

ZWEI

Lebensskript-Programm: Hilfsbereitschaft und Manipulation
Selbstbeschreibung/Selbstbild: «Ich bin hilfsbereit.»
Schattenproblem: parasitärer Stolz
Abgelehntes Wandlungselement: die eigenen Bedürfnisse
Sucht: Dienen/Manipulieren
Tugend/benötigte Stärke: angemessenes Selbstwertgefühl (Bescheidenheit)
Abwehrmechanismus: Repression
Psychologische Störung: Hysterie/abhängige Persönlichkeit

DREI

Lebensskript-Programm: Leistung und Image
Selbstbeschreibung/Selbstbild: «Ich bin erfolgreich.»
Schattenproblem: Lüge
Abgelehntes Wandlungselement: Versagen
Sucht: Effizienz
Tugend/benötigte Stärke: Wahrheit/Hoffnung
Abwehrmechanismus: Identifikation
Psychologische Störung: (Typ-A-Persönlichkeit); manische Depression

VIER

Lebensskript-Programm: Außergewöhnlichkeit und Sentimentalität
Selbstbeschreibung/Selbstbild: «Ich bin einzigartig. Ich erfülle höchste Ansprüche.»
Schattenproblem: Neid
Abgelehntes Wandlungselement: das «Gewöhnliche»
Sucht: höchste Ansprüche u. Geringschätzung weniger hoher Normen
Tugend/benötigte Stärke: Zufriedenheit
Abwehrmechanismus: Introjektion, künstlerische Vergeistigung
Psychologische Störung: Depression und manische Depression

Kapitel 2

Die Programme Angst und Flucht

Das Programm Wissen und Rückzug

Das Programm Sicherheit und ängstliche Zweifel

Das Programm unbekümmerter Optimismus

und nervöse Aktivität

Ein Reh, das in der Ferne einen Jäger hört, erstarrt für einen Augenblick, um dann voller Entsetzen davonzuspringen. Menschen reagieren häufig ähnlich auf Gefahr, sie halten den Atem an, werden völlig still und flüchten schließlich. Zu erleben, wie sich der Körper in höchster Wachsamkeit auf Handeln einstellt, bedeutet auch, die eigene Lebendigkeit zu spüren. Angst mischt sich mit Spannung. Wir spielen gern mit dem Entsetzen und lassen uns freiwillig von Horrorfilmen, Achterbahnfahrten, Sexspielen und gefährlichen Abenteuern in Angst und Schrecken versetzen.

Ein gewisses Maß an Angst hilft dabei, Veränderungen einzuleiten. Zum Beispiel versetzt Lampenfieber in einen Spannungszustand, der den anschließenden Auftritt mit emotionaler Energie auflädt. Wir fürchten uns vor Höhen und Tiefen, vor der Leere und dem «Nichtwissen». Unsere Angst, sofern sie nicht überwältigend ist, mobilisiert uns für die notwendigen Schritte und versetzt uns in die Lage, mit zwei Arten von Angstgefühlen umzugehen: dem einen, nicht das nötige Wissen zu besitzen, um mit der Situation fertig zu werden, und dem anderen, in dem sich die reine Angst vor dem Unbekannten ausdrückt.

Wir fürchten den Tod; wir fürchten, was wir nicht wahrhaben wollen; wir fürchten oft sogar unsere eigene Wut, die wir auf andere projizieren und dann als deren Gefühlsäußerung erfahren. Angst ist mit dem Selbstbild verwoben. Wir fürchten, als Dummköpfe angesehen zu werden und zugeben zu müssen, daß wir keine Antwort wissen. Paradoxerweise können wir uns nur dann von der Angst lösen, wenn wir uns diesem Nichtwissen stellen. Die normale Reaktion auf Angst ist Flucht. Häufig besteht unsere Aufgabe darin, im Angesicht der Angst durchzuhalten und dadurch zu einer anderen Wirklichkeit vorzudringen.

Programm FÜNF: Sichverschließen, Grenzen ziehen, Tarnen; Programm SECHS: erhöhte Wachsamkeit und Entrinnen oder Flucht nach vorn in die Aggression; Programm SIEBEN: Ablenkungsmanöver. Alle drei dienen dazu, der Angst auszuweichen. Voraussetzung für ein Freiwerden von Angst ist ein anderer Umgang mit den Ängsten.

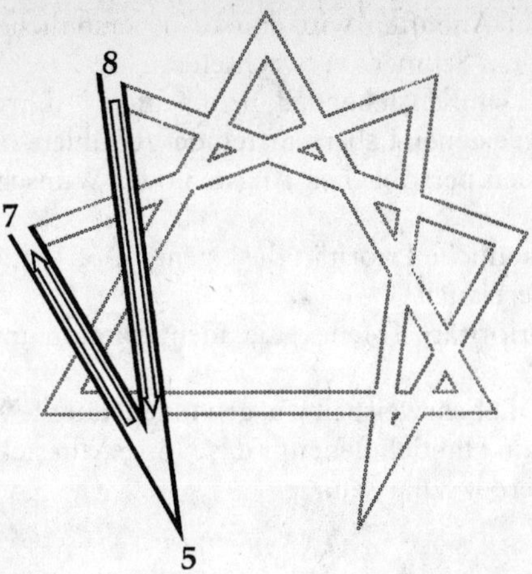

Punkt 5:
Wissen und Rückzug

Selbstbeschreibung: «Ich habe ein geschärftes Wahrnehmungsvermögen.»
Schattenproblem: Geiz
Abgelehntes Element: Sinnlosigkeit
Sucht: Wissen
Benötigte Stärke: Loslassen können
Abwehrmechanismus: Isolation (Abkapselung)
Psychologische Störung: Vermeidungspersönlichkeit
Voreingenommenheiten: Privatleben, Zurückhaltung; abwechselnd geselliges und gesellschaftsfeindliches Verhalten
Beschränkung der persönlichen Bedürfnisse auf ein Minimum, um sich nicht engagieren zu müssen
Bedürfnis, unvorhersehbare Gefühle und Reaktionen unter Kontrolle zu halten
Unterteilung emotionsgeladener Erfahrungen in kleinere Zeitabschnitte; Grenzen setzen
Analytisches Wissen wird gern als Ersatz für emotionale Erfahrungen benutzt

Spirituelles Nicht-Anhaften wird mit dem persönlichen Ausweichen vor emotionalem Schmerz verwechselt

Standpunkt des «außenstehenden Beobachters» führt bei manchen dazu, sich dem eigenen Leben entfremdet zu fühlen, und bei anderen zu einer von den persönlichen Ängsten oder Wünschen losgelösten Anschauung

Prioritäten: persönliche Priorität: die eigenen vier Wände

Paarpriorität: Vertrauen

Gemeinschaftspriorität: Totems, die Identifikation mit «denen, die wissen»

Lebensaufgabe: Lebensweisheit zu gewinnen durch Wandlung vom Beobachter zum Handelnden; nur das Nötigste in sich aufzunehmen und alles andere loszulassen.

*

Zu allen Zeiten hat ein gewisser Prozentsatz von Männern und Frauen das Bedürfnis gehabt, ein Leben abseits von der Gesellschaft zu führen. Nicht nur Einsiedler, sondern auch viele andere Menschen haben das Bedürfnis, viel allein zu sein. Manche wollen allein sein, weil sie von einer Tätigkeit stark in Anspruch genommen werden, und andere wieder scheinen das, was aus der Außenwelt auf sie eindringt, als persönliche Bedrohung zu fürchten.

Eltern-Kind-Probleme

FÜNFER entwickeln als Kinder eine Strategie, um sich von den Eltern abzuschirmen, die sie entweder als aufdringlich empfinden oder bei denen sie emotional verarmen. Eltern signalisieren dem Nähe und Zugehörigkeit suchenden Kind Gefahr, und das Kind liest daraus:

«Komm mir nicht zu nahe.»
«Du gehörst nicht hierher.»

Pegs Mutter war stolz auf ihr rotes Haar und ihr hitziges Temperament. Sie managte alles, und nicht nur allein für ihren Ehemann und die Kinder, sondern auch für ihre Mutter, etliche Brüder und gelegentlich sogar für die Nachbarn. Sie betrachtete Peg, ihre Tochter aus erster Ehe, als Privateigentum und Möglichkeit, die Gelegenheiten, die sie in ihrem eigenen Leben verpaßt hatte, nachzuholen.

Beim Rückblick auf ihre Kindheit sagte Peg, es hätte nichts in ihrem

Leben gegeben, in das sich die Mutter nicht eingedrängt hätte. Selbst unausgesprochene Gefühle seien der Mutter offenbar nicht verborgen geblieben. «Zieh nicht so ein Gesicht! Was soll das, daß du mich so anschaust!» Peg lernte, sich in Büchern zu vergraben und sich Phantasien hinzugeben, und sie pflegte das Ende ihrer Lieblingsgeschichten abzuändern. Von Anfang an mochte sie Geschichten am liebsten, in denen von magischer Unsichtbarkeit die Rede war und die sie sich auf dem Weg zur Schule und zurück mit großem Genuß immer wieder vorsagte. Natürlich teilte sie ihre Gedanken nie mit jemandem, auch nicht mit ihren Brüdern.

Manchmal ist das physische Umziehen Teil der emotionalen Verarmung, denn es hält das Kind davon ab, Wurzeln zu schlagen. Pegs Eltern zogen nicht nur oft um, sie drohten auch, wenn Peg einmal ungezogen war, sie zur Strafe in ein Internat oder ein Sommerlager zu schicken.

Solche Kinder ziehen sich in eine Welt zurück, die sie durch imaginäres Denken und Reflektieren erkunden können. Indem sie sich entschlossen eine Privatsphäre schaffen, vermögen sie zu überleben, sind sich schließlich selbst genug und werden sehr findig. Wettbewerb, Prestige und Erfolg haben keinen Reiz für sie. Selbst Lebensgewohnheiten wie Essen und Trinken werden so reduziert, daß sie nicht zuviel Zeit und Energie erfordern.

Das Kind kommt zu dem Schluß, daß von anderen Menschen irgendeine Bedrohung für sein Leben ausgeht. Es bedient sich zu seinem Schutz der Strategie, sich möglichst unauffällig zu verhalten, sein Dasein zu tarnen und seine Bedürfnisse auf ein Minimum herabzuschrauben, um nach Möglichkeit unbemerkt zu bleiben. Es entdeckt, daß es so ungestört seinen eigenen Interessen nachgehen kann.

FÜNFER müssen Gelegenheit bekommen, die Fakten der Wirklichkeit wieder zu einem erkennbaren Muster zusammenzufügen. Als Einzelgänger am Rande des Geschehens beobachten sie das Leben, statt daran teilzunehmen. Sie legen Wert darauf zu wissen, was vor sich geht, aber sie wollen sich nicht engagieren.

Die Zurückhaltung und Unverbindlichkeit von FÜNFERN kann zu Problemen führen. Sie vergessen leicht Namen und haben nichts für *small talk* in Gesellschaft übrig, nach dem sie sich meist wie ausgepumpt und leer fühlen. Oft verlassen sie Parties unauffällig, ohne sich zu verabschieden. Ihre Zeit ist ihnen kostbar, und wenn etwas unnütz ist, sehen sie keinen Grund, ihre Zeit daran zu verschwenden. Bei einem sachlichen Gespräch hinwiederum sind sie aufmerksame Zuhörer. Dann interessiert sie alles, und sie sind vorurteilsfrei. Häufig besitzen sie, tief in ihrem Innern versteckt, ungeahnte Kenntnisse auf den verschiedensten Gebieten.

Über ihre Gefühle befragt, werden sie jedoch wahrscheinlich eher sagen, was sie denken. Ein dringliches emotionales Problem ruft zwar eine sofortige Reaktion bei ihnen hervor, aber meist werden sie sich erst später, wenn sie über das Ereignis nachdenken, über ihre Gefühle klar. Sie genießen intime Vertraulichkeit, sofern sie frei von bedrohlicher Abhängigkeit ist.

> Tim: «Die Leute kennen nur einen Teil von mir, nur das, was ich zu zeigen bereit bin. Ich lasse mich lieber umgarnen, als selbst aktiv zu werden, aber meine Partnerin muß auch meine Zeit und meine Privatsphäre respektieren. Es dauert seine Zeit, bis ich herausgefunden habe, was ich von diesem anderen Menschen halte. Wenn Probleme auftreten, kann ich immer sagen: ‹Zur Hölle damit, ich kann gut allein leben.› Das will ich allerdings gar nicht, jedenfalls nicht ganz.»

Abstrakte Modelle von menschlichem Verhalten, Systeme und Theorien faszinieren FÜNFER. Andere meinen oft, sie setzten die abstrakte Vorstellung davon, wie man fühlen sollte, an die Stelle ihrer Gefühle. Emotionen sind tatsächlich nicht von vorrangigem Interesse für sie. Sie setzen ihr Wissen ein, um der Angst entgegenzuwirken, in bedrohliche Situationen verwickelt zu werden, die sich ihrer Kontrolle entziehen könnten. Ihr innerer Abwehrmechanismus ist die Isolation; sie halten ihre Gefühlsregungen zurück, während sie beobachten und dann beschließen, was sie machen werden.

FÜNFER erwecken den Anschein, als geizten sie mit ihrer Zeit, mit ihrem Geld und mit ihrem Wissen. Sie hüten ihre Zeit und ihre Privatsphäre. Nur selten kommen sie auf die Idee, das, was sie wissen, sei verständlich und umfassend genug, um es weiterzugeben. Ein asketischer, auf minimale Ansprüche reduzierter Lebensstil erfordert eine sparsame Haushaltung, wenn die Unabhängigkeit bewahrt werden soll. Wenn FÜNFER etwas unbedingt haben wollen, konzentrieren sie ihre Energie darauf, es zu bekommen.

In einer Zweierbeziehung ermöglicht die Paarpriorität FÜNFERN oft den freiesten Lebensstil. Haben sie erst das gegenseitige Erforschen ihrer Grenzen überlebt, sind ihre Beziehungen im allgemeinen befriedigend. Wie bei anderen Interessen auch, sind FÜNFER in ihren Beziehungen entweder toatal engagiert oder total gleichgültig. Sie erwarten von anderen, nur das wahrzunehmen, was sie ihnen freiwillig vorhalten, und nicht ihr wahres Gesicht. Für die FÜNF, deren Urinstinkt auf die Selbsterhaltung in tiefster Isolation abzielt, sind die eigenen vier Wände ein sicherer Zufluchtsort, der ihr die persönliche Kontrolle ihrer Privatsphäre ermöglicht. Die gemeinschaftsorientierte FÜNF sucht gern die Gesellschaft von Leuten auf, die auf ihrem Interessengebiet eine Art «Totem» sind, eine Quelle von Informationen, der innere Kreis von Denkern, die andere beeinflussen. Doch selbst hier trägt die Beziehung oft den Stempel der FÜNF:

> Auf Peg, die unbedingt die Mechanismen und Machenschaften in ihrer Familie verstehen wollte, übte die Psychologie einen unwiderstehlichen Reiz aus. Nach Abschluß ihres Studiums suchte sie privat die Begründer psychologischer Systeme auf. Wenn sie ein solches System gemeistert hatte, ging der betreffende Guru davon aus, eine Jüngerin gefunden zu haben, da sie intelligente Fragen stellte, die Prinzipien verstand und an keinem Punkt der jeweiligen Lehre anderer Meinung war. Sie hatte Sinn für Humor, und die Art und Weise, wie sie mit dem Gelernten umging und es weitergab, verriet Können.
>
> Die Gurus irrten sich allerdings in bezug auf die Jüngerschaft. Peg fand es einfach unerheblich, die Punkte mit ihnen zu klären, in denen sie anderer Meinung war. Damit bewahrte sie sich auch vor jeglichem Engagement.

FÜNFER halten sich für klare Denker. Sie scheinen unter dem Zwang zu stehen, gar nicht erst ein Gefühl der Leere aufkommen zu lassen und sich lieber mit Wissen vollzustopfen. Sie fürchten die Leere und wollen sich nicht mit dem Grauen auseinandersetzen, das sie erregt. Es zieht sie zur Weisheit hin, aber da es viel Zeit in Anspruch nimmt, weise zu werden, bereiten sie sich ständig vor, damit das, was sie schließlich von sich geben, gut durchdacht ist. Stets vorbereitet zu sein ist ein Suchtzustand des Bewußtseins, den aufzugeben ihnen widerstrebt.

Auch ihr Privatleben ist vom Denken bestimmt. Sie haben nichts für Ablenkungen übrig, und sie nutzen ihre Zeit, um Projekte wieder und wieder in allen Einzelheiten zu überarbeiten, sich geistig auf Dinge vorzubereiten, die ihnen in Zukunft einmal widerfahren werden, und frühere Ereignisse noch einmal zu überdenken. Ihre Privatsphäre ist ihr Nährboden und ermöglicht es ihnen, produktiv zu sein, wodurch sie mit der Welt in Verbindung bleiben. Obgleich sie höchst unabhängig wirken, richten sich FÜNFER sehr nach den Wünschen anderer. Sie kommen diesen Wünschen nach, um sich damit ihre Privatsphäre zu erkaufen. FÜNFER können überraschend witzig sein und über fast alles lachen. Ihre Denkungsart hat etwas Magisches, sie meinen, Gefahren indirekt abwenden und unbekannte Gewässer im voraus ausloten zu können.

Gruppen, die Anziehungskraft für FÜNFER haben und ihren Wertvorstellungen entsprechen, sind Klostergemeinschaften und akademische Fakultäten.

Die Revision der FÜNF-Strategie

Wenn sich die FÜNF entfalten will, muß sie «an die Öffentlichkeit treten», sich mitteilen und ihr Wissen an andere weitergeben. FÜNFER brauchen zusätzliche Informationen, persönliche Kontakte und müssen in der Wirklichkeit Fuß fassen. Sie müssen die Erfahrungen anderer in ihr Privatleben einbeziehen können, sich (um der Angst entgegenzuwirken) der Gefahr stellen, die bei ihnen Angst erregt, und einen wirklichen Bezug zu dem herstellen, was in der Welt von Bedeutung ist. Sie müssen es riskieren, ihr lückenhaftes Wissen mitzuteilen, damit sie merken, daß sie so in einen Dialog treten und in Gemeinschaft mit anderen Menschen zu neuen Einsichten kommen können.

Das Schattenproblem eines Geizkragens ist die Besitzgier. Wonach FÜNFER Verlangen tragen, reicht von materiellen Gütern und Macht (Howard Hughes) bis hin zur letzten Erkenntnis (Faust). Einmal in deren Besitz, halten sie zu ihrem persönlichen Gebrauch daran fest, ohne sie mit anderen zu teilen. Das Habenwollen stellt sowohl den Wert von Menschengemeinschaft als auch den Sinn in Frage, der dem begehrten Objekt innewohnt. Die Grundbedeutung von Geld als einem Mittel des Austauschs geht verloren. Die Leute übersehen oft, wie sehr die Macht des Geldes sie zu verändern vermag. Diejenigen, die auf Reichtümer aus sind, gestalten ihr Leben auf eine Weise, durch die sie einschneidend verändert werden, ehe sie ihr Ziel erreichen. FÜNFER können dadurch, daß sie sich über ihren Umgang mit Geld klarwerden, eine höhere Bewußtseinsstufe erreichen.

Sobald FÜNFER erkennen, daß sie gewohnheitsmäßig Abstand von Gefühlen halten, können sie sich in Situationen begeben, wo sie unter

Menschen sind und aus sich herausgehen müssen. In der Therapie oder in einer Selbsterfahrungsgruppe müssen FÜNFER sich ihre Gefühle in jedem Augenblick bewußt machen und riskieren, sich bloßzustellen. Die Lebensaufgabe von FÜNFERN besteht darin, Lebensweisheit durch praktische Erfahrung zu sammeln, ihren Beobachterstandpunkt aufzugeben und endlich am Leben teilzunehmen. Sie müssen sich nehmen, was sie brauchen, statt sich vorher zurückzuziehen.

FÜNFER müssen erkennen lernen, wann sie Daten dazu benutzen, um Handeln hinauszuzögern, und wann sie Emotionen durch Analysen ersetzen. Peg wurde einmal bei einer Gruppenanalyse von einem ihrer Mentoren durch einen Kuß in ihrem Redestrom gestoppt. Sie erwiderte den Kuß, um gleich darauf in ihrem Satz fortzufahren. Alles lachte, und da ging ihr endlich auf, daß ihr Denken stets Vorrang vor dem Gefühl hatte. Hilfreich sind Gestalttherapie, Körperarbeit und künstlerische Betätigung, die Konzentration auf das Jetzt verlangen und der FÜNF Gelegenheit geben, Gefühl und Einsicht miteinander zu verbinden.

Notwendig ist auch, daß FÜNFER ihre Tendenz erkennen, sich zurückzuziehen, wenn eine Sache intensiver und verpflichtender wird, ihren Hang, zurückzuhalten oder zu zensieren, was sie eigentlich zu sagen hätten, und sich zu verkapseln. Sie müssen sich über ihre Gefühlsangst und ihren Widerstand klarwerden, sich ein vollständigeres Bild von sich selbst zu machen. Irgendwann müssen sie aufhören, Informationen anzusammeln, und sich mit ihrer inneren Leere auseinandersetzen. Am besten befolgen sie den Rat, den T. S. Eliot in *East Coker* gibt:

> Um das zu erreichen, was du nicht weißt,
> Mußt du den Weg der Unwissenheit gehen,
> Um das zu besitzen, was du nicht besitzest,
> Mußt du den Weg der Entäußerung gehen.[1]

Aufgrund ihrer Urteilsfähigkeit und ihres Eingrenzenkönnens besitzt die FÜNF ein geschärftes Wahrnehmungsvermögen für Gegensätze. Psychologisches Wachstum setzt voraus, daß die Spannung gegensätzlicher Gefühle ausgehalten werden kann, bis ein dritter Punkt auf einer höheren Bewußtseinsebene erreicht ist. In der alchimistischen Symbolik für die psychologische Entwicklung bringt *Separatio* die Trennung von Subjekt und Objekt, von Ich und Nicht-Ich zu Bewußtsein. In dem Maße, wie ein Mensch unbewußt bleibt, identifiziert er sich mit einem von beiden. Zum Beispiel hält er unter Umständen sich selbst für großzügig, ohne sich seiner Habsucht bewußt zu sein. Bei entsprechendem Bewußtsein sind FÜNFER in der Lage, die inneren Gegensätze auszuhalten und zu ertragen, statt einen Pol auf einen äußeren «Feind» zu übertragen. Dann eröffnet die FÜNF-Strategie die Möglichkeit einer unabhängigen Objektivität.

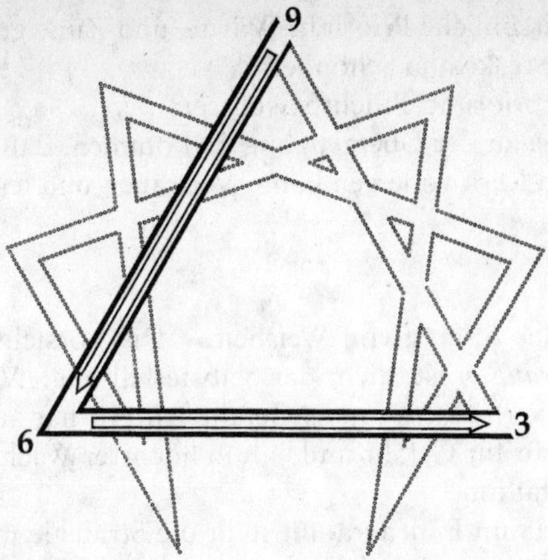

Punkt 6:

Sicherheit und ängstliche Zweifel

Selbstbeschreibung: «Ich bin treu. Ich bin vorsichtig.»
Schattenproblem: Feigheit oder Flucht nach vorn in Leichtsinn
Abgelehntes Element: Ursprünglichkeit
Sucht: Sicherheit
Benötigte Stärke: Mut, Glauben
Abwehrmechanismus: Projektion
Psychologische Störung: Angstanfälle, paranoide Schizophrenie
Voreingenommenheiten: Hochempfindlichkeit für Gefahr
Autoritätsprobleme durch Angst oder Angstabwehr; Unterwerfung oder Auflehnung; Ellbogengebrauch oder Kleinbeigeben
Verlierermentalität
Verzögerungstaktiken; überlegen statt handeln
Ein blinder Fleck, was Erfolg und Genuß betrifft
Argwohn gegenüber den Motiven anderer, Angst vor Feindseligkeit und dem möglichen Ausbruch eigener negativer Reaktionen
Skepsis und Zweifel
Abkämmen der Umgebung auf Hinweise, die das innere Gefühl des Bedrohtseins erklären

Prioritäten: persönliche Priorität: Wärme und Zuneigung
Paarpriorität: Stärke und Schönheit
Gemeinschaftspriorität: Pflichtbewußtsein
Lebensaufgabe: zu der Überzeugung zu kommen, daß nichts von außen einen im Kern verletzen kann; Vertrauen und festen Mut zu gewinnen.

*

«Angst ... ist der Anfang von Weisheit.»[2] Die Vorsicht, der Blick für das, was *da draußen* ist, dient der Selbsterhaltung. Wie ein Tier, das bewegungslos verharrt, wenn es Gefahr wittert, hat auch die SECHS ein feines Gespür für Gefahr und hält in höchster Wachsamkeit mitten in einer Aktivität inne.

Punkt SECHS im Enneagramm stellt die Strategie mit den größten Schwierigkeiten dar, zu handeln und den Lohn des Handelns entgegenzunehmen. Andererseits besitzen SECHSER eine hochentwickelte emotionale Intelligenz. Sie sind mit den eigenen und den Gefühlen anderer in Berührung. Bedrohung und Zuneigung existieren eng nebeneinander.

Eltern-Kind-Probleme

Manchen Kinder wollen ganz genau wissen, was erlaubt, okay und sicher ist – und was nicht. Sie haben starke Ängste. Sie wachsen in der Überzeugung auf, daß sie nicht ausreichend von Liebe umgeben sind, um geschützt zu sein. Entweder meiden sie die angsterregenden Aspekte des Lebens, oder sie reagieren durch «Flucht nach vorn» und setzen sich höchster Gefahr aus, um in Erfahrung zu bringen, was sie so entsetzt, und sich zu überlegen, was sie daran ändern können. Sie scheinen ihr Leben so zu führen, als würden sie ständig auf elterliche Gebote reagieren:

«Laß das.»

«Sei vorsichtig.»

«Tu das nicht. Du brauchst nicht soviel zu leisten.»

«Nimm dich nicht so wichtig.»

«Stell deine Eltern nicht in den Schatten.»

«Wenn du nicht aufpaßt, wird es dir schlecht ergehen (ich werde schon dafür sorgen).»

Einige Kinder finden sich nicht mit diesen Signalen ihrer Wertlosigkeit ab. Sie reagieren darauf mit Wut.

Eric wuchs unter dem strengen Regiment eines Musiker-Vaters auf, der enorm hohe Erwartungen in seine musikalischen Leistungen setzte. Mit vierzehn hatte er bereits in vielen großen Konzertsälen im In- und Ausland gastiert. Außerdem war er von seinem Vater körperlich mißhandelt und sexuell mißbraucht worden, eine Tatsache, über die er mit niemandem sprechen konnte. Als er endlich auf eigenen Füßen stand, eilte ihm der Ruf eines drogenabhängigen, gewalttätigen Menschen voraus.

Mit Autoritätspersonen stand er dauernd auf dem Kriegsfuß. Er machte sich einen Spaß daraus herauszufinden, wer jeweils die Verantwortung trug, um den Betreffenden dann zu Fall zu bringen. Er setzte sich über alle Regeln und Strukturen hinweg, die er vorfand. Er lehnte sich nicht nur gegen Konzertveranstalter auf, sondern auch gegen seine Finanzgeber, gegen Plattenfirmen und andere, die seiner Karriere nützlich waren.

Dieses Verhalten bewirkte zweierlei: Zum einen war es ein Ventil für seine Wut, und zum anderen garantierte es, daß er nicht den Erfolg hatte, der seiner Begabung entsprochen hätte und der seinem Vater so wichtig war. Erfolg versetzte ihn in Angst und Schrecken. Er glaubte nicht an seine Begabung. Erfolg hieß für ihn, so zu sein wie sein Vater, ein Vergleich, den er gefühlsmäßig ablehnte.

SECHSER bereiten sich ständig aufs Handeln vor, um dann wankend zu werden. Sie identifizieren sich mit den Benachteiligten und kämpfen gegen den Rest der Gesellschaft an. Selbst jemand, der weniger gestört ist als Eric, hat Schwierigkeiten, mit dem Erfolg zurechtzukommen. Daß dem Selbstwertgefühl des Kindes Schaden zugefügt wird, kommt in allen Gesellschaftsschichten vor. Wenn er durch sozialen und wirtschaftlichen Druck noch vergrößert wird, können die Auswirkungen verheerend sein. Solcherart systematisch eingeschüchterte Kinder sind argwöhnisch gegenüber Menschen, die es angeblich gut mit ihnen meinen. Sie fallen auf keine List herein. Mangelnde Offenheit, versteckte Absichten und verstohlenes Verhalten sind alles Warnzeichen für sie, die verborgene Motive, Inhalte und Ziele signalisieren.

Die Strategie der SECHS ist darauf ausgerichtet, die Gefahr rechtzeitig zu wittern, die Umgebung nach allen möglichen Bedrohungen abzukämmen und das Verhalten so zu programmieren, daß ihnen ausgewichen werden kann. Eine Alternative – falls sie die Kraft dafür aufbringen – ist die, Gefahren die Stirn zu bieten und sie so zu entschärfen.

Die SECHS lernt, in Angst und Schrecken zu leben – und Gebrauch davon zu machen.

SECHSER sind autoritätsgläubig. Sie haben ein starkes Bedürfnis danach, zu ihrer eigenen Sicherheit in Erfahrung zu bringen, was richtig und was falsch ist, wie es in den Regeln und Urkunden von Institutionen festgeschrieben ist (zum Beispiel in der Rechtsprechung, bei der Kirche oder beim Militär). Doch dann schweift ihre Aufmerksamkeit vom Handlungsimpuls ab und wendet sich nach innen, wo sich nagende Zweifel erheben. Dieser Zweifel hindert sie daran, in Aktion zu treten, und dämpft die Furcht vor Strafe, die sie in ihrer Kindheit erlebten, wenn sie eine Autorität in Frage stellten.

Elena wuchs in einem weißen Anglikanerviertel auf, ohne je das Gefühl zu haben, richtig dahinzugehören. Ihr lateinamerikanischer Vater leitete ein erfolgreiches Speditionsunternehmen und stand weithin in dem Ruf, Verbindung zur Unterwelt zu haben. Aber er hatte Geld, und er wollte seine Kinder unbedingt auf die besten Schulen schicken. Elenas angloamerikanische Mutter «griff zur Flasche, nachdem sie in weniger als zehn Jahren fünf Kinder geboren hatte», und so sorgte Elena, das zweite Kind und älteste Mädchen, so gut sie konnte, für die Geschwister. Ihr Vater, der ständig wütend auf irgend etwas zu sein schien, entsetzte und ärgerte sie, und sie fühlte sich von der Mutter hilflos im Stich gelassen. Sie gehorchte und machte sich so unattraktiv wie möglich, «mit Triefnase, tränenden Augen und starkem Übergewicht».

Sie wuchs heran und wurde die «perfekte kleine Streberin», die die Erwartungen des Vaters erfüllte, aber keine Ahnung hatte, was sie mit ihrem Leben anfangen sollte. «Die sechziger Jahre waren toll. Auf dem College bin ich auf die Anti-Establishment-Bewegung gestoßen, mit der ich mich identifizieren konnte, und alle waren auf meiner Seite. Es war die große Zeit der ethnischen Minderheiten. Aber ich konnte mich nicht zu einem ernsthaften Studium entschließen.»

Auf ihre persönliche Sicherheit bedacht, fand sie, daß die Wärme und Zuneigung ihrer Freunde ihrem Leben einen Sinn gaben. Mehr oder weniger zufällig schlug sie eine Laufbahn im öffentlichen Gesundheitswesen ein, hatte jedoch keinerlei Ehrgeiz, es persönlich oder beruflich zu etwas zu bringen. Ihr Sexualleben spielte sich stets in einem Dreiecksverhältnis mit einem Mann und einer Frau ab, die sie beide für ihre «beste, engste Freundin» hielten. Sie merkte, daß sie auf diese Weise dem nahe war, was sie entsetzte, um ihm gleichzeitig auszuweichen.

SECHSER identifizieren sich mit Gruppennormen und leben erst richtig auf, wenn sie einer bestimmten Gruppe angehören, die von ihnen unbedingte Treue fordert. Andererseits haben sie oft auch das Gefühl, daß die Gruppe hohe Ansprüche an sie stellt.

SECHSER haben eine gute Beobachtungsgabe und eine blühende Phantasie. Sie sind ausgesprochen scharfsinnig. Manchmal übersehen sie jedoch das Naheliegendste. SECHSER achten auf alles, was für das Wohlbefinden ihrer Gruppe bedrohlich sein könnte, darunter auch Abweichungen von den Regeln und Normen. Wenn sie selbst Regeln verletzen, können sie sich das nicht eingestehen und greifen deshalb auf die Abwehrmechanismen Projektion und Leugnen zurück. Der mit diesem Typ verbundene psychologische Stresszustand ist lähmender Zweifel; geistige Störung ist die paranoide Schizophrenie, ein Zustand, den der Totalabsturz des Computers HAL 2000 in dem Film *2001* treffend veranschaulicht.

Die gemeinschaftsorientierte, pflichtbewußte SECHS hält die Regeln ein, ohne sie offen in Frage zu stellen. In der Kindheit haben strenge Eltern absoluten Respekt vor Autorität gefordert. In der Schulzeit hieß es, sich der Autorität des Lehrers und zugleich einem inneren Gebot zu beugen, also «zu gehorchen, statt zu entscheiden». Äußere Autoritäten treffen die Entscheidungen. Fragen der Abgrenzung (Wer gehört zu mir und wer nicht? Wer hat Macht über mich, und wem bin ich über?) sind und bleiben für SECHSER wichtig.

Muße stellt ein Problem dar, aber im eigenen Interesse die Initiative zu ergreifen fällt ebenfalls schwer. Für SECHSER ist der Anschluß an eine Gruppe das Gegebene. Sie genießen das Gefühl von Solidarität und gegenseitiger Unterstützung. Polizei, Militär und religiöse Gruppierungen haben häufig SECHS-Charakter. SECHSER sind im allgemeinen keine «Senkrechtstarter». Da sie Risiken vermeiden, lassen sie viele Gelegenheiten verstreichen. Unsicherheit kann sie dazu veranlassen, jegliche Opposition oder auch nur eine kleine Meinungsverschiedenheit als bedrohlich oder gar bösartig aufzufassen. Sie schlagen mit Drohungen zurück. Mit der Zeit bringen SECHSER trotzdem einigen Humor auf und sehen ihre eigenen Schwächen ein, so daß sie diesen Überreaktionen entgegenwirken können.

Viele SECHSER lassen sich von der Kraft und Schönheit ihrer Partner und ihre Umgebung fesseln. Der Partner hat für das Leben der SECHS seine tiefgreifende Bedeutung. SECHSER können fürsorglich bis zur Selbstaufopferung sein, obwohl es ihnen schwerfällt, an die Liebe des anderen Menschen zu ihnen zu glauben. Auf die Liebe eines anderen zu zählen reißt die alte Wunde der Kindheit wieder auf.

SECHSER müssen ihre Ängste sorgfältig untersuchen, um die eingebildeten von solchen zu unterscheiden, für die es faktische Gründe gibt. Sie suchen nach Hilfe, wenn sie schließlich einsehen, daß sie nicht erreicht haben, was sie wollten, und viele ihrer Aufgaben unerledigt geblieben sind. Sie haben die Arbeitsstelle gewechselt, hatten Schwierigkeiten, ihrem Chef und ihren Kollegen zu vertrauen, und haben oft unter einem Vorwand Projekte aufgegeben, die kurz vor ihrer Vollendung standen.

SECHSER, die ihrer Angst durch «Flucht nach vorn» begegnet sind, indem sie wütend zurückschlugen, müssen erkennen und einordnen können, daß vieles von ihrem frühkindlichen Zorn ihrer Selbsterhaltung diente, und sehen, daß sie jetzt andere Möglichkeiten haben. Die meisten SECHSER müssen darüber hinaus lernen, wie sie ihre Wut erkennen und nutzen können. Zum Beispiel gab Ben an, daß ihn ein Zwischenfall mit einem Mann verärgert hatte, der ihn am Vortag in der Straßenbahn angerempelt hatte:

Ich sagte zu ihm: «He, passen Sie doch auf!», aber er rührte sich nicht. Ich weiß nicht, warum ich immer noch so aufgebracht bin.

Therapeut: Wollten Sie sich denn nicht gegen den Mann wehren, der Sie angerempelt hat?

Ben: Ich hätte ihn gern aus der Tür gestoßen, aber ich hab's nicht getan... ich konnte es nicht...

Therapeut: Was würden Sie jetzt sagen, das Sie gestern nicht gesagt haben?

Ben: Na ja, ich würde...

Therapeut: Sagen Sie's ihm.

Ben: *Hauen Sie bloß ab. Ich laß mir doch Ihr Scheißverhalten nicht gefallen!*

Therapeut (reicht ihm ein Kissen): Hätten Sie ihn gern geschlagen?

Ben: Nein... eigentlich nicht.

Therapeut: Ihn aus der Tür gestoßen?

Ben: Auch nicht.

Therapeut: Stellen Sie sich vor, Sie hätten zugeschlagen. Sprechen Sie laut aus, was Ihnen dabei in den Sinn kommt.

Ben: Ich habe Angst... ich habe tatsächlich Angst.

Therapeut: Was fürchten Sie denn, könnte passieren?

Ben (mit gedämpfter Stimme): Ich fürchte, wenn ich einmal anfange, höre ich nicht mehr auf zuzuschlagen. Ich habe Angst, daß mit mir irgend etwas nicht stimmt. Ich bin genauso wütend wie Sie. (Wendet sich an den Therapeuten) Ich weiß nicht, was ich machen soll. Ich möchte aufhören.

Therapeut: Sie wollen sich nicht einmal Ihre Wut ausmalen?

Ben: Hm.

Therapeut: Sie sagen, Sie wissen nicht, was Sie in Ihrer Wut machen sollen, und weigern sich, es sich einmal vorzustellen.

Ben: Mir ist nicht danach zumute. Es ist blöd.

Therapeut: So?

(Ben geht in die Luft, schreit, schlägt auf Kissen ein, tritt dagegen, daß sie aus dem Zimmer fliegen.)

Therapeut: Wie fühlen Sie sich jetzt?

Ben (aufatmend): Gut ... ich bin erstaunt. Ich wußte gar nicht, daß ich so starke Gefühle habe.

In diesem Psychodrama-Beispiel ermutigt der Therapeut Ben nicht dazu, wirkliche Gewalt anzuwenden. Aber Ben findet heraus, daß ihn die Angst vor der eigenen Wut davon abhält, seinen berechtigten Ärger zu erkennen. Später, wenn er zu einer früheren Episode seines Lebens zurückgeht, bei der er ebensolche Gefühle hatte, muß er sich mit dem Mißbrauch durch seinen Vater auseinandersetzen, die Wut zum Ausdruck zu bringen, die er als Kind nicht artikulieren konnte, und sich fortan zu all seinen Gefühlen bekennen und davon Gebrauch machen. Er muß sich darin üben, all seine Gefühle im normalen Alltagsleben angemessen spielen zu lassen.

Die grundlegende psychologische Aufgabe der SECHSER besteht darin, sich vom Kollektiv (Wertvorstellungen der Gruppe) zu lösen und ein solides Gespür für die eigene Wirklichkeit zu entwickeln. Diese Möglichkeit haben sie, wenn sie sich den Wind um die Nase blasen lassen und sich dem Stress des Handelns aussetzen. Jede Übung, die dazu beiträgt, daß sich die Aufmerksamkeit vom Kopf zu körperlichen Gefühlen hin verlagert, ist von Nutzen.

In der Therapie werden SECHSER häufig, sobald sie einige ihrer Ängste überwunden haben, argwöhnisch, was die Hilfe betrifft, und wollen allein weitermachen. Ihre Angst vor Erfolg und davor, selbst Herr im Haus zu werden, nimmt eine Zeitlang zu. Darin ist zum Teil die Angst ausgedrückt, die Eltern in den Schatten zu stellen. Sie neigen dazu, bei negativen Einzelheiten zu verweilen, und projizieren ihre Selbstzweifel auf andere, die, wie sie meinen, ihre Fähigkeiten in Frage stellen. Sie brauchen Hilfe, um sich ihrer Fähigkeiten, Begabungen und Erfolge bewußt zu werden und sich daran zu erfreuen.

Zu diesem Zeitpunkt ist es besonders wichtig, wenn sie einen Verbündeten haben. Als Beispiel im folgenden ein Brief an mich von Ivy, einer Frau, die in Queens, New York, emotional gestörte Kinder unterrichtet. Sie beschreibt die Veränderungen in einem vierzehnjährigen schwarzen Mädchen, das in einer Sozialwohnung lebt:

> Carrie ist eine Riesin mit ihren fast 1,90 Metern. Sie wiegt 140 Pfund und wirkt männlich. Ich kannte sie seit dem Vorjahr und hatte die schlimmsten Befürchtungen, ihre Klassenlehrerin zu werden, weil ich sie für geistesgestört hielt. Sie redete mit sich selbst, widersetzte sich jedem und prahlte, aus allen anderen Schulen herausgeflogen zu sein, weil sie um sich schlug und Stühle nach den Lehrern warf.
>
> Doch als ich sie näher kennenlernte, wurde mir klar, daß sie sowohl intelligent als auch sensibel war. Sie erzählte mir eine Horrorgeschichte nach der anderen, und ich hörte zu. Sie pflegte vor Unterrichtsbeginn in die Klasse zu kommen und mir von irgendeiner Greueltat zu berichten, die sich in ihrer Nachbarschaft ereignet hatte, um mich dann mit einem etwas irre anmutenden Verhalten auf die Probe zu stellen, indem sie in Gelächter ausbrach, kreischte oder aus dem Zimmer tanzte. Ich spürte, daß sie meine Nähe suchte, aber zugleich Angst vor der Nähe hatte.
>
> Wir redeten über alles, über ihre persönlichen Belange, das Leben im Getto, die Angst vor dem Leben, die einen manchmal beschleicht. Ihre «Verrücktheit» ließ etwas nach. Ihr Selbsthaß nahm allmählich eine politische Richtung, sie wandte sich gegen ihre eigene Rasse, und in einer Klassendiskussion über selbstbewußtes Handeln erwiderte sie auf meine eher liberalen Ansichten über Schwarze, die wären samt und sonders nichtsnutzige Fixer und würden schon für wenig Geld einen Mord begehen, um an ihren Stoff zu kommen. Und keiner würde arbeiten oder etwas unternehmen wollen. Sie zitierte ihren Vetter, den ungeliebten Sohn einer Tante. Aufgrund der Abneigung seiner Mutter wurde er erst von einer anderen Tante aufgezogen, dann von der Großmutter, «und jetzt sitzt er zum drittenmal wegen Drogenbesitz und Diebstahl im Knast». Während sie sprach, waren Wut und Hoffnungslosigkeit an ihrem ganzen Körper abzulesen.
>
> Ich mußte an die Geburt meines Neffen denken, an all die Planungen, die Pflege, die Lamaze-Übungen, die emotionalen und finanziellen Vorbereitungen. Ich hatte so eine Ahnung, als sollte ich Carrie davon erzählen.

Ich fragte sie, ob dieses Baby und ihr Vetter wohl die gleichen Voraussetzungen gehabt hätten. Minutenlang sagte sie gar nichts, sondern dachte nach – und dann umarmte sie mich.

Wir reden jetzt öfter über derartige Fragen. Ich habe ihr *Die Autobiographie des Malcolm X* gekauft. Ich weiß, daß ich eine Modellfigur für sie bin. Inzwischen hat sie angefangen, sich mit anderen Schülern anzufreunden.

Carries politisches und wirtschaftliches Milieu mit 70 Prozent Arbeitslosigkeit konditioniert die Betroffenen systematisch dazu, Ich-Zustände zu entwickeln, die von Angst und Zweifel beherrscht werden. In den Gettos der amerikanischen Städte, wo die schwarzen Jugendlichen unter starkem Stress stehen, ist die Haupttodesursache unter den Teenagern Totschlag.[3] Auch Selbstmord ist häufig. Ferner ist die Rate von Geisteskrankheiten, die zu Gewalttätigkeiten führen (das gegen die Angst gerichtete aggressive Verhalten der SECHS) laut Statistik besonders hoch. Die nicht erfaßte, meist unbemerkt bleibende Zahl von Kindern, die unter Depressionen leiden, dürfte ebenfalls bedeutend größer sein als in anderen Landesteilen der USA.

Die Heilung von gesellschaftlich bedingten Krankheitsbildern setzt einen besseren Informationsfluß voraus. Die klare Erkenntnis der Konditionierungsprozesse kann uns zu einem größeren systemverändernden Handlungsspielraum verhelfen. Ivys Fürsorge und Aufmerksamkeit haben es Carrie ermöglicht, eine Grundlage für ihre Selbstachtung zu finden, aber trotzdem muß Carrie sich weiterhin mit dem Trauma abfinden, innerhalb des Systems zu leben.

In der alchimistischen Symbolik korrespondieren die Ziele der SECHS-Strategie in vieler Hinsicht mit dem *Mortificatio*-Zustand.

Viele sensible Menschen setzen dem Individuationsprozeß großen Widerstand entgegen, weil sie die Leiden vorausahnen, die auf sie warten. Die außerordentliche Empfindlichkeit der SECHS-Strategie für Dinge über oder unter dem Normalbewußtsein macht ein weites Spektrum von Informationen zugänglich, die unserer materialistischen, technisierten Gesellschaft im allgemeinen nicht verfügbar sind. Wenn SECHSER ihre Ängste meistern, können sie unschätzbare Kenntnisse vermitteln und weitergeben.

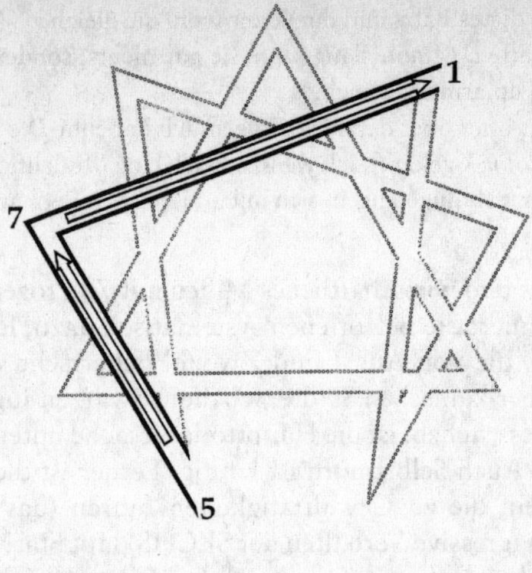

Punkt 7:

Unbekümmerter Optimismus und nervöse Aktivität

Selbstbeschreibung: «Ich bin ein fröhlicher Mensch. Ich sehe nur die Sonnenseiten des Lebens.»
Schattenproblem: Unersättlichkeit
Abgelehntes Element: Schmerz
Sucht: unbekümmerter Optimismus
Benötigte Stärke: Vernunft und Mäßigung
Abwehrmechanismus: Rationalisierung
Psychologische Störung: narzißtische Persönlichkeit
Voreingenommenheiten: Erhaltung eines stets angeregten Zustands, Überaktivität, «high» bleiben wollen
Statt tiefgehender Kontakte liebenswürdiges Geplauder, Pläneschmieden, Intellektualisieren
Abschwächen von Bedrohungen; Vorspiegeln von Geschäftigkeit
Charme als erste Maßnahme zur Angstabwehr
Herausreden aus Schwierigkeiten
Informationen werden so verknüpft und in ein System gebracht, daß bei Verpflichtungen Lücken, Hintertürchen und andere Rückzugsmöglichkeiten offenbleiben, die eine rational motivierte Flucht vor drückendem Engagement begünstigen, unter Umständen aber auch

die Fähigkeit, ungewöhnliche Verbindungen und Parallelen herzustellen zwischen anscheinend antagonistischen Standpunkten

Hinundhergerissensein zwischen Überlegenheits- und Minderwertigkeitsgefühlen

Prioritäten: persönliche Priorität: Genuß des Lebens

Paarpriorität: der Umgang mit Gleichgesinnten

Gemeinschaftspriorität: Einschränkungen und Verpflichtungen

Lebensaufgabe: einen Sinn für Verhältnismäßigkeit und Ausgleich zu entwickeln, der im Jetzt verankert ist. Schmerzen aller Art können ein stabilisierender Denkanstoß sein.

*

Ebenso wie die DREI ökonomische Wertvorstellungen unserer Zeit widerspiegelt, so spiegelt die SIEBEN den gesellschaftlichen Stil der heutigen westlichen Welt wider. Unbekümmerter Optimismus ist genauso töricht wie Pessimismus, weil er die Ganzheit des Lebens verleugnet. Die SIEBEN weicht physischen oder psychischen Schmerzen aus. Diejenigen, die eine SIEBEN-Strategie wählen, richten sich ihr Leben so ein, daß sie jede Stunde mit irgend etwas beschäftigt sind. Sie planen eine Vielzahl von Aktivitäten im voraus und legen ein solches Tempo vor, daß keine Zeit bleibt für unangenehme Ereignisse oder auch nur dafür, über das nachzudenken, was sie getan haben.

SIEBENER stellen Listen auf, um immer mehrere Dinge gleichzeitig im Blick zu haben und auszuarbeiten, und deshalb fällt es ihnen schwer, Schwerpunkte zu setzen. Breitgefächerte Interessen wirken der Langeweile, Beschränktheit und Leere entgegen, sind der SIEBEN aber vor allem dabei nützlich, sich nicht festnageln zu müssen.

Jerry, ein Filmemacher, drehte seinen ersten Film nach der Idee eines Klassenkameraden. Viel geselliger als sein Freund, knüpfte er die nötigen Kontakte zu Geldgebern, um den Film produzieren zu können. Dazu waren viele Treffen und Reisen nach New York erforderlich, und es mußten Kreditmöglichkeiten erkundet werden. Der Freund, bisher Coregisseur, sah sich plötzlich in eine Statistenrolle abgedrängt.

Jerry, der auch als Drehbuchautor beträchtliches Talent hatte, richtete sich mit der Story ganz nach den Vorstellungen der Produzenten, die mit dem Film Geld einspielen wollten. Trotz «Buckelns, Drehens und Wendens» machte es ihm großen Spaß, «mit den Jungs da oben zu spielen». Der Gedanke an Treuebruch kam ihm gar nicht.

Eltern-Kind-Probleme

Das SIEBEN-Kind hatte in der frühen Kindheit Grund zur Angst und entwickelte eine Strategie des Ausweichens und der Ablenkungsmanöver, um damit fertig zu werden. Vielleicht hatte das Kind einen Elternteil, der das SIEBEN-Verhalten als Vorbild prägte, oder es eignete sich den verschwommenen Stil an, um seine verschiedenen Interessen im Angesicht der Bedrohung zu rechtfertigen. Was er dem Verhalten der Eltern entnahm, war unter anderem folgendes:

«Werde bloß nicht groß.»

«Unterhalte mich, sonst...» (Scheherazade)

«Sei nicht so, wie du bist.» (Oder auch:) «Sei nicht so normal. Mach schnell.»

Das SIEBEN-Programm zieht die Aufmerksamkeit von möglicherweise negativen Konfrontationen ab und lenkt sie statt dessen auf interessantere Phantasievorstellungen.

Die Wahl der SIEBEN-Strategie beruht auf drei Grundelementen. Erstens ist es schwierig, ein Ziel zu treffen, das sich bewegt, und so entzieht sich die SIEBEN der Bedrohung durch schnelle Bewegung. Zweitens garantiert eine Vielzahl von Interessen, daß weder ein Gegenstand noch ein Mensch je eine solche Bedeutung erlangt, daß sein Verlust sich verheerend auswirken würde. Drittens nehmen die Interessen selbst einen so großen Raum ein, daß keine Energie übrigbleibt, um sich mit schlecht kontrollierbaren Dingen zu beschäftigen.

SIEBENER sind oft sehr charmant und manchmal geschickte Taschenspieler. Ihre Phantasien haben einen positiven Akzent. Menschen und Situationen, die übermäßig ernst, arbeitswütig oder widersprüchlich sind, bereiten ihnen Unbehagen. Das Leben muß Spaß machen oder wenigstens interessant sein, und sie verstehen sich darauf, es sich auch so einzurichten. Sie sehen durchaus die Bedeutung dessen, was andere ihnen sagen, aber wenn es sich nicht mit ihrer Erfahrung deckt, gehen sie davon aus, daß es sich nur um eine persönliche Ansicht handelt. Sie vermeiden es, sich mit unangenehmen Realitäten zu befassen, indem sie sich im Geiste anderswohin begeben.

Unangenehmen Konfrontationen gehen SIEBENER aus dem Weg, selbst dann, wenn sie vermuten, daß es sie weiterbringen könnte. Priorität genießen bei ihnen sie selbst, nicht ihre Leistungen und ebensowenig die Gesellschaft. Sie verurteilen niemanden und folgen auch niemandem. Die oberste Sprosse der Leiter zum beruflichen Erfolg zu erklimmen interessiert sie nicht mehr als alles andere. Ihr Ziel ist, glücklich zu sein und nichts zu versäumen. Es ist nicht einfach für andere, zu erkennen, daß SIEBENER von Angst getrieben sind, denn sie sind groß im Ablenken. Ärger ist ein sicheres Zeichen für Zuneigung; derjenige, über den sie sich ärgern, bedeutet ihnen etwas.

SIEBENER achten darauf, daß ihre Partner unabhängig sind, aber sie sind nicht gerade berühmt für dauerhafte Bindungen. Sie genießen gern den Reiz des Abenteuers bei ihren Freundschaften, ohne daß die Sache zu Abhängigkeit führt oder zu gefühlvoll wird. Sie haben nichts für Verträge übrig, nur für mündliche Absprachen. Zu Anfang einer intimen Beziehung sind sie verliebt und begeistert, in der Mitte schwelgen sie in gemeinsamen Aktivitäten, aber am Ende steht der Kollaps.

Sam lernte Kore bei der Studentenbewegung Anfang der siebziger Jahre kennen. Kore, eine fremdländisch anmutende Frau mit erotischer Ausstrahlung, hatte wie er eindrucksvolle intellektuelle Interessen. Sam fühlte sich zu ihr hingezogen und war erstaunt und geschmeichelt von der Art, wie sie auf ihn reagierte. Sie waren ein bemerkenswertes, erfolgreiches Team und integraler Bestandteil ihres Freundeskreises. Nachdem beide ihr Studium abgeschlossen hatten und ins Berufsleben eingetreten waren, merkte Sam, daß ihre hehren Ziele in sich zusammensanken. Kores wiederkehrende pessimistische Selbstzweifel fingen an, ihn zu ärgern, und er beschuldigte sie, «sich in irgendwelchen Stimmungen zu verlieren». Offene Streitigkeiten gab es nicht, auch wenn Kore auf Konfrontationskurs ging, aber sie waren nicht mehr so viel zusammen und gingen häufiger unterschiedlichen Interessen nach. Schließlich verließ er sie: «Sieh mal, zwischen uns läuft nichts mehr. Es hat keinen Sinn mehr.»

Die Enneagramm-Strategie SIEBEN bewältigt Angst durch Flucht in vielerlei Aktivitäten, die ihrerseits wiederum einem verpflichtenden Engagement und möglichen Schmerzen vorbeugen. Diese Geisteshaltung ist heute allgemein vorherrschend in den Beziehungen zwischen Männern und Frauen. Bei der Bindung an einen Menschen könnten sich die Regeln ändern. SIEBENER fürchten das Unwägbare daran. Sich ganz einer Beziehung hinzugeben heißt, sich bereitwillig gemeinsam mit allem herumzuschlagen, was kommen mag, und einander aufrichtig mit spontaner, natürlicher Wahrhaftigkeit zu begegnen. Die Angst vor Bindung wird oft überdeckt von irrationalen Phantasien, indem man die Bindung mit einem Gefängnis oder Krankenhaus vergleicht, wo der einzelne keinen freien Willen mehr hat. Bindungen und Verpflichtungen dürfen nicht zu leichtherzig eingegangen werden, aber sofern sie aus freien Stücken und freiem Willen übernommen werden, sind sie ein wesentlicher Ausdruck für den Geist der Menschlichkeit.

SIEBENER haben keinen klaren Blick für andere Menschen, da sie zu stark von den eigenen Belangen in Anspruch genommen sind. Sie teilen gern mit, was sie wissen, insbesondere ihre Überzeugung, daß man die Dinge von verschiedensten Seiten beleuchten sollte – aber ihre Äußerungen bleiben stets vage. Sie haben Schwierigkeiten, Unterschiede zu machen und zu erkennen, was so und nicht anders ist.

Sie sind stets auf Interessantes und Reizvolles aus, während das Gewöhnliche ihnen überhaupt nicht zusagt. Sie zeigen anderen Menschen Möglichkeiten auf, sehen, was getan werden müßte, und tun es. Sie sind leistungsfähiger, wenn sie mehrere Eisen im Feuer haben. In ihrer Sucht fällt es ihnen schwer, von etwas abzulassen, das ihnen Vergnügen bereitet, und sie finden immer Möglichkeiten, sich zu amüsieren. Sie bekommen den Hals nicht voll.

Für SIEBENER hat das Pläneschmieden Vorrang vor anliegenden Problemen, denen sie gern ausweichen. Vor schwierigen Aufgaben drücken sie sich. Sobald ein Projekt sie fesselt, wächst jedoch ihre Begeisterung, und dann arbeiten sie so lange hart daran, wie die Sache gut läuft. Allerdings sind sie sehr sprunghaft in ihrem Arbeitstempo. Ihre Nachlässigkeit und Unpünktlichkeit läßt sie in den Augen anderer oft als unzuverlässig erscheinen.

Eine unschätzbare Eigenschaft besitzen SIEBENER jedoch: die Fähigkeit, fröhliche Ausgelassenheit in fast jeder Familie oder Gruppe zu verbreiten. Sie unterhalten sich mit Vergnügen und warten gern mit Klatsch auf. Sie lächeln und lachen oft und finden die meisten Menschen sympathisch.

Die Wertvorstellungen der SIEBEN sind in der wohlhabenden gehobenen Mittelschicht von heute gang und gäbe. Durch solche Wertvorstellungen geht dieser Menschentyp leicht von radikalem Individualismus und Hochachtung vor der Einzigartigkeit eines jeden Menschen weiter zu Selbstbespiegelung und Narzißmus. Davon zeugt der Markt für «weiche» Drogen, kostspielige Fitnessgeräte, Sportgeräte und elektronische Spielereien. SIEBENER hegen häufig eine Idealvorstellung von sich, die ihre Wünsche rechtfertigt, und sie können keine Kritik vertragen.

Der Abwehrmechanismus von SIEBENERN bedient sich des Leugnens und der Rationalisierung; geistige Störungen treten in Form von Narzißmus auf. Theodore Millon schreibt in seinem Buch *Disorders of Personality* (Störungen der Persönlichkeit) über Narzißten, sie litten kaum unter Konflikten, neigten dazu, anderen zu vertrauen, und seien zuversichtlich, daß sich alles zu ihrem Besten fügen werde. Sie würden die Routineanforderungen des Alltagslebens als Belästigung und entwürdigende Zumutung empfinden.

> Sie drängen sich in die heißgeliebte Illusion des Narzißten von sich selbst als beinahe gottgleich ein. Alibis, um «niederen» Aufgaben zu entgehen, sind schnell zur Hand, da Narzißten davon überzeugt sind, daß das, was sie glauben, die Wahrheit ist, und das, was sie wünschen, immer das Rechte.[4]

Global gesehen verhalten sich Nationen oft auf eine Weise, die von boshaftem Narzißmus durchdrungen zu sein scheint, wobei ihr Handeln die effektive Aufrechterhaltung des Friedens verhindert. Beispiele dafür sind die Vereinigten Staaten und die Sowjetunion, beide damit beschäftigt, «untragbare» gewählte Regierungen anderer Länder zu destabilisieren und zu Fall zu bringen, oder Brasilien, das sich weigert, der Zerstörung der tropischen Regenwälder Einhalt zu gebieten, obwohl sie von entscheidender Bedeutung für die Erde sind, oder auch Staaten wie Israel und Südafrika, die Menschen, deren Rechte an das Land älter sind und schon vor der Gründung des betreffenden Staates bestanden, ihre Bürgerrechte absprechen.

Priorität genießt bei den SIEBENERN die Aufrechterhaltung idealisierter Lebensvorstellungen. Partnerschaftlich orientierte SIEBENER suchen oft bei Gruppen von Leuten Sicherheit, die ebenso denken wie sie und die gleichen Überzeugungen hegen – zum Beispiel eine Musikgruppe mit vergleichbarem Lebensstil oder eine Gruppe politisch Gleichgesinnter. Gemeinschaftsorientierte SIEBENER nehmen die Einschränkungen in Kauf, die sie sich durch die Übernahme von Verpflichtungen auferlegen, wenn auch mit einem Anflug von Märtyrertum, und sie suchen Erfüllung in der Zukunft. Persönliche Priorität hat bei SIEBENERN die Steigerung neuer Erfahrungen und Ideen durch positive Imagination, wobei die Möglichkeiten im voraus ausgekostet werden. Faszination ist alles. Die Menübeschreibungen in Feinschmeckerzeitschriften sind charakteristisch für diesen Stil.

Ein vernünftiges, genügsames Leben ist nicht gerade ein ansprechendes Ziel für die SIEBEN. Wie jeder Süchtige muß sie erst tief fallen, um endlich zu merken, daß ihrem Leben bei allem Glanz ein rechter Sinn fehlt. SIEBENER beschäftigen sich im allgemeinen erst in der Lebensmitte mit sich selbst, wenn ihre tatsächliche Situation und das, was sie sich von ihrem Leben erträumt haben, unübersehbar auseinanderklaffen.

Der alchimistische Begriff *Sublimatio* stammt aus dem Lateinischen und ist abgeleitet von einem Wort, das «hoch» oder «erhaben» bedeutet. Er ist ein treffendes Wort für die psychologische Strategie der SIEBEN, mit einem konkreten Problem umzugehen – nämlich sich darüber zu erheben. Je höher die SIEBEN geht, um so großartiger und umfassender wird ihr Überblick, im selben Maße jedoch auch um so abgehobener und wirkungsloser.

SIEBENER können sich einer spirituellen Disziplin verschreiben, haben allerdings Schwierigkeiten, Einsichten von Ablenkungen zu unterscheiden. Statt ein Problem zu lösen, schieben sie es lieber beiseite, vergessen es oder gehen in ihrer Einbildung verschiedene Aspekte durch.

Bei der Selbsterforschung machen SIEBENER nur dann Fortschritte, wenn sie mit ihrem Schattenproblem, der Gier nach neuen Erfahrungen und Besitztümern, umzugehen lernen. Etwas, um das sich SIEBENER unbedingt kümmern müssen, ist ihr ungestillter Hunger nach Liebe. Ihre Sehnsucht nach Zugehörigkeit verwechseln sie manchmal mit ihrer Besitzgier. Durch Schmerzen können sie zu Bewußtsein kommen, weil sie in diesem Fall gezwungen werden, sich auf eine einzige Sache zu konzentrieren. SIEBENER müssen lange genug bei schmerzhaften Problemen verweilen, um überhaupt zu merken, daß ein Problem vorliegt. Aufsteigende Angst kann überwältigend auf sie wirken, und sie müssen sich bewußt machen, daß sie ihr stets ausweichen, statt sich mit ihr auseinanderzusetzen.

Ihre Ausflüchte sind feine Varianten ihrer Schattenseiten. Sie wenden ihre Aufmerksamkeit anderen Dingen zu, nehmen sich zuviel vor, widmen sich mehreren Projekten auf einmal und «flüchten in die Gesundung», sobald sich das ursprüngliche Problem gelindert hat. Negative Gefühle äußern sich bei ihnen lediglich als Langeweile und dem Wunsch, der Situation zu entrinnen. SIEBENER fühlen sich in die

Enge getrieben durch die Festlegung auf die Arbeit an sich selbst, und sie haben Autoritätsprobleme. Ärger und Wut bringen sie dadurch zum Ausdruck, daß sie den Anlaß lächerlich machen. An solchen Zeichen läßt sich ablesen, daß irgend etwas geschieht, was für sie alles andere als vergnüglich ist. Trotz aller Gegenwehr werden Fortschritte gemacht, und die Arbeit geht weiter.

Die gesamte Kulturgeschichte kann als Prozeß betrachtet werden, in dessen Verlauf Menschen lernen, sich und ihre Umwelt objektiv zu sehen, obwohl darin auch die wachsende Gefahr der Dissoziierung liegt. Unsere komplexe Gesellschaft mit ihrem vielschichtigen, unaufhörlichen Informationsfluß erfordert ständige Aufmerksamkeit, Entscheidungs- und Handlungsfähigkeit. Wenn die SIEBEN-Strategie so weit gereift ist, daß sie auch die Schattenseiten des Lebens einbezieht, schafft sie eine Integration der Gegensätze, die dem Überleben in diesem Abschnitt der Geschichte dient.

Wiederholung und Zusammenfassung der Programme Angst und Flucht

Das FÜNF-Kind kommt zu dem Schluß, daß von anderen Menschen irgendeine Bedrohung für sein Leben ausgeht. Es bedient sich zu seinem Schutz der Strategie, sich möglichst unauffällig zu verhalten, seine Existenz zu tarnen und seine Bedürfnisse auf ein Minimum herabzuschrauben, um nach Möglichkeit unbemerkt zu bleiben. Es entdeckt, daß es so ungestört seinen eigenen Interessen nachgehen kann.

Die Strategie der SECHSER ist darauf ausgerichtet, die Gefahr rechtzeitig zu wittern, die Umgebung nach allen möglichen Bedrohungen abzukämmen und das Verhalten so zu programmieren, daß ihnen ausgewichen werden kann. Eine Alternative – falls sie die Kraft dafür aufbringen – ist die, Gefahren die Stirn zu bieten und sie so zu entschärfen.

Die Wahl der SIEBEN-Strategie beruht auf drei Grundelementen. Erstens ist es schwierig, ein Ziel zu treffen, das sich bewegt, und so entzieht sich die SIEBEN der Bedrohung durch schnelle Bewegung. Zweitens garantiert eine Vielfalt von Interessen, daß weder ein Gegenstand noch ein Mensch je eine solche Bedeutung erlangt, daß sein Verlust sich verheerend auswirken würde. Drittens nehmen die

Interessen selbst einen so großen Raum ein, daß keine Energie übrigbleibt, um sich mit schlecht kontrollierbaren Dingen zu beschäftigen.

FÜNF

Lebensskript-Programm: Wissen und Rückzug
Selbstbeschreibung/Selbstbild: «Ich habe ein geschärftes Wahrnehmungsvermögen.»
Schattenproblem: Geiz
Abgelehntes Wandlungselement: Sinnlosigkeit
Sucht: Wissen
Tugend/benötigte Stärke: loslassen können
Abwehrmechanismus: Isolation (Abkapselung)
Psychologische Störung: Vermeidungspersönlichkeit

SECHS

Lebensskript-Programm: Sicherheit und ängstliche Zweifel
Selbstbeschreibung/Selbstbild: «Ich bin treu. Ich bin vorsichtig.»
Schattenproblem: Feigheit oder Flucht nach vorn in Leichtsinn
Abgelehntes Wandlungselement: Ursprünglichkeit
Sucht: Sicherheit
Tugend/benötigte Stärke: Mut, Glauben
Abwehrmechanismus: Projektion
Psychologische Störung: Angstanfälle, paranoide Schizophrenie

SIEBEN

Lebensskript-Programm: Unbekümmerter Optimismus und nervöse Aktivität
Selbstbeschreibung/Selbstbild: «Ich bin ein fröhlicher Mensch. Ich sehe nur die Sonnenseiten des Lebens.»
Schattenproblem: Unersättlichkeit
Abgelehntes Wandlungselement: Schmerz
Sucht: unbekümmerter Optimismus
Tugend/benötigte Stärke: Vernunft und Mäßigung
Abwehrmechanismus: Rationalisierung
Psychologische Störung: narzißtische Persönlichkeit

Kapitel 3

Die Programme Wut und Kampf

Das Programm Selbstgerechtigkeit und Arroganz

Das Programm Friedfertigkeit und träge Unschlüssigkeit

Das Programm Perfektion und Groll

Die Augen werden zu schmalen Schlitzen, die Aufmerksamkeit konzentriert sich auf den anderen, der Blutdruck steigt, die Lippen kräuseln sich, in der Kehle formen sich Laute, der Körper bereitet sich aufs Handeln und möglicherweise auf Gewalt vor.

Mit Ärger und Wut wird die Quelle von Störungen ins Auge gefaßt und die Energie bereitgestellt, etwas daran zu ändern.

Wir Menschen haben die Physiologie eines Säugetiers, aber wir haben auch komplexe Ausdrucksmöglichkeiten der Wut, die unsere Sprache widerspiegelt – Ärger, Groll, Gereiztheit, Unmut, Aufgebrachtheit, Entrüstung, Grimm, Zorn, Haß, Feindseligkeit, Rachsucht, Verdrossenheit, Empörung, Jähzorn, Bitterkeit und Mißgunst, um nur einige zu nennen. Wir fürchten die Wut, wenn sie sich als flammender Zorn und pöbelhafter Aufruhr der Kontrolle entzieht, doch jeder Enneagramm-Punkt hat eine eigene Verbindung zu einem der Programme, die von Wut bestimmt werden. Entweder bringen wir Ärger und Wut zum Ausdruck, oder wir gehen darüber hinweg und weichen einem Konflikt aus, oder wir kochen innerlich vor Zorn, ohne jedoch Dampf abzulassen.

Wut und Ärger sind wichtige Gefühle, die mit unserem Selbsterhaltungstrieb, unserer Wahlmöglichkeit und unserem Freiheitsdrang in engem Zusammenhang stehen. Wer von Ärger und Wut loskommen will, muß erst wissen, wie er nützlichen Gebrauch davon machen und dadurch das verändern kann, was sonst nicht zu tolerieren ist.

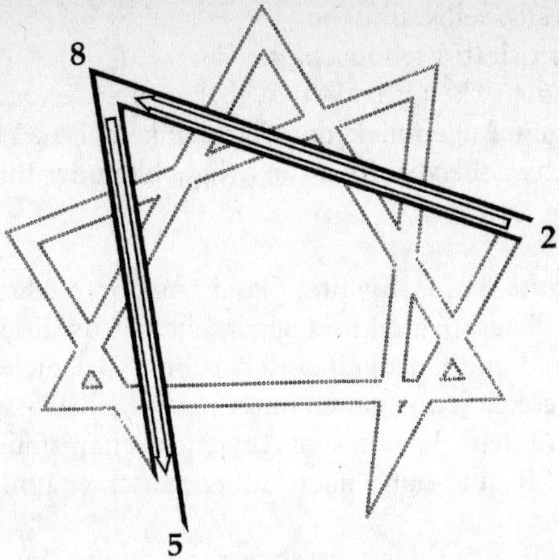

Punkt 8:
Selbstgerechtigkeit und Arroganz

Selbstbeschreibung: «Ich kann alles. Ich habe Macht.»
Schattenproblem: Wollust – Ausnutzung anderer als Objekte
Abgelehntes Element: Schwäche
Sucht: arrogante Anmaßung
Benötigte Stärke: Vertrauen
Abwehrmechanismus: Ablehnung
Psychologische Störung: Soziopath
Voreingenommenheiten: Kontrolle von Aggressivität und Impulsivität
Gespaltenheit zwischen Puritanismus und Hedonismus
Kontrolle von persönlichen Gegenständen, der Privatsphäre und Leuten, die das Leben der ACHT beeinflussen können
Exzessive Selbstdarstellung (anderen gegenüber) – zuviel, zu laut
Neigung, alles extrem schwarzweiß zu sehen, ohne Grauzone – entweder stark oder schwach, richtig oder falsch; automatische Ablehnung anderer Auffassungen zugunsten einer einzigen «legitimen» Meinung, die dem Sicherheitsstreben der ACHT entgegenkommt
Sinn für Gerechtigkeit und den Schutz anderer
Prioritäten: persönliche Priorität: die Selbsterhaltung auf befriedigende Art

Paarpriorität: Besitz/Selbstaufgabe
Gemeinschaftspriorität: Freundschaft
Lebensaufgabe: die Erkenntnis von Wahrheit und Rechtmäßigkeit in jedem flüchtigen Augenblick der Wirklichkeit. Das Eingeständnis der eigenen Schwächen eröffnet die Möglichkeit der Integration

*

ACHTER sind gute Staatsanwälte, Geschäftsführer, Mafiabosse und manchmal sogar Therapeuten und spirituelle Gurus. Friedrich Nietzsche, Pablo Picasso und Gurdjieff sind berühmte Beispiele, gleichwohl ist diese Persönlichkeit jedoch auch unter jugendlichen Straftätern und Soziopathen zu finden. Beliebtester Abwehrmechanismus ist die Ablehnung. ACHTER sind ganz nach außen gerichtet und auf Aktion eingestellt.

Fritz Perls, Begründer der Gestalttherapie, und Chuck Dederich, Urheber von Synanon, einer Gemeinschaft zur Behandlung von Drogensucht, waren ACHTER, die höchst effektive Methoden des Wahrnehmungstrainings und der Verhaltensveränderung entwickelten. Alle ACHTER scheinen eine wesentliche Begabung und Motivation zu haben, instinktiven Gebrauch von Macht zu machen.

Eltern-Kind-Probleme

Bei diesem Programm sind etwaige Botschaften, die von den Eltern ausgehen, nur insofern für das Kind von Belang, als es die Fähigkeit entwickelt, dagegen anzukämpfen. Kinder mit einer ACHT-Strategie entnehmen dem elterlichen Verhalten folgendes:

«Sei nicht du selbst.»

«Fühl nicht, was du fühlst.»

Für solche Kinder ist Wut oft eine Verteidigungsmöglichkeit gegen «nette», erdrückende Eltern. Sie erhalten sich ihr Recht, zu denken und zu fühlen, um so der Banalität eines von ihnen als schal empfundenen Lebens auszuweichen.

Kinder, die sich durch Leute in ihrer Umgebung zu Unrecht kontrolliert und eingeschränkt fühlen, lernen unter Umständen, ihrer Ängste und der Gefühle anderer dadurch Herr zu werden, daß sie mit Wut experimentieren. Sie lernen nachzuahmen, was sie als Einschüchterung von seiten der Eltern empfinden. Für sie selbst ist es von ausschlaggebender Bedeutung, einen Sinn für die eigene Sicherheit zu entwickeln.

Die ACHT-Strategie zielt auf Kontrolle und emotionale Dominanz ab. Das Kind beschließt, lieber selbst die Spielregeln zu bestimmen, als sich davon bestimmen zu lassen. Im Gefühl seiner vermeintlichen Macht leugnet das Kind seine Verletzlichkeit ab.

Kinder, die so heranwachsen, zeigen nach Möglichkeit keinerlei persönliche Schwächen. Sie betrachten das Leben als einen Machtkampf zwischen Überlegenen und Unterlegenen und sind entschlossen, oben zu bleiben. Sie schüchtern andere ein und scheinen häufig auf Streit aus zu sein. «Nein!» zu sagen fällt ihnen leicht, und sie haben keine Hemmungen, andere fertigzumachen. ACHTER haben nicht die Absicht, sich von anderen ausnutzen zu lassen. Sie sind immer auf Konfrontationskurs. Täuschung und Ungerechtigkeit entlarven sie mit Lust, und sie befleißigen sich gern einer ausdrucksstarken, vulgären Sprache. Sie spüren, wo andere ihre Schwächen haben, und gehen schnell zum Angriff über, sobald sie gereizt werden.

Das Synanon-Spiel, das sich aus Chuck Dederichs persönlichem Umgangsstil entwickelte, vermittelt etwas vom Wachstumsprozeß der ACHT. John Enrights Bemerkung: «Mit Sicherheit ist es keine Therapie nach dem Motto ‹Setzen wir uns hin und reden darüber!›» dürfte diese Eigenschaften am besten charakterisieren.[1] Teil des Spiels ist die Anklage, wobei eine Verhaltensweise oder Handlung ins Spiel gebracht und unter die Lupe genommen wird. Die Gruppe konfrontiert den Betreffenden mit seinem eigenen Verhalten. Zum Beispiel ist er vielleicht zehn Minuten zu spät zu einer Verabredung gekommen oder außerhalb des Spiels einmal aus der Haut gefahren.

Die Verhaltensweise kann schwerwiegend oder unbedeutend, wichtig oder banal sein. Der Vertreter der Anklage erhebt seine Beschuldigungen mit schneidender Kritik und gerechter Empörung, und er bringt genaueste Einzelheiten vor. Sofort schließen sich andere an und berichten von ähnlichen Vorfällen, die sie beobachtet haben, und jeder webt nun mit an einem Netz um den Angeschuldigten, um seine vollkommen unverantwortlichen Einstellungen, Gewohnheiten und Charakterzüge nachzuweisen. Wann immmer er versucht, sich zu rechtfertigen oder zu verteidigen, greift die Gruppe seinen Verteidigungsstil an.

Das Ziel ist, die Maske vollständig herabzureißen, jede Ausflucht bloßzustellen, den betreffenden Menschen davon abzubringen, sich weiter zu verstecken und vor der Verantwortung zu drücken. Wenn das

Spiel gut läuft, gibt es viel zu lachen. Gute Spieler können einen dramatischen Höhepunkt auf einen Gag reduzieren oder einen bloßen Lapsus zu einem monumentalen Defekt hochstilisieren. Wer über eine gewisse Redegewandtheit verfügt, kann im Spiel eine Führungsrolle übernehmen, die aber schnell wieder auf einen anderen übergeht. Jeder, auch der Schüchternste, erlangt die erforderliche Geschicklichkeit früher oder später, meist dann, wenn er jemanden scharf kritisiert, der ein Spiegelbild seiner selbst ist. Die am Spiel Beteiligten arbeiten ihre Meinungsverschiedenheiten auf, bringen ihre negativen Gefühle zum Ausdruck, tragen ihre Streitigkeiten und Machtkämpfe aus, lassen Dampf ab und stoßen dabei auf neue, kraftvolle Seiten an sich selbst, denen sie dann Ausdruck verleihen können. Vielen ist das Spiel eine Hilfe, aber nur, wenn es von einer mitfühlenden Gemeinschaft getragen wird.[2]

ACHTER fühlen sich geradezu herausgefordert, all diejenigen von ihrem Sockel herunterzuholen, die Macht ausüben oder sich selbst für überlegen halten. Sie leben erst richtig auf, wenn sie im Besitz der Kontrolle sind. Sie genießen es, stark zu sein, und schätzen andere, die ebenfalls stark sind, verlieren hingegen schnell die Hochachtung vor Menschen, die kompromißbereit zu sein scheinen. Wenn ihnen nicht mit Bestimmtheit begegnet wird, pflegen sie andere unterzubuttern. Es fällt ihnen schwer, sich ihre zarteren, sanfteren Gefühle einzugestehen, geschweige denn sie zum Ausdruck zu bringen.

Nach Auffassung von ACHTERN schaffen sich die Leute ihre Probleme selbst, weil sie einfältig, schwach und halbherzig sind. ACHTER sind durchaus willens, diesen anderen auf die Sprünge zu helfen. Sie versuchen durchzusetzen, was für sie für richtig halten, und übernehmen nötigenfalls den ganzen Machtapparat, um ihre Vorstellungen zu verwirklichen. Ihre Stärke ist unerschütterliche Liebe, und sie geben sich so, daß andere die Möglichkeit haben, ihre wahren Gefühle zu äußern.

Die Fähigkeit von ACHTERN, Aufmerksamkeit für ihre Fragen zu erringen, kommt den Bedürfnissen der Gruppe zugute. ACHTER verbergen ihren Verdruß nicht. Sie zeigen ihn offen, so daß entsprechende Punkte geklärt werden können. Die Zerstörungswut, die sie als Kinder an den Tag legen, ist meist Ausdruck ihrer Rachegefühle oder ihres Mitgefühls für die hilflosen Schwächeren. Sie können von anderen Kindern manipuliert und ausgenutzt werden, weil sie zu jedem Risiko bereit sind, sobald sie eine Ungerechtigkeit wittern.

ACHTER haben das Bedürfnis, die Kontrolle über ihre Umgebung auszuüben, eine leitende Stellung zu bekleiden und etwaige Überraschungen von vornherein auszuschließen. Immer wissen sie, mit wem und mit was sie es zu tun haben. Sie provozieren andere gern, um mehr über sie in Erfahrung zu bringen, besonders die Gründe für negatives Verhalten. «Ich will ihre Schwächen kennen, damit ich weiß, wo ich sie gegebenenfalls packen kann.»

Für ACHTER bringt die Wut die Wahrheit ans Licht. Augenkontakt ist ihnen wichtig, und sie bestimmen danach die Gefühle. Schwäche sagt ihnen nicht zu, weil sie sich dadurch in die Rolle eines Aggressors gedrängt fühlen. Bei Ärger und Wut sind sie ganz in ihrem Element. Sie verkraften den Ärger anderer gut, sofern er offen ist. Was sie nicht ertragen können, sind Heimlichkeiten und Indirektheit. ACHTER widmen den Fragen ihrer eigenen Sicherheit große Aufmerksamkeit, und das spiegelt sich in ihren Prioritäten wider.

Ihr Partnerschaftsstil in Zweierbeziehungen ist an Besitz und Selbstaufgabe orientiert. Die Beziehung muß so vertrauensvoll sein, daß einer von beiden die Zügel aus der Hand geben kann. Die gemeinschaftsliebende ACHT trägt etwas davon in ihre Freundschaften hinein und dehnt ihr Vertrauen auch auf diejenigen aus, die sie beschützt und von denen sie beschützt wird. Mit ihrer persönlichen Priorität der befriedigenden Selbsterhaltung überträgt sie diese Werte auch auf die Funktionen und Abläufe des Privatlebens.

ACHTER vergessen bei allem Gerechtigkeitssinn keineswegs die eigenen Interessen. König David aus dem Alten Testament war eine ACHT. Eines Tages kam der Prophet Nathan zu David und erzählte ihm eine Geschichte:

> Es waren zwei Männer in einer Stadt, der eine reich, der andere arm.
>
> Der Reiche hatte sehr viele Schafe und Rinder; aber der Arme hatte nichts als ein einziges kleines Schäflein, das er gekauft hatte. Und er nährte es, daß es groß wurde bei ihm zugleich mit seinen Kindern. Er aß von seinem Bissen und trank aus seinem Becher und schlief in seinem Schoß, und er hielt's wie eine Tochter.
>
> Als aber zu dem reichen Mann ein Gast kam, brachte er's nicht über sich, von seinen Schafen und Rindern zu nehmen, um dem Gast etwas zuzurichten, der zu ihm gekommen war, sondern er nahm das Schaf des armen Mannes und richtete es dem Mann zu, der zu ihm gekommen war.

David empörte sich in seinem Gerechtigkeitssinn darüber:

> So wahr der Herr lebt: der Mann ist ein Kind des Todes, der das getan hat!

Dazu soll er das Schaf vierfach bezahlen, weil er das getan und sein eigenes geschont hat.

Daraufhin sagte Nathan zu David:

Du bist der Mann![3]

In dieser biblischen Geschichte geht es darum, das sich David in Batseba, die Frau eines seiner Generale, verliebt hatte. Er sorgte dafür, daß Uria, der Ehemann, in den Krieg geschickt wurde, wo er fiel. Dann konnte David Batseba heiraten.

Wie Peter Berger, ein Religionssoziologe, schreibt, ist es eine Geschichte von Betrügereien, mit denen David größtenteils sich selbst täuschen wollte, um sich Alibis für seine Taten zu verschaffen. Da sind vor allem seine Rationalisierungen: Es war nicht seine Schuld, daß er mit so lüsternen Lenden auf die Welt gekommen war (Libido). Darauf folgt die zweite Selbsttäuschung, nämlich daß es nicht ein Verbrechen, sondern Krieggeschick war, das Uria in der Schlacht sterben ließ – *c'est la guerre*. Und die dritte Täuschung bestand darin, daß er als morgenländischer König dazu berechtigt sei.

Sein eigenes wahrheitsliebendes Gewissen in Gestalt Nathans schnitt mit einem einzigen Streich durch all diese Täuschungsmanöver und Ausflüchte hindurch.[4]

Die Revision der ACHT-Strategie

Wenn ACHTEN erkennen, daß sie ihre eigene Verletzlichkeit nicht wahrhaben wollen, können sie endlich zugeben, daß ihnen viel mehr emotionale Möglichkeiten zur Verfügung stehen – und von ihrer Vorstellung einer Beziehung, in der sie dominieren, zu echter Partnerschaft übergehen.

Nachdem Chuck Dederich geheiratet hatte, entwickelte sich bei Synanon eine neue Version des Spiels, wobei die Zielperson mit Anerkennung bombardiert wurde. Über Jahre hinweg, bis Betty Dederich starb und Chuck in Trauer versank, war das Verhältnis der beiden äußerst fruchtbar und bot ständig neue Möglichkeiten für Wachstum und Kreativität.

Die Schattenseite der ACHT-Strategie ist Wollust oder Begierde. Edward Edinger nennt sie in seinem Buch *Anatomy of the Psyche* den «koagulierten Aspekt der Psyche»[5]. Der mit dem Prozeß der ACHT in

Zusammenhang stehende alchimistische Begriff ist die *Coagulatio*. Der Reiz der Begierde verbindet die Süße der Erfüllung mit dem Verbotenen. Wie in der Geschichte von Adam und Eva folgen deren Befriedigung Schuld und Strafe auf dem Fuße – aber auch freier Wille und Bewußtheit. Das Motiv kehrt in zahllosen Sagen und Märchen aller Jahrhunderte wieder. Zuerst kommt der Abstieg, ehe der Durchbruch gelingt. Erst wenn man sich das eigene Böse, die eigenen Schattenseiten bewußt macht, kann man sein Werk in der wirklichen Welt verrichten.

ACHTER begeben sich selten in Therapie aus Angst, der Therapeut könnte Kontrolle über sie gewinnen (ihr altes Kindheitsproblem). Aber ihre Depressionen, die Art und Weise, wie sie sich selbst verausgaben, und ihr aggressives Verhalten kann Angehörige dazu bringen, sie zu einer Behandlung zu überreden. Sie brauchen einen Therapeuten, bei dem sie immer wissen, woran sie sind, jemanden, mit dem sie sich zusammenraufen können, um schließlich ein Vertrauensverhältnis einzugehen, jemanden, der sie mit den eigenen Mitteln schlägt, statt zurückzuschrecken, wenn ihre verletzten Gefühle und ihr Selbsthaß hervorkommen. ACHTER müssen erkennen, daß sie durch ihr Verhalten auf Gegnerschaft aufgebaute Beziehungen schaffen und daß sie exzessive Reizbefriedigung an die Stelle maßvoller Wünsche setzen. Sie müssen ihren Blick dafür schulen, wie andere sie manipulieren. Sie dürfen nicht nur einmal, sondern müssen immer wieder zur Einsicht kommen, damit sie gegen ihre ewige Ablehnung und «Vergeßlichkeit» ankämpfen können. Jedes Zeichen von Verletzlichkeit, jede Bereitschaft zu Abhängigkeit und Kompromissen sollten gefördert werden.

ACHTER gehen mit Elan an alles, was sie tun, ob sie arbeiten, spielen oder auf neue Herausforderungen eingehen. Sie engagieren sich bereitwilligst und widmen sich jeder Sache mit großer Konzentration. Die reife ACHT, für die ihre eigene Verletzlichkeit integraler Bestandteil des Menschseins ist, entwickelt so viel mitleidsvolle Kraft, daß sie mit fast allen Problemen fertig wird.

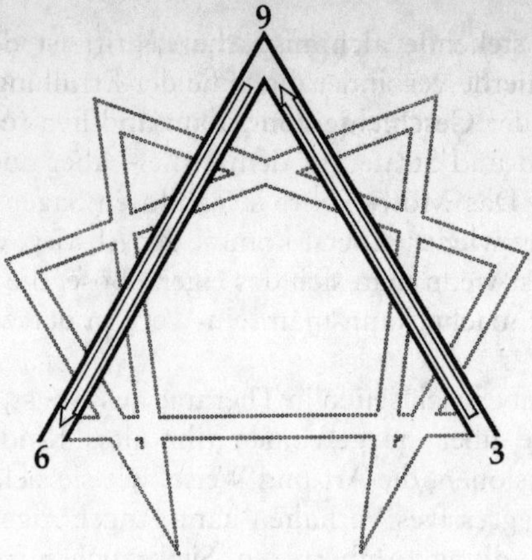

Punkt 9:
Friedfertigkeit und träge Unschlüssigkeit

Selbstbeschreibung: «Ich bin einfach im Umgang.»
Schattenproblem: Faulheit
Abgelehntes Element: Konflikt
Sucht: Unschlüssigkeit/Untätigkeit
Benötigte Stärke: Handlungswille (Liebe)
Abwehrmechanismus: Betäubung; «die Jalousien herunterlassen»
Psychologische Störung: zwanghaft/passive aggressive Persönlichkeit
Voreingenommenheiten: Gespaltenheit zwischen Glauben und Zweifel
Gespaltenheit zwischen Mystik und Diesseitigkeit
Ersetzen wesentlicher Bedürfnisse durch unwesentliche Surrogate
Unschlüssigkeit und Schwierigkeiten, nein zu sagen
Zurückhalten von körperlicher Kraft und Wut
Herrschaft durch Halsstarrigkeit und passive Aggression
Wechselnde Einstellungen, widersprüchliche Verhaltensweisen und Gefühle – entweder, um im Interesse der eigenen Sicherheit den Wünschen anderer nachzukommen oder um trotzig Widerstand zu leisten und unnachgiebig zu sein

Schwierigkeiten, einen persönlichen Standpunkt einzunehmen, aber Fähigkeit, die Position anderer wahrzunehmen und zu unterstützen

Angst vor Streit: Konfliktvermeidung durch Ignorieren der im Innern angestauten Wut

Prioritäten: persönliche Priorität: Appetit

Paarpriorität: Eintracht

Gemeinschaftspriorität: Teilnahme

Lebensaufgabe: Liebe zu empfinden, die von der Kraft geleitet wird, den jeweiligen Umständen entsprechend zu handeln, auch in Konfliktsituationen.

*

Überall auf der Erde haben viele Menschen heute das Empfinden, für die Mächtigen unsichtbar zu sein: zum Beispiel die Schwarzen in Südafrika, Asylanten aus Asien und Afrika, arbeitslose Jugendliche und alleinstehende Mütter, die in den reichen Ländern in Armut leben. Übersehen zu werden oder unbeachtet zu bleiben macht wütend. In dem Maße, wie wir soziale Wesen sind und andere brauchen, um uns ein Bild von uns selbst zu machen, wird von außen unweigerlich die Ansicht übernommen: «Ich spiele keine Rolle.»

Eltern-Kind-Probleme

Wie wird ein Kind mit Eltern fertig, die gewohnheitsmäßig seine Wünsche übergehen? Ein Kind, das auf die NEUN-Strategie verfällt, hat das Gefühl, daß es seinen Eltern gleichgültig ist und keine Zuneigung erhält. Die elterlichen Verhaltensweisen vermitteln ihm folgendes:

«Laß das.»

«Stör mich nicht.»

«Sei nicht (da).»

Vielleicht ist der Mutter anderes wichtiger, oder sie hat Angst, ihre Kinder zu verwöhnen. NEUNER finden sich mit solcher Lieblosigkeit ab, indem sie sich sagen, daß im Leben sowieso nichts von Belang ist. Sie scheinen den eigenen Wert, die eigene Bedeutung abzuleugnen, was immer sie auch später erreichen mögen. Mit ihrem ausdruckslosen Gesicht und monotoner Stimme, ja selbst in Körpersprache und Kleidung scheinen sie sagen zu wollen: «Ich spiele im Grunde gar keine Rolle.»

Eddy fallen bei seinen Erinnerungen an die Kindheit lange Nachmittage in einem leeren Haus ein. Sein Vater, ein Arzt, und seine politisch tätige Mutter waren beide in ihren Berufen aktiv; seine intelligenten, geselligen älteren Brüder waren außer Haus auf einem Internat. Ihm war verboten worden, mit der Köchin zu reden, aus Sorge, er könnte sich ihren Akzent und ihre schlechten Sprachgewohnheiten aneignen. Eddy hatte ein fotografisches Gedächtnis und konnte sich an jede Einzelheit des Hauses erinnern, selbst an die Tapeten.

Das Kind sucht nach Ersatz, es verschlingt zum Beispiel Unmengen Nahrung oder sammelt enorm viele Informationen, um seine Ängste zu bewältigen oder seine Wut abzuleiten, wenn Erwachsene seine Bedürfnisse übersehen.

Die NEUN-Persönlichkeit könnte im Gurdjieffschen Sinne als selbstvergessen bis hin zur Selbstverleugnung bezeichnet werden.

NEUNER haben keine Augen für persönliche Motive. Sie nehmen alles wahr, ohne daß etwas herausragende Bedeutung hätte. Hin- und hergerissen zwischen Rebellion und Anpassung, treten NEUNER lieber den Rückzug an. Sie machen ihre Lebenserfahrungen von einem sehr niedrigen Energiepegel aus und meinen, Spannungen vermeiden zu müssen. Sie dämpfen ihre Reaktionen und lassen ihr Bewußtsein dahintreiben. Entweder verweilen sie bei persönlichen Erinnerungen oder bei unwichtigen Details. Sie schließen sich nicht unbedingt vollkommen ab; sie haben einfach nur das starke Bedürfnis, keine Stellung zu beziehen und gegen niemanden zu opponieren.

Eddy war sechs Jahre alt und hatte ein unbeachtet gebliebenes Augenleiden; es saß mit anderen Jungen seines Alters im Klassenzimmer hinten. Nicht in der Lage, die Tafel erkennen zu können, gewöhnte er sich an, in eine Art Trance zu verfallen und die langsamen Zeigerdrehungen der Wanduhr zu beobachten. Drei Jahre später entdeckten Lehrer seine Augenschwäche. «Warum hast du denn nichts gesagt?» fragten sie ihn. Er sah sie ausdruckslos an. Wieder zwei Jahre später entdeckten sie, daß er einen IQ von 185 hatte. «Wie konnten wir das bloß übersehen?» dürften sie sich gefragt haben.

Die NEUN-Strategie entsteht durch die Selbstwahrnehmung, nicht wichtig genug zu sein, um geliebt zu werden. Das Kind kehrt sich nach innen. Nichts (und niemand) unterscheidet sich in seiner Bedeutung.

Obgleich sie sich der Komplexität eines Ereignisses durchaus bewußt sind, fällt es NEUNERN schwer, eine Auswahl zu treffen und die wichtigsten Fakten zu nennen. Wenn sie auf Widerstand stoßen, glauben sie, Zeit gewinnen zu müssen. Zwischen ihrem «Selbst» und dem «anderen Menschen» erhebt sich eine vielschichtige Wand der Abwehr. Sie proben erst innerlich alles durch, ehe sie reagieren.

Wenn ein Gespräch sie beunruhigt, zerstreut sich ihre Aufmerksamkeit; entweder grübeln sie über die Lösung irgendeines kleinen Problems nach, oder sie lassen die Augen in der Umgebung herumwandern. Eine NEUN verglich den Strahl ihrer Aufmerksamkeit mit einem Radioempfänger, der Sender um Sender abtastet und verschiedene Stationen empfängt. NEUNER können sich schlecht über längere Zeit konzentrieren und beschreiben ihr Bewußtsein als einen eher traumähnlichen Zustand.

NEUNER haben ein Gespür dafür, was ihrem Partner wichtig ist, und wollen in Harmonie mit ihm sein. Wenn Konflikte auftreten, bestreiten NEUNER die Gewichtigkeit der Konfliktursache. Sie können kaum zwischen Wesentlichem und Unwesentlichem unterscheiden und widmen sich infolgedessen oft vielen Aktivitäten von geringem Wert oder Nutzen.

> Eddy erledigte seine Mathematikaufgaben mit Leichtigkeit und gab sich dann dem Solitärspiel hin – «drei Jahre, dreihunderttausend Spiele».

NEUNER können fernsehversessen werden, süchtig nach ihren Lieblingsserien, sie genießen ein Familienleben in festen Bahnen und vermeiden es im allgemeinen, neue Erfahrungen irgendwelcher Art zu machen. Da sie sich von nichts mitreißen lassen wollen, verschieben sie oft wichtige Dinge und kommen zu spät zu Verabredungen oder vergessen sie ganz. Die Zeit verstreicht einfach, und sie wissen nicht, wo sie geblieben ist. Es fällt ihnen zwar schwer, Entscheidungen zu fällen, aber wenn sie sich einmal eine Meinung gebildet haben, bleiben sie auch ziemlich fest dabei.

Wer eine NEUN-Strategie wählt, bildet sich von einer Sache meist einen Gesamteindruck und kultiviert seine Fähigkeit, ein Problem von allen Seiten zu beleuchten. Seine Friedfertigkeit wirkt sich auf die Menschen in seinem Umkreis aus. NEUNER hören zu, ohne negative Urteile über das abzugeben, was ihnen anvertraut wird. Sie geben selten einen Rat, können jedoch anderen helfen, ihre Probleme im richtigen Zusammenhang zu sehen. Sie sind meditativ veranlagt und hilfreich, wenn es darum geht, Konflikte zu lösen. Ein Freund hat einmal eine NEUN so beschrieben: «Sie ist niemals Ankläger, sondern immer Verteidiger.»

Wünsche und Erwartungen empfinden sie allerdings oft als bedrohlich. Sie trauen ihren eigenen, oft beachtlichen Fähigkeiten nicht. Sie vergessen, was ihnen wichtig ist. Je entscheidender etwas ist, um so leichter können sie es ausblenden. Ständig weichen sie dem aus, was sie eigentlich tun sollten. Komplimente nehmen sie nur ungern entgegen. Für Überraschungen haben sie nichts übrig. Sie wollen ihr Leben möglichst fest im Griff haben. Sie bleiben gern im verborgenen, da ihnen immer unklar ist, was andere von ihnen erwarten könnten. Unter Umständen versuchen sie, alles selbst zu machen, und verlieren dabei das Wesentliche aus den Augen.

Als Kinder haben NEUNER schon früh die Entscheidung getroffen, sich den Bedürfnissen und Wünschen anderer entsprechend zu verhalten, um das bißchen Liebe zu behalten, das ihnen entgegengebracht wurde. Wenn sich NEUNER endlich ihrer Wut über dieses Ungeliebtsein bewußt werden und sie zum Ausdruck bringen, finden sie auch zu authentischer Spontaneität. Aufgrund ihrer Probleme, einen Standpunkt einzunehmen, neigen sie dazu, den inneren Zustand aller Ego-Typen widerzuspiegeln und sich damit zu identifizieren. So sind sie beispielsweise vollkommen eingenommen vom Selbsterhaltungswillen, der sich in Appetit äußert, sind in der Partnerschaft darauf fixiert, sich in der leidenschaftlichen Vereinigung mit einem geliebten Menschen zu verlieren, und drücken ihren Gemeinschaftssinn dadurch aus, daß sie Gruppen angehören, die sich sozialen Aufgaben und speziellen Aktivitäten widmen.

Die NEUN-Strategie des Enneagramms für den Umgang mit Bedrohungen ist die, sich weder zu unterwerfen noch zu fliehen – noch zu kämpfen. NEUNER gehen Ärger aus dem Weg, indem sie ihn in sich begraben. Ihr beliebtester Abwehrmechanismus ist die Betäubung. Andere erleben sie so, als hätten sie «die Jalousien heruntergelassen». Wenn sie zu diesem Zweck Drogen nehmen, besteht eine enge Parallele zu gesellschaftlichem Suchtverhalten. Süchtige benutzen Drogen oft, um den Zustand der Unbewußtheit aufrechzuerhalten oder zu vertiefen. Sie lassen sich von allem möglichen ablenken und schränken ihre Wahrnehmung von Problemen, Störungen und Schmerzen ein, die sonst eine Änderung erzwingen würde.

Manche Formen des gesellschaftlichen Suchtverhaltens sind offensichtlich damit zu vergleichen und erfüllen einen ähnlichen Zweck, nämlich den, die Wahrnehmung beunruhigender und schmerzhafter Zustände einzuschränken. Die allseits verbreitete Fernsehsucht verschlingt ungeheure Mengen an Zeit und Bewußtsein, verhindert die Verbindung zu anderen Informationsquellen und beeinträchtigt das eigene Denken und Urteilen. Raffinierte Werbespots erzeugen einen Dauerzustand des Habenwollens und konzentrieren das Bewußtsein einzig auf Konsum, ohne die Kosten und die weltweiten Folgen zu berücksichtigen. Diese Einschränkung des Bewußtseins stellt ein fast unüberwindliches Hindernis dar für die Bildung klaren, aufrichtigen Gemeinsinns.

Die Revision der NEUN-Strategie

Die NEUN begibt sich meist erst in Therapie, wenn sie Verpflichtungen nicht mehr nachkommen kann oder wenn Probleme durch den Drogenmißbrauch entstehen. Es kommt zu Depressionen, passiver Aggressivität und schließlich Wut, sobald die belanglosen Aktivitäten eingestellt werden. Als sinnvoll erweisen sich in diesem Fall ein Umgebungswechsel sowie Methoden zur Verhaltensänderung, die mit Bestärken durch Belohnen arbeiten. Die Herausbildung einer neuen Gewohnheit sollte vorbehaltlos unterstützt werden. Wut erzeugt die Energie, um eine Veränderung herbeizuführen und Bedürfnisse ans Licht zu bringen. Die möglichen Rollenspiele müssen richtig beim Namen genannt werden: «Schuldzuweisungen machen», «Zurückhaltung üben», «halsstarrig werden». Für NEUNER sind einfache Aufgaben oft schon überwältigend. Sie reagieren empfindlich, wenn ihre Leistungen übergangen, kritisiert oder herabgewürdigt werden und brauchen folglich ungeschmälerte Anerkennung. Pläne zur Fertigstellung eines Projekts verleiten sie dazu, das Projekt selbst schon für abgeschlossen zu halten, so daß nachgehakt werden sollte, wie sie weiter vorzugehen gedenken.

Ihr Schattenproblem der Trägheit läßt sich durch normale Motivationsformen wie Unzufriedenheit und Hoffnung kaum erschüttern. Mehr als jeder andere Typ brauchen sie die aktive Unterstützung und Stellungnahme eines anderen Menschen oder von Leuten, denen sie eindeutig am Herzen liegen und die gewillt sind, ihnen Zeit und Interesse zuzuwenden.

Das Erwachen des Individuums ist ausschlaggebend für die Umwandlung kollektiven Bewußtseins. Das langsame, mühevolle und vollverantwortliche Engagement im eigenen Leben, in der Nachbarschaft und im ganzen Land setzt Einsicht in die Möglichkeiten voraus, die wir einander durch das Netzwerk unserer Beziehungen zu bieten haben. Die Erkenntnisse der NEUN, daß alles und jedes miteinander verknüpft ist, begünstigt diesen Bewußtseinsprozeß.

Die alchimistische Entsprechung dazu ist die *Coniunctio*, die symbolisch mit der NEUN-Position im Enneagramm verbunden und deren Ziel die umfassende Vereinigung der Gegensätze ist. Veränderungen können jedoch nur von innen und nach einem langen, schweren und gefährlichen Weg der Wandlung eintreten. Die ausgereifte NEUN-Strategie entspringt der Wahrnehmung, daß die Wirklichkeit vernetzt ist, und veranlaßt die NEUN, mit klarem Blick, Fürsorglichkeit und Mitgefühl das zu tun, was nötig ist, in welcher Gesellschaft sie sich auch befinden mag. Liebe ist eine objektive Tugend, keine Leidenschaft. Sie wird durch Übung immer stärker.

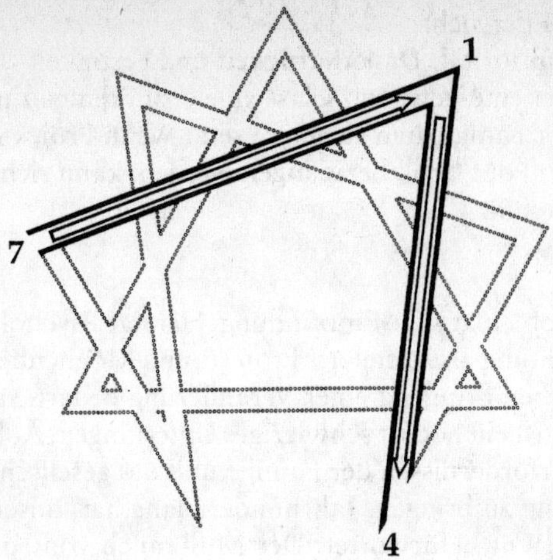

Punkt 1:
Perfektion und Groll

Selbstbeschreibung: «Ich mache es richtig. Ich arbeite hart.»
Schattenproblem: Zorn
Abgelehntes Element: direktes Ausdrücken von Wut und Ärger
Sucht: Perfektion
Benötigte Stärke: Nachsicht, Gelassenheit
Abwehrmechanismus: unbewußte Reaktionsbildung
Psychologische Störung: zwanghafte Persönlichkeit
Voreingenommenheiten: hochgeschraubte innere Normen
Schwierigkeiten, sich zu persönlichen Wünschen zu bekennen, die im Widerspruch zu diesen als korrekt empfundenen Normen stehen
Vergleich mit anderen und Sorge um Kritik
Zwanghafte Besorgnis um falsche Entscheidungen
Selbstgerechte Verlagerung von Wut auf scheinbar legitime äußere Ziele
Konzentration auf Fehler (wodurch sich eine herausragende Kritikfähigkeit – nebst Sinn für Humor – entwickeln kann)
Konflikt zwischen Starrheit und Sensibilität
Prioritäten: persönliche Priorität: Besorgnis

Paarpriorität: Eifersucht
Gemeinschaftspriorität: Dauerhaftigkeit und Festigkeit
Lebensaufgabe: eine gewisse Gelassenheit zu erlangen und sich körperlich seiner Fähigkeiten sicher zu sein. Wenn Projektionen durchgearbeitet und der Groll bezwungen werden, kann sich auch Mitgefühl entwickeln.

*

Wut ist eine problematische Empfindung. Heutige Psychologen können über ihre Bedeutung als Mittel des Protests und Möglichkeit, festzustellen, was im Leben dringend einer Veränderung bedarf, sagen, was sie wollen, aber es ist ein höchst schwieriges Unterfangen, Äußerungen der Wut mit den Erfordernissen der Familie und des gesellschaftlichen Lebens in Einklang zu bringen. Jahrhundertelang hat unsere Kultur die Kontrolle von Wut befürwortet. Der Mißbrauch von Kindern bringt uns in helle Empörung, Gewalt in den Städten erschreckt uns, und doch sind wir von der Macht der Wut immer wieder fasziniert.

EINSER sind Perfektionisten, auch in dieser Beziehung. Sie experimentieren mit einer Strategie, um sich die Macht des Zorns anzueignen, um daraufhin durch Aufstellen innerer Regeln seinen Ausbruch zu verhindern. Der Preis ist hoch. Regeln nehmen sie stark in Anspruch. Sie beurteilen und richten ihr eigenes Verhalten nach diesen Regeln, vergleichen sich ständig mit anderen und ordnen alles nach den Kategorien «richtig» oder «falsch».

Burt: «Ich kann schlechte Autofahrer nicht ausstehen, diese Typen, die in Kurven überholen, bei Fahrbahnwechsel keinen Blinker setzen und dergleichen mehr. Es tut mir gut, meinem Ärger durch Hupen oder Vogelzeigen ein wenig Luft zu machen.»

Jane: «Ich stelle innerlich so hohe Ansprüche, daß ich sie selbst nicht erfüllen kann, und andere können das natürlich erst recht nicht. Wenn ich mich mit einem Mann treffe, mischt sich stets eine leise Stimme aus dem Hintergrund in mein Urteil. Daran scheitert zwar die Beziehung nicht, aber es macht keinen Spaß mehr.»

Lenny: «Ich bin selbst mein schlimmster Kritiker – nach dem Motto ‹Das war falsch›, ‹Das hätte ich nicht sagen sollen›. Es ist ätzend. Wenn ich etwas getan habe, das nicht absolut richtig war, dann war es falsch; dazwischen gibt es nichts.»

Perfektionisten verbergen ihren sehnlichen Wunsch, sich zur Geltung zu bringen, unabhängig zu handeln und sich über Vorschriften hinwegzusetzen, aber ihr Groll verrät sie. Sie können ihn weder schlucken noch herauslassen. Sie halten ihn mit zusammengebissenen Zähnen fest.

Eltern-Kind-Probleme

Der Groll rührt ursprünglich von der Last der Erwartungen her, die andere Menschen hegen. Schon in der Kindheit versucht das Kind herauszufinden, was die Mächtigen wollen, wenn es sich scharf kritisiert oder den Ansprüchen nicht gewachsen fühlt, die an es gestellt werden. Es ist so, als würde das Kind fortwährend instruiert:

«Sei kein Kind.»
«Arbeite hart.»
«Sei perfekt.»

Als Lennys Mutter die Geduld verlor, weil die Reinlichkeitserziehung bei ihm so lange dauerte, zwang sie ihn schließlich, sich an regelmäßige Zeiten zu gewöhnen. Zuerst reagierte er darauf mit Wut und Ablehnung, aber da sie ihre Regeln mit Drohungen und Strafen untermauerte, gehorchte er notgedrungen.

Auch für andere Dinge wurden nach und nach Regeln aufgestellt. Sobald er einmal ungehorsam war, mußte er sich schuldig bekennen und seine Eltern um Verzeihung bitten. Er lernte, seine Wut zu verbergen. Allmählich geriet das, was er sich selbst ersehnte, in Vergessenheit und wurde durch Regeln ersetzt, die andere für gut befanden. Er hatte seine anspruchsvollen, perfektionistischen, immer tadelnden Eltern verinnerlicht.

Als Jugendlicher hatte Lenny die Regeln schon vollkommen zu einem Teil seiner selbst gemacht. Sein gnadenloses inneres Gewissen bewertete und kontrollierte jede seiner Verhaltensweisen, es stürzte ihn in Zweifel und ließ ihn davor zurückschrecken, aktiv zu werden. Er hatte große Schwierigkeiten, Schularbeiten rechtzeitig fertigzustellen. Seine Gedanken kreisten um Kleinigkeiten. Er war unentschlossen und mißtrauisch und ließ sich leicht von allem Unbekannten oder Ungewohnten aus der Fassung bringen. Schuldgefühle und Selbstanklagen setzten sich fest, und so hielt er nach noch mehr Regeln Ausschau und zog die Schlinge noch fester zu.

Menschen, die eine perfektionistische Strategie wählen, sind im allgemeinen nicht so sichtbar gestört. Im Grunde sind sie der harte Kern fast aller Berufsgruppen.

Eine EINS-Strategie, die schon in der Kindheit entwickelt wird, ist darauf ausgerichtet, die Spielregeln herauszufinden und zu meistern, um ganze Arbeit zu leisten und so Zustimmung oder gar Liebe zu finden. EINSER wollen die Möglichkeit haben, andere beurteilen zu können, um so ihre Beziehung zu ihnen festlegen zu können.

Perfektionisten können in Gesellschaft reizend sein und sich gut unterhalten, da ihnen nichts entgeht. Sie sind außergewöhnlich ordentlich, pünktlich, systematisch, methodisch, arbeitsam, unbeirrbar und übergenau. Sie verkörpern alle Wertvorstellungen der modernen westlichen Kultur einschließlich ihres ambivalenten Mißtrauens gegenüber Wut. Sie geben hervorragende Richter, Soldaten, Ingenieure und Chirurgen ab. Ihr kritisches Denken kann aufrüttelnd sein. Im allgemeinen sind sie fair und aufrichtig, aber sie durchschauen vorgetäuschte Überlegenheit, und andere fühlen sich oft unbehaglich in ihrer Gegenwart.

In Befolgung des Programms befleißigen sie sich einer enthaltsamen Lebensweise, die immerhin Unklarheit und Ungewißheit von ihnen fernhält. Ihr klar strukturiertes Verhalten untermauert ihre Wertvorstellungen. Gefährliche Gefühle wie Trotz und Wut halten sie in Schach, aber das gelingt nicht immer. Da sie beständig nach Vollkommenheit streben, genügt nichts ihren Ansprüchen. Der Versuch, perfekt zu sein, verschlingt eine Unmenge Kraft, und sie sind stets leicht deprimiert, weil es ihnen nicht gelingt, ganz vollkommen zu sein.

EINSER, die die Strategie der Perfektion gewählt haben, scheinen immer über irgend etwas unzufrieden zu sein. Sie vermeiden es, Wut direkt zum Ausdruck zu bringen, ja bemerken sie manchmal überhaupt nicht. Sie zeigt sich jedoch meist im etwas irritierten Tonfall ihrer Stimme oder der nervösen Reizbarkeit ihres Verhaltens. Unklarheiten im Denken oder Handeln sind ihnen zuwider. Sie sind der Meinung, daß andere ihre Fehler einsehen und unverzüglich korrigieren sollten. Ihrem zwanghaften Verhalten, in dem andere Arbeitsamkeit und Leistungsvermögen zu sehen glauben, mangelt es an Spontaneität und Flexibilität. Sie wollen genau wissen, was vor sich geht und worauf sie zählen können. Alles muß nach Möglichkeit vorhersagbar sein.

EINSER sind keineswegs immer mürrisch, aber ihr Ernst ist frappierend. In Haltung und Bewegung ist unterschwellig eine gewisse Anspannung vorhanden, und sie haben ihre Gefühle gut in der Gewalt.

Jenna unterrichtet Mathematik auf der High-School, eine Tätigkeit, die ihr mißfällt. Sie übernahm die Aufgabe, weil sie nicht wußte, was sie sonst machen sollte. Sie arbeitet hart und verbringt viel Zeit mit der Aufstellung von Unterrichtsplänen, die über jede Kritik erhaben sind. Die Unordentlichkeit der anderen Lehrer ärgert sie. Da sie ständig aufräumt und Sachen ordnet, ist sie nie richtig entspannt. Kleinigkeiten fressen ihre ganze Zeit auf. Bei so vielen einzelnen Punkten den Durchblick zu bewahren hält sie davon ab, sich den wesentlicheren Dingen ihres Lebens zu widmen, zum Beispiel der Frage, was sie gern tun würde.

Wenn sie frustriert oder unzufrieden sind, was häufig vorkommt, wächst bei EINSERN die Verärgerung über die Grenzen der Zeit und der menschlichen Natur. Sie sind zwar zwanghaft aufs Detail fixiert, aber wenn sie ihre eigenen Ansprüche erfüllen, bleiben sie im allgemeinen psychisch gesund. Bei Zeit- und Energiemangel hingegen fühlen sie sich überfordert, werden mutlos und fallen depressiven Stimmungsschwankungen anheim, so daß sie fast nichts mehr leisten. Gelegentlich verursachen innere Spannungen psychosomatische Leiden.

Ihre innerlich angestaute Wut, die durch einen ganzen Sack voll alter und neuer Frustrationen genährt wird, scheint unerschöpflich zu sein.

Burt: «Ich habe eine lange Liste von Sachen, die mir mißfallen, gespeichert wie eine Computer-Datei. Alle paar Jahre spule ich sie vor meinen Mitmenschen ab. Ich habe mir alles gemerkt, was sie je falsch gemacht haben.»

Bei engem Kontakt zeigen EINSER ihre Stacheln. Es fällt ihnen schwer zuzugeben, daß sie verletzend sind. Selten gestatten sie irgend jemandem, einen Blick in die Leere zu tun, die sie trotz all ihrer Leistungen empfinden. Sie reagieren auf die Verletzlichkeit anderer, während sie die eigene nicht gut zeigen können, geschweige denn um das bitten, was sie sich wünschen. Sie legen Sympathie als Herablassung aus, wenn sie Schmerzen leiden. Dabei sehnen sie sich nach Liebe, und wird sie ihnen gewährt, sind sie in der Lage und willens, sie zu erwidern.

In Gesellschaft sind EINSER im allgemeinen höflich und formell, denn sie achten auf Rang und Status. Sie verhalten sich respektvoll und zuvorkommend, ja sogar unterwürfig Höhergestellten gegenüber. Im Umgang mit Untergebenen zeigen sie manchmal ihre schlechteste Seite, indem sie sich selbstherrlich, überkritisch und aufgeblasen verhalten oder unnachgiebig streng auftreten, was die Einhaltung von Vorschriften betrifft.

Aufgrund ihrer Ambivalenz zwischen Anpassung und Widerstand

und ihres starken Bedürfnisses, ihre feindseligen Gefühle unter Kontrolle zu halten, treten bei zwanghaften Persönlichkeiten anders als bei anderen Ego-Typen verschiedene Abwehrmechanismen in Kraft. Die wirksamsten sind Identifikation und Sublimation. Die Identifikation wirft Probleme auf. Wenn EINSER ein Vorbild für strafende Autorität finden, dem sie nacheifern können, halten sie es unter Umständen für gerechtfertigt, ihren feindseligen Impulsen nachzugeben.

Ihre anderen Abehrmechanismen bieten ihnen keine Möglichkeit, ihrer Wut freien Lauf zu lassen, sondern halten feindselige Empfindungen in Schach. Zum Beispiel tritt infolge einer solchen Abwehrhaltung (aus der heraus das Gegenteil dessen getan wird, was dem Impuls nach geboten wäre) bei EINSERN Freundlichkeit an die Stelle von Grausamkeit. EINSER halten sowohl die Isolation (das Abtrennen eines Problems oder Menschen von anderen Gegebenheiten ihres Lebens) als auch das Ungeschehenmachen (das Handeln in einer Weise, durch die eine frühere Handlung aufgehoben oder geleugnet wird) für nützlich.

Untertypen leiten sich von den vorherrschenden Voreingenommenheiten sowie dem Persönlichkeitsstil ab. Der auf Partnerschaft ausgerichtete Untertyp wird eifersüchtig, wenn er Vergleiche anstellt zwischen sich und den Menschen oder Dingen, die der Partner schätzt. Der auf Selbsterhaltung ausgerichtete Untertyp macht sich Sorgen um die Kollision seiner persönlichen Wünsche mit seiner Vorstellung von dem, was richtig ist, mit seinem Verlangen nach Perfektion. Der gemeinschaftsorientierte Untertyp kann sich nicht dem Urteil anderer über sich beugen. Hier ein Beispiel:

Burt, 45 Jahre alt und Ingenieur, war nicht in der Lage, eine Arbeitsstelle länger als sechs Monate zu behalten, weil er die unbeugsame Haltung einnahm, keine Kompromisse einzugehen. Immer wieder geschah es, daß sein Chef von ihm erwartete, im Team mitzuarbeiten und berufliche Kompromisse einzugehen, die er unerträglich fand. Wenn der Druck stärker wurde, legte er abwechselnd nervöse Unruhe oder heftige Wut an den Tag, was ihn schließlich seinen Posten kostete.

Er begab sich erst in Therapie, als ihm das Geld ausging und sich seine Frau mit aller Bestimmtheit weigerte, die Haushaltsausgaben länger zu bestreiten. Er betrachtete die Therapie als einen Eingriff in seine Rechte, fand sich jedoch aus zwei Gründen dazu bereit. Erstens war es ihm unangenehm, schon über ein Jahr arbeitslos zu sein. Und zweitens wußte er, daß seine Frau ihre eigenen therapeutischen Erfahrungen sehr ernst nahm, und ihr Interesse daran machte ihn eifersüchtig.

Erst nach Wochen, in denen er die «Objektivität des Therapeuten» testete, glaubte er endlich daran, von diesem nicht verurteilt zu werden. Dann erkannte er allmählich, wie seine innerlich angestaute Wut und sein Groll sein Leben bestimmten. Als Kind hatte er gelernt, seinen Eltern Kummer zu ersparen, indem er immer gefällig war, obwohl er sich im Innern nur lebendig fühlte, wenn er spürte, wie sich seine heftige Wut Bahn brach. Er konnte sie größtenteils bei politischen Aktivitäten abreagieren, aber unlängst hatte er wohl gemerkt, daß sie im Wachsen begriffen war und auch in seine Arbeit einfloß. Er wußte, daß er oft sarkastisch oder gelangweilt auftrat. Eines Tages gab er während einer Rollenumkehrung im Psychodrama zu, andere würden ihn sicher für halsstarrig, gehässig und nachtragend halten.

Durch die Arbeit mit dieser seiner Schattenseite begann er zu verstehen, daß er für seine Entscheidungen immer selbst verantwortlich sein und weder abgestempelt noch blockiert werden wollte. Als er sich endlich ohne Umschweife zu seinen Wünschen bekannte und andere darauf so reagierten, daß sie in Erfüllung gingen, wurde ihm bewußt, daß seine Angst dadurch nur wuchs. Das war im Drehbuch nicht vorgesehen gewesen!

Die Revision der EINS-Strategie

Der erste Schritt ist der, die unterdrückte Wut in allen Ereignissen des täglichen Lebens aufzuspüren. Manchmal bekommen es wütende Kinder mit der Angst zu tun, wenn sie merken, wie gewalttätig sie reagieren können, und unterdrücken von da an ihre Wut. Wie groß auch die Provokation sein mag, EINSER müssen sich klarmachen, daß sie die Wahl haben, so zu handeln, daß weder ihnen selbst noch anderen Schaden zugefügt wird. Allerdings müssen sie das Gefühl bewußt erleben und zum Ausdruck bringen können. Phantasien können dazu beitragen, ihnen ihren Zorn deutlicher vor Augen zu führen.

Der Kampf gegen den Zorn wird oft durch Feuer symbolisiert. Die alchimistische Symbolik beginnt mit *Calcinatio*, einem Läuterungsprozeß durch Feuer, der Unreinheiten austreiben soll. In dem Maße, wie EINSER ihr Ichbewußtsein erfolgreich zu vertiefen und zu erweitern vermögen, sind sie auch weniger anfällig für heftige Gemütsbewegungen.

Eine wichtige spirituelle Aufgabe von EINSERN besteht darin, sich zunächst bewußt zu werden, daß sie selbst über ihre Gefühle verfügen und so in Freiheit und Freude leben können. Als nächstes müssen sie lernen, ihren spontanen Impulsen Raum zu geben: nicht nur dem Zorn, sondern auch den unbefriedigten Bedürfnissen, die er verdeckt. Die Regeln müssen gebrochen werden, damit EINSER mehr Initiative und Selbstvertrauen entwickeln. EINSER müssen flexibler werden und ihre Sorge fahrenlassen, ob sie sich richtig verhalten; sie dürfen sich nicht von den möglichen Auswirkungen ihres Verhaltens beeinflussen lassen. Sie sollten auch von ihrer Neigung loskommen, den höchsten Maßstab an das eigene Auftreten zu legen. Vielmehr müssen sie sich selbst erlauben, Schüler oder Lehrlinge zu sein in der Kunst, die sie meistern wollen.

EINSER müssen die Möglichkeit in Betracht ziehen, daß das von ihnen aufgestellte Spiel gar nicht existiert, daß die Welt viel komplexer und vielschichtiger dimensioniert ist, als sie gedacht haben. Sie müssen aufhören, sich selbst zu verplanen, damit sich ihr Wahrnehmungsfeld erweitert und sie spielerischer mit sich und anderen umgehen. Oft führt eine Vertiefung des sexuellen Genusses zu einer ersten Bewußtwerdung dieser Art.

EINSER, die das Gefühl haben, ohne eine tiefgreifende Kenntnis der Art und Weise, wie etwas sein sollte, nicht leben zu können, können sich das zur Regel machen, was Krishnamurti empfohlen hat: «Keine Vergleiche anstellen.» Diese Regel ist allerdings für EINSER nicht leicht zu beherzigen.

Der Kampf mit dem Schattenproblem des Zorns sollte nicht unterbewertet werden. Wir genießen Ärger («Das tut gut!»). Dabei überschreiten wir leicht die Grenze zwischen spontaner Wut und halbbewußter Grausamkeit. Zorn hat vielerlei Gestalt und nährt sich oft aus lustbetonten Haßgefühlen. Kalte Wut lähmt uns in unserem Unterscheidungsvermögen und unserer Warmherzigkeit.

Vermutungen, die unterschwellig von Wut gespeist sind, müssen in Frage gestellt werden. Bewußt oder unbewußt gehen EINSER davon aus, daß sie ihre Wut brauchen, um Macht ausüben zu können und leistungsstark zu sein. Sie benutzen ihre Wut dazu, ein Verhalten zu rechtfertigen, das sie sich sonst nicht gestatten würden. Wenn sich in ihnen genug Groll angestaut hat, dann finden sie eine Rechtfertigung für das, was sie eigentlich tun wollen.

Therapeut: Was ist so schlimm daran, einfach zu entscheiden, daß Sie den Job nicht mögen? Warum müssen Sie erst wütend werden, um kündigen zu können?

EINS: Es hätte keinen Sinn... Man kann nicht einfach ohne guten Grund kündigen.

Therapeut: Wer hat Ihnen denn das erzählt? Klingt ganz nach dem alten Programm. (Daß der Klient «man» statt «ich» sagt, ist ein Hinweis darauf, daß eine verinnerlichte elterliche Botschaft vorliegt und kein persönliches Urteil.)

Manchmal benehmen sich ganze Völker wie EINSER und brauchen nur einen geringen Anlaß, der «das Faß zum Überlaufen bringt» und den Ausbruch von schweren Unruhen in Gang setzt. Bei harten Verhandlungen wartet die eine oder andere Seite ebenfalls manchmal nur auf kleine Vorkommnisse, die einen plötzlichen Abbruch der Gespräche rechtfertigen. Verschiedentlich hat in der Geschichte ein EINS-Programm eine gesellschaftliche Gruppierung beherrscht, so etwa die Puritaner im amerikanischen Neuengland.

Enorme Mengen aufgestauter Empörung warten förmlich darauf, sich Bahn zu brechen. Wir müssen die Welle der Reizbarkeit, die durch westliche Länder geht, wie die wachsende Zahl von Prozessen beweist, unter die Lupe nehmen. Die Leute brauchen Hilfe, um ihre Gefühle zu begreifen und damit umgehen zu können. In manchen Ländern gibt es Schiedsleute, die bei Familienstreitigkeiten, Scheidungen und Nachbarschaftskonflikten vermitteln. Schiedsgerichte und Unterhändler sind eine gute Möglichkeit für EINSEN, gemeinschaftsorientiertem Ärger Luft zu machen und ihn so loszuwerden.

Wichtig ist, die EINS-Eigenschaften je nach ihrem Wert in speziellen Situationen zu unterscheiden. Ingenieure und Chirurgen zum Beispiel müssen die Präzision und Sorgfalt des EINS-Programms kultivieren.

Die besondere Begabung, die eine EINS-Orientierung mit sich bringt, die Ehrfurcht vor und Sehnsucht nach Perfektion, die Einbeziehung von allem in vollkommener Harmonie und Ausgewogenheit ermöglicht einen hohen Grad an spiritueller Bewußtheit.

Wiederholung und Zusammenfassung der Programme Wut und Kampf

Die ACHT-Strategie zielt auf Kontrolle und emotionale Dominanz ab. Das Kind beschließt, lieber selbst die Spielregeln zu bestimmen, als sich davon bestimmen zu lassen. Im Gefühl seiner vermeintlichen Macht leugnet das Kind seine Verletzlichkeit ab.

Die NEUN-Strategie entsteht durch die Selbstwahrnehmung, nicht wichtig genug zu sein, um geliebt zu werden. Das Kind kehrt sich nach innen. Nichts (und niemand) unterscheidet sich in seiner Bedeutung.

Die EINS-Strategie, die schon in der Kindheit entwickelt wird, ist darauf ausgerichtet, die Spielregeln herauszufinden und zu meistern, um ganze Arbeit zu leisten und so Zustimmung oder gar Liebe zu finden. EINSEN wollen die Möglichkeit haben, andere beurteilen zu können, um so ihre Beziehung zu ihnen festlegen zu können.

ACHT

Lebensskript-Programm: Selbstgerechtigkeit und Arroganz
Selbstbeschreibung/Selbstbild: «Ich kann alles. Ich habe Macht.»
Schattenproblem: Wollust – Ausnutzung anderer als Objekte
Abgelehntes Wandlungselement: Schwäche
Sucht: arrogante Anmaßung
Tugend/benötigte Stärke: Vertrauen
Abwehrmechanismus: Ablehnung
Psychologische Störung: Soziopath

NEUN

Lebensskript-Programm: Friedfertigkeit und träge Unschlüssigkeit
Selbstbeschreibung/Selbstbild: «Ich bin einfach im Umgang.»
Schattenproblem: Faulheit
Abgelehntes Wandlungselement: Konflikt
Sucht: Unschlüssigkeit/Untätigkeit
Tugend/benötigte Stärke: Handlungswillen (Liebe)
Abewehrmechanismus: Betäubung; «die Jalousien herunterlassen»
Psychologische Störung: zwanghaft/passiv aggressive Persönlichkeit

EINS

Lebensskript-Programm: Perfektion und Groll
Selbstbeschreibung/Selbstbild: «Ich mache es richtig. Ich arbeite hart.»
Schattenproblem: Zorn
Abgelehntes Wandlungselement: direktes Ausdrücken von Wut und Ärger
Sucht: Perfektion
Tugend/benötigte Stärke: Nachsicht, Gelassenheit
Abwehrmechanismus: unbewußte Reaktionsbildung
Psychologische Störung: zwanghafte Persönlichkeit

Schlußwort zu Teil I

Ehe Sie Ihre Aufmerksamkeit den in Teil II beschriebenen Wandlungsmöglichkeiten zuwenden, werden Sie wissen wollen, wie sich Veränderungen innerhalb einer Enneagramm-Position vollziehen, zu welchem Preis und mit welchen Folgen. Vielleicht möchten Sie, um Ihre eigene Enneagramm-Position zu überprüfen, die folgende Übung durchführen, bei der sie mit Hilfe aktiver Imagination eine Reihe von Fragen beantworten.

Das Bewußtsein wächst jedesmal, wenn angesichts von wesentlichen Fragen eine Entscheidung getroffen wird. Die Situation, an die Sie denken sollten, erfordert eine solche Entscheidung. Es geht um Treubruch, ein zentrales Thema im Menschenleben. Während Sie bei dieser Übung Ihre Entscheidung überprüfen, werden Sie wahrscheinlich den Sektor des Enneagramms erkennen, mit dem Sie sich gerade befassen. Sie können dann die Gefühle, die Abwehrmechanismen und Schattenprobleme, die Sie bei sich selbst entdecken, mit den Beschreibungen in Teil I vergleichen.

Denken Sie sich einmal einen gravierenden Treubruch in Ihrem Leben, in Ihrer Umwelt oder in der Geschichte. Das muß nicht unbedingt der sein, mit dem Sie sich dann weiter befassen, aber der erste, der Ihnen in den Sinn kommt. Handelt es sich um einen Verrat, der Ihr persönliches Leben bedrohte? Oder wurde dadurch eine intime Beziehung auseinandergerissen? Oder ging es um politischen Betrug? Erwägen Sie, während Sie untersuchen, welcher Art der Verrat war, wo Ihre Hauptinteressen liegen und wie Ihre *instinktive, leidenschaftliche Reaktion* ausfällt. Die Art und Weise, wie Sie Ihr Enneagramm-Verhalten erleben, wird in hohem Maße von dieser ersten Aufteilung – persönliches Leben, Beziehung oder Gemeinsinn – bestimmt.

Jetzt werden wir tiefer in diese Materie eindringen. Suchen Sie sich selbst einmal einen Verrat aus, den Sie erlebt haben: Vielleicht durch einen Angehörigen, einen Lehrer, einen Freund oder einen Liebespartner.

Lesen Sie erst weiter, wenn Sie dieses Ergebnis ganz klar vor Augen haben.

Gehen Sie in die Zeit zurück, in der Sie zuerst spürten, daß etwas nicht stimmte. Wie war Ihre erste Gefühlsreaktion – Angst, Verwirrung, helle Wut, Verzweiflung, Eifersucht? Denken Sie daran, daß in einer Spannungssituation zuerst die Abwehrmechanismen unseres Hauptenneagramm-Punktes in Kraft treten. Mehren sich die Schwierigkeiten, gehen wir zu den Abwehrmechanismen unseres Stresspunktes über, nutzen aber auch den Zugriff auf den vorherigen Punkt.

Als der Treubruch für Sie erwiesen war, was haben Sie da gemacht? Haben Sie überlegt, ob Sie vielleicht doch unrecht hatten und das Geschehene verzerrt oder übertrieben haben, um es wegzuerklären? Haben Sie gestritten, sind Sie geflüchtet, oder waren Sie der Auffassung, Sie könnten ohnehin nichts daran ändern?

In kritischen Augenblicken, wenn Ihnen Ihr eigenes getäuschtes Vertrauen schlagend zu Bewußtsein kommt, eröffnen sich gefährliche Möglichkeiten. Überlegen Sie sich folgendes, um auf die Reaktion zu kommen, zu der Sie neigen würden. Ihre Reaktion muß nicht zwangsläufig so ausfallen, aber sie bleibt doch häufig im Rahmen der beschriebenen Enneagramm-Programme.

Rache (ACHT): ACHTER haben die Tendenz, ihre Wut abzureagieren. Böses wird mit Bösem vergolten, Auge um Auge, Zahn um Zahn. Wird spontan aus einem wahrhaftigen Gefühl heraus gehandelt, kann es reinigend wirken und Klarheit verschaffen, aber eine Bewußseinsveränderung wird dadurch nicht erzielt.

Stillschweigender Rückzug (FÜNF): Sie haben versäumt, Ihre Hoffnungen und Ihren Hunger nach gegenseitiger Bestärkung und langfristiger Unterstützung offen auszusprechen; betrogen, machen Sie eine Kehrtwende, verinnerlichen Ihre Angst vor Ihrer Wut und verleugnen Ihre Sehnsüchte und Erwartungen vollkommen. Sie sind zu kurz gekommen, und jetzt stirbt und verdirbt die Liebe, die Sie empfunden haben mögen. Sie leugnen ab, daß es Probleme gibt; was Sie glauben, sagen und im Sinn haben, reicht.

Rationalisierung (SIEBEN): Nach der Enttäuschung, die Sie in Ihrer Beziehung erfahren haben, bestreiten Sie den Wert Ihres Partners. Plötzlich «sehen» Sie nur noch die negativen Schattenseiten des anderen und blenden die anderen Eigenschaften aus. So kompensieren Sie

Ihre Idealvorstellung von früher, als Ihre Ambivalenz noch unterdrückt war (eine Haltung, zu der SIEBENER generell neigen), und können nun in einer Weise handeln, die jeden weiteren Kontakt unterbindet. Darauf läuft es meist hinaus, wenn ein Liebesverhältnis oder eine Freundschaft unter Männern, die ihre Gedanken und ihre Arbeit miteinander teilen, zerbricht.

Groll (EINS): Wenn offene Wut untragbar *und* unbestreitbar ist, stellt sich Groll ein; Sie können die Beleidigung weder vergessen noch hinnehmen, noch hinunterschlucken, und ebensowenig können Sie Ihrer Wut Luft machen. Sie sagen sich, Sie hätten es ja gleich gewußt, daß so etwas früher oder später passiert. EINSER verinnerlichen Ärger. Das Bewußtsein verengt und verfestigt sich, um die Narben der uneingestandenen Verletzung zu verbergen.

Rachsucht (VIER): VIERER neigen dazu, ihre Rachegefühle gären und wuchern zu lassen. Wenn sie nicht in Selbstmitleid umschlagen, führen sie in Phantasien von Grausamkeiten oder Racheakten ein Eigenleben. Die Aufmerksamkeit schweift vom tatsächlichen Ereignis ab und konzentriert sich zwanghaft und engstirnig auf denjenigen Menschen, der den Treubruch begangen hat, und seine Schattenseiten. Im Bewußtsein bleibt einzig die eine Schlagzeile hängen, die immer wieder im Kopf herumgeht.

Manipulation (ZWEI): Sie wollen Ihre Rachegelüste nicht wahrhaben und versuchen, Nutzen aus der Situation zu ziehen, indem Sie den zutiefst Verletzten und das arme Opfer spielen.

Zynismus (DREI): Sie verbergen Ihre Enttäuschung durch Liebe, politische Aktivitäten, eine Freundschaft oder Ihre berufliche Tätigkeit, indem Sie den Wert des Partners oder der Beziehung ebenso in Abrede stellen, wie Sie Ihre Trauer und Verlassenheit ableugnen. Frei nach dem Motto «Liebe ist ein Wahn», «Ideale sind etwas für Weichlinge» oder «Therapie ist reine Gehirnwäsche und Selbstbetrug» weichen Sie der Frage nach dem tieferen Sinn des Treubruchs aus, statt sich damit zu beschäftigen.

Selbstbeschuldigung oder das genaue Gegenteil, die paranoide Projektion (SECHS): Beim Bruch einer Freundschaft, der Partnerschaft, der Ehe oder einer Liebesbeziehung suchen und finden Sie stets alle möglichen Beweise für das verständnislose, üble Verhalten des anderen. Von nun an, beschließen Sie, werden Sie kein Risiko mehr eingehen. In Zukunft wird eine Beziehung nur noch mit entsprechenden Treuschwüren und ständiger Rückversicherung laufen.

Selbstbetrug (NEUN): In einer vertrauensvollen Beziehung ist etwas in Ihnen hervorgebrochen, das Sie nie zuvor offen gezeigt hätten: eine Liebeserklärung, ein Gedicht, ein zarter Keim. Zum Zeitpunkt des Treubruchs lassen Sie all diese angeklungenen Saiten wieder verstummen. Sie glauben, daß Sie nur bekamen, was Sie verdient haben; Ihre inneren Regungen und das, was in Ihnen keimte, waren wohl gar nicht so wichtig. NEUNER neigen dazu, ihre innerste Gefühlsreaktion, die Wut, zu verdrängen. Sie stecken den Kopf in den Sand und vermeiden es, ihre eigenen Lebensziele zu verwirklichen, ihren Begabungen gemäß zu leben und sich bewußt zu ihrem Leid zu bekennen.

Was fangen Sie nun an mit diesen Informationen über Ihre Gefühlsreaktionen auf Treubruch sowie die Abwehrmechanismen und Schattenprobleme, die dadurch aktiviert werden? Worin bestehen Aufgabe und Ziel der Wandlung? Was gedenken Sie zu unternehmen? Was Sie ursprünglich als «Treubruch» empfanden, auf den Sie heftig reagierten, wirkt unter Umständen später, in einer weniger emotionsgeladenen Zeit, nur noch als eine einfache Enttäuschung. Enttäuschungen sind zwar schmerzhaft, aber notwendig; alle neun Enneagramm-Typen wurzeln in Illusionen oder in Bewußtseinstäuschungen. Die Desillusionierung kann uns helfen, andere – und uns selbst – so zu sehen, wie sie wirklich sind.

Jetzt wollen wir eine Auswertung vornehmen am Beispiel zweier Freunde, Joe und Bill, die während ihrer Studienzeit in einer Wohngemeinschaft lebten. Später erbte Joe ein Stück Land. Einen Teil davon überschrieb er Bill, der finanziell nichts zu erwarten hatte, aber seine Vorstellungen von einem autarken Leben auf dem Lande teilte. Nach drei Jahren verkaufte Bill seinen Anteil an einen Immobilienmakler. Joe fühlte sich verraten.

Sie werden bewußter, wenn Sie den stürmischen Gemütsregungen widerstehen, die ein ernstes moralisches Problem auslöst, die Enneagramm-Muster identifizieren, die sich bei Ihnen abzeichnen, und damit ringen. Joes Aufgabe (die mit der Ihren übereinstimmt, auch wenn die Umstände anders sind) kann als ein Gehen auf Messers Schneide bezeichnet werden. Er mußte *erkennen*, daß er nicht Verursacher des Treubruchs war. *Das Opfer trifft keine Schuld*. Er mußte den Stimmen von innen und außen widerstehen, die ihm vorhielten, einem naiven Idealismus anheimgefallen zu sein und keine rechtliche Handhabe zu haben, sich verraten zu fühlen, da das Land inzwischen Bills

Eigentum sei. Joe mußte von seinen automatischen Abwehrmechanismen abgehen. Er mußte den inneren Druck aushalten, bis er den Sinn des Verrats als Lektion in seiner derzeitigen Lebensphase verstehen konnte. Er mußte «vergeben», *ohne den Treubruch gutzuheißen und zu unterstützen.* In diesem Fall kam es nicht zu einer Aussöhnung; Vergebung hieß einfach, nicht bei der Sache zu verweilen, um sich nicht selbst zu vergiften. Das läßt sich nicht verallgemeinern und auf alle Treubrüche anwenden. Jede schwierige Situation erfordert eine eigene spezielle und bewußte Antwort.

Gehen wir in unserer Auswertung der Reaktion auf Verrat noch einen Schritt weiter. Warum sollten Sie sich eigentlich mit einem so unangenehmen Spiegelbild befassen, statt mit den schwungvollen, interessanten Seiten Ihres Enneagramms-Punktes! Stress hat zwei Gesichter. Er kann Ihre Abwehrmechanismen verstärken oder Ihnen enthüllen, was sich sowohl in Ihrer Psyche als auch an der äußeren Situation ändern müßte. Verrat ist überraschenderweise eine Hilfe dabei, die Arbeit zu erkennen, die bewältigt werden muß.

Wir alle sehnen uns nach einer vertrauensvollen Beziehung, in der sich beide Seiten so sehen und akzeptieren, wie sie sind, und wo die Wahrheit gesprochen wird und nicht zu erschüttern ist. Diese Hoffnung setzen wir in unseren besten Freund, unseren Ehepartner, unseren Therapeuten. Wenn sie uns nicht so sehen, uns falsch einschätzen oder unsere Qualitäten nicht zu würdigen wissen, wenn Versprechen nicht eingelöst werden und ein gegebenes Wort gebrochen wird, dann fühlen wir uns bitterlich betrogen. Es ist schon paradox: Treue und Verrat gehen oft Hand in Hand. Die uns verraten, sind nicht etwa Feinde oder Fremde, sondern diejenigen, mit denen wir ein Vertrauensverhältnis eingehen können – Eltern, Freunde, Liebhaber, Ehepartner.

Der Jungsche Psychoanalytiker James Hillman ist der Auffassung, daß das Urvertrauen als eine Illusion von der Welt gebrochen werden muß, nicht bloß abgelegt. Das gebrochene Versprechen oder Vertrauen kann zum Durchbruch zu einer anderen Wirklichkeitsebene verhelfen, sofern negative Reaktionen überwunden werden.

Nachdem wir uns mit den Illusionen unserer Ich-Strategie befaßt haben, erleben wir unsere Situation vielleicht als von einer höheren Macht bestimmt, einem Gott innen oder außen, der uns ebenfalls zu verraten scheint. Die darin liegende symbolische Bedeutung erforscht Hillman anhand der biblischen Geschichte vom dreimaligen Verrat an

Jesus: durch Judas, durch Petrus und schließlich durch Gottvater selbst. In dem Augenblick, in dem Gott ihn fallenläßt, wird Jesus ganz Mensch, dessen angestochener, verwundeter Seite der Quell des Lebens entströmt, Gefühl und Empfinden, was später in den christlichen Mysterien gefeiert wurde.[6] Wenn es den Anschein hat, als seien die inneren Möglichkeiten in weite Ferne gerückt, stellt sich heraus, daß sie direkt vor uns liegen.

Treubruch, eine Möglichkeit, mit der immer gerechnet werden muß, gehört zur Treue wie der Zweifel zum Glauben. Er ist ein Kernelement der Geschichte von Abraham und die Wurzel dreier Weltreligionen – des Judentums, des Christentums und des Islam. Die Literatur, die uns am tiefsten bewegt und unsere Lebensenergie weckt, behandelt meist schwierige Fragen und Entscheidungsmomente. Indem wir uns mit den Fragen unseres eigenen Lebens auseinandersetzen, gehen wir auf eine Bewußtseinsebene über, die sich ebenso stark von unserem Normalbewußtsein unterscheidet wie das Wachen vom Schlaf.

Bewußtsein entfaltet sich und durchläuft verschiedene Stufen, von der «Unbewußtheit» des Urvertrauens über den Verrat, die Vergebung des Verratenen und die Buße des Verräters bis hin zur Aussöhnung beider Seiten mit dem Ereignis, wenn auch nicht unbedingt miteinander.[7] Bei aller Negativität gibt ein Treubruch eine Lektion auf, die eng mit unserem Bemühen um Erwachen verbunden ist.

Wir mögen die Ansicht bestreiten, daß Treubruch eine Erfahrung ist, die für einen Bewußtseinswandel notwendig ist. Verrat kann, wie alle verheerenden Krisen im Menschenleben, ein Signal sein, das uns aus dem Schlaf weckt, aber wenn zuvor keine Traumarbeit geleistet wurde und auch andere Aufgaben des Normalbewußtseins unerledigt geblieben sind, stellen wir den Wecker ab und versinken wieder in den unserem Enneagramm-Zustand entsprechenden Schlaf. Andererseits können wir auch ohne das Wecksignal aufwachen, wenn wir die Aufgabe der Veränderung übernommen und ausgeführt haben, wie in Teil I erläutert wird.

Teil II

«Werde der Mensch, der nur du sein kannst»

Kapitel 4

Transformiere deinen Schatten

Depressionen, Angst und Ärger oder Wut betrachten wir normalerweise als negative Gefühle. Besser gar keine Gefühle haben, als mit solchen Empfindungen fertig werden zu müssen. Wir betäuben unsere Schmerzen mit Arbeit. Wir flüchten uns in Fernseh-, Alkohol- und Drogenkonsum oder Abhängigkeitsverhältnisse. Nur selten erwägen wir, daß diese dunklen, schwierigen Gefühle auch einen Wert und Nutzen haben könnten.

Leichte und mittelschwere Formen von Depression, Angst und Ärger oder Wut signalisieren das Bedürfns nach mehr Aufmerksamkeit. Sie geben uns zu verstehen, daß etwas unternommen werden muß. Gelegentlich auftretende schwere emotionale Störungen – lähmende Depressionen, bedrückende Angst und kalte Wut – machen meist zusätzliche Hilfe von außen erforderlich, ehe der oder die Betreffende selbst aktiv werden kann.

Heute können Gedächtnis- oder Gehirnforscher bestimmte Fehlfunktionen in der Chemie des Gehirns feststellen und mit einer ganzen Reihe von Geisteszuständen, von Depressionen bis hin zu Liebesgefühlen, in Verbindung bringen.[1]

Von ebensolcher Bedeutung ist jedoch das wachsende Verständnis davon, wie wir Menschen spürbare Veränderungen in unserer Körperchemie interpretieren und wie wir darauf reagieren. Zum Beispiel ist Angst ein komplexer Geisteszustand, der aus verschiedenen Quellen gespeist wird – sowohl durch Prozesse in den Zellen als auch durch äußerere Ereignisse. Wir suchen nach Gründen, warum wir so fühlen, wie wir fühlen. Diese Mutmaßungen sind oft irreführend und können sich zerstörerisch auswirken, wenn sie sich zu Phobien auswachsen.

In ähnlicher Weise neigt ein depressiver Mensch dazu, die Bedeutung von Ereignissen in Bausch und Bogen zu verallgemeinern, Schwarzmalerei zu treiben und das Empfinden zu haben, hilflos der Zukunft ausgeliefert zu sein. Dieses Gefühl der Hilflosigkeit haben sowohl endogene (durch eine Fehlfunktion des Gehirns verursachte) wie situationsbedingte Depressionen gemeinsam. Die «erworbene Hilflosigkeit» von Leuten, die unter Depressionen leiden (in den Vereinigten Staaten sind es heute etwa acht Millionen Menschen täglich) läßt interessante Schlüsse zu. Einer der Hauptfaktoren für eine Depression ist eine schlechte Ausbildung, die ein niedriges Einkommen zur Folge hat und so eine finanzielle Absicherung unmöglich macht. Damit ist eine ausweglose Situation gegeben in einer Gesellschaft, die den materiellen Wohlstand als Ziel anpreist.[2]

Die Lösung heißt Bildung, Geld und Wahlfreiheit.

Unterwerfung und Depression transformieren

Im Enneagramm-Modell setzt das Entkommen aus der Enge eines Programms voraus, sich mit einer unangenehmen Wirklichkeit auseinanderzusetzen. Die schwierigen Gefühle sorgen nicht nur dafür, daß dies möglich ist; sie sind der Auslöser. Innerhalb der Programme der Unterwerfung und Depression zum Beispiel findet die ZWEI einen Sinn darin, den Bedürfnissen «anderer», des Partners oder eines höheren Ziels, zu dienen. Tritt durch Tod, Scheidung oder Bruch einer Beziehung ein Verlust ein, sinkt der ZWEI das Herz, und sie wird mutlos. Das Nest leert sich, und das Leben im Dienst am anderen verliert seinen Sinn. Die Depression bringt einen Stillstand mit sich. Eine neue Beziehung oder ein neues Ideal sind nicht so schnell zu finden. Die qualvolle Erkenntnis der eigenen Not tritt in den Vordergrund, und dabei zeichnet sich unter Umständen auch ein Weg aus dem Verhaltensmuster heraus ab. Er muß nicht unbedingt eingeschlagen werden, aber die darauf verwendete Zeit und der Umstand, daß die normale Energie nicht mehr zur Verfügung steht, eröffnen diese Möglichkeit.

Auf ähnliche Weise ist der einzige effektive Einschnitt im Leben einer erfolgreichen, überaktiven DREI ein unvermeidbarer Fehlschlag. Eine begehrte Aufgabe, ein ersehntes Ziel muß sich zerschlagen haben oder ein persönlicher Mangel bloßgestellt worden sein. Mit dem Fehlschlag stellen sich Depressionen und Selbstzweifel ein. Dadurch kann die persönliche Leistungssucht plötzlich nachlassen und eine neue Perspektive gefunden werden – sofern der Wert des Fehlschlags in dieser Weise erkannt wird. Die depressiven, enttäuschten Gefühle stellen Lebensführung und Wertvorstellungen in Frage.

In der Melancholie des VIER-Programms kommt eine chronische Sucht zum Ausdruck. Eine suchtbedingte Depression (Melancholie) unterscheidet sich deutlich von echten Gefühlen wie Trauer und Kummer. Suchtbedingte Depressionen können Tatsachen verschleiern, das Gefühl des Gefährdetseins dämpfen, Faulheit entschuldigen, die Zeit verrinnen lassen und in verschiedenster Hinsicht wie ein pharmazeutisches «Beruhigungsmittel» wirken. Sie können einen Zustand erzeugen oder aufrechterhalten, den wir nicht wahrhaben wollen. Aber sie verkörpern auch die mühsame Bewältigung eines möglicherweise verheerenden Verlustes in früher Kindheit. Aus dieser Zusammensetzung erklärt sich die Vorstellung, etwas Besonderes zu sein, das man nicht so leicht aufgeben will. Wenn bei einem Rollenkonflikt oder beim Bruch einer Beziehung die Selbstachtung absinkt, kann daraus eine echte Depression entstehen. Sobald das elitäre Selbstbild in Scherben liegt, werden bei der VIER die normalen menschlichen Schwächen sichtbar. Die echte Depression rührt an den alten, unbewältigten Kummer und vergrößert ihn noch. Dennoch besteht zugleich die Möglichkeit, schließlich doch zur Einsicht zu kommen und auszuführen, wozu dieser Kummer auffordert. Der Ausweg wird nicht leicht akzeptiert.

Angst transformieren

Wir befinden uns immer am Rande der Angst und wissen, daß unser Körper auf eine mögliche Gefahr mit erhöhter Wachsamkeit reagiert. Wir sammeln die entsprechenden Informationen und konzentrieren uns mit allen Mittel darauf zu reagieren – oder zu flüchten, falls nötig.

Das FÜNF-Programm läßt uns nach Grenzen und Einschränkungen im Kontakt mit der Außenwelt suchen. Die Sucht nach Anhäufung von Wissen ist unstillbar. Sie übersteigt alle Sicherheitserfordernisse. Eine Krise entsteht, wenn das erlangte Wissen sich als nutzlos erweist. Dann stellt sich kalte Angst vor der Leere ein. Sie beginnt klein und unauffällig – mit Unausgefülltheit, Gedächtnisverlust oder einem Gefühl der Sinnlosigkeit und Konzentrationsschwäche. Diese Schwächen können kurzzeitig auftreten oder Jahre anhalten wie bei der chronischen Schizophrenie. Die normalen Abwehrmechanismen versagen angesichts der namenlosen, unbekannten Bedrohung. Wir bilden uns ein, die Leere würde Desintegration, Vernichtung und Tod bedeuten. Dabei weist unser Entsetzen auf diese Leere als den einzigen Ausweg. Nur wenn wir den Mut aufbringen, in den gefürchteten leeren Raum einzutreten, stoßen wir auf die fruchtbare Leere – jenen Raum, den die Taoisten und Künstler als Quelle kreativer Lösungen kennen. Diese Schwelle zu überschreiten fällt schwer.

Die Angst des SECHS-Programms kreist um Abweichung vom Durchschnitt. Alles, was die SECHS von anderen trennt, macht sie zur Zielscheibe für Eifersucht, Wut, Kritik und anderes, was sie fürchtet. Dabei reifen wir nur zu erwachsenen Menschen heran, wenn wir unsere eigenen Möglichkeiten zur Selbständigkeit ausschöpfen. Die Kraft dazu gewinnen wir bei der Erforschung unserer latent vorhandenen Ängste. Sie wächst, wenn wir das Risiko eingehen, von dem Emerson in seinem Essay über das Selbstvertrauen spricht, wo er uns anempfiehlt, die Wahrheit zu sagen, um nicht bereuen zu müssen, etwas unausgesprochen gelassen zu haben, und es später von anderen zu hören. Wir müssen die Wahrheit sagen und in einer Weise handeln, die mit unseren eigenen Einsichten übereinstimmt. Wir müssen Fehler und Verluste riskieren und es auch darauf ankommen lassen, daß wir als Dumme dastehen. Das ist der Weg zur Selbstverwirklichung.

Ähnlich verhält es sich mit den endlosen, durch Manipulation herbeigeführten Ablenkungen des SIEBEN-Programms, die nur aufhören, wenn wir in unserem Leben von schweren Schmerzen heimgesucht werden. Diese Schmerzen können körperlicher, emotionaler oder geistiger Art sein. Sie konzentrieren die Aufmerksamkeit auf uns selbst wie nichts sonst. Bei dieser Konzentration können verschiedene Bedeutungsebenen der Schmerzen erkannt werden. Einige davon stellen die kontrollierenden Verhaltensmuster der SIEBEN unmittelbar in Frage. Sie kommt nicht um eine Auseinandersetzung mit dem Kern der Angst herum. Das ist der Preis, der für die Verwandlung zu zahlen ist.

Ärger und Wut transformieren

Ärger und Wut sind uns allen bekannt. In den hebräischen Schriften sagt Jahwe, der Gott Israels: «Möge meine Güte meinen Zorn überwiegen.» Ärger und Wut bestärken uns darin, uns auf das zu konzentrieren, was einer Änderung bedarf. Sie verleihen uns auch die nötige

Kraft dazu. Die entsprechenden Enneagramm-Programme bieten drei Methoden des Umgangs mit dieser Urgewalt an. Im ACHT-Programm verleiht Wut die Macht, Gerechtigkeit und Vergeltung zu üben. Problematisch ist die Unausgewogenheit eines angemaßten «Gerechtigkeitssinns». Paradoxerweise kann die Wut nur dann, wenn die ACHT ihre eigene Schwäche begreift, in die richtigen Kanäle geleitet werden.

Das NEUN-Programm dient der Konfliktvermeidung. Eine NEUN sieht so viele Aspekte einer Situation als gegeben an, daß im einzelnen nichts davon ihr wert erscheint, ihre Wut daran auszulassen. Aber das Leben macht sorfältiges Entscheiden und Handeln erforderlich. Wenn die NEUN ihre Wut gezielt einsetzt, kann sie die Kraft gewinnen, ein sinnvolles Leben zu führen.

Die EINS macht einen ganz anderen Gebrauch von ihrer Wut. Bei ihr tritt sie in Gestalt von Groll auf, den sie weder abbauen noch ausdrücken kann. Nichts geschieht, es sei denn, die EINS geht richtig mit ihrem Unmut um. Dazu gehört, daß die Wut spontan und offen zum Ausdruck gebracht wird – etwas, das durch das EINS-Programm gerade vermieden werden soll. Ein Ausstieg aus diesem Programm setzt also ebenfalls wieder die Auseinandersetzung mit dem voraus, was stets umgangen wird.

Die richtige Nutzung von Gefühlen hat tatsächlich eine Schlüsselfunktion und zeigt an, welche Arbeit geleistet werden muß. Wenn die Emotionen richtig funktionieren, helfen sie uns, unsere Bedürfnisse zu befriedigen, und dann klingen sie ab. Die chronisch vorhandenen Gefühle vergehen nicht, weil sie nicht das richtige Mittel sind, um die nötige Arbeit zu leisten. Wir brauchen eigentlich ein anderes Gefühl, aber es fehlt in dem Programm, das wir befolgen.

Wie Gefühle funktionieren

Jedes Gefühl setzt einen Reiz voraus, auf den wir reagieren, indem wir ihm unsere Aufmerksamkeit zuwenden. Wir stellen fest, ob es möglicherweise bedrohlich oder aber befriedigend sein könnte, und treten normalerweise daraufhin in Aktion. Unser Körper reagiert auf starke Gefühle ganz unterschiedlich. Unser Gesicht verändert sich und spiegelt das Gefühl wider; wir atmen tiefer und pumpen mehr Sauerstoff in unsere Lungen; wir drücken das Gefühl durch Töne aus. Wenn wir ein Gefühl in uns aufwallen lassen, stöhnen, schreien, lachen, kreischen oder grunzen wir. Auf dem Höhepunkt schließlich macht sich eine reflexive Bewegung in unserer Wirbelsäule bemerkbar. Ein starkes Beben durchläuft die Wirbelsäule und löst die ruckartige Beckenbewegung des Orgasmus aus, das Würgen beim Erbrechen, das Beben vor Wut oder die angsterfüllte Flucht.

Wir müssen unseren aufwühlendsten Gefühlen – Wut, Entsetzen, Trauer, Sexualität und ausgelassene Heiterkeit – freien Lauf lassen, damit sie abklingen. Es ist so, als würden sie unseren Körper vergiften, wenn sie zurückgehalten werden. Nicht alle Gefühle sind derart intensiv. Sie finden ihren Ausdruck auf eine weniger umfassende Art, die manchmal nur in einem Zucken der Wangenmuskeln oder in einem Augenzwinkern besteht. Wird allerdings irgendein Gefühl chronisch blockiert, wirkt sich das so aus, als wäre ein Abflußrohr verstopft; alle Gefühle kommen nur noch mit Mühe durch, und die unausgedrückten Gefühle stumpfen uns körperlich und geistig ab.

Das Blockieren von Gefühlsreaktionen

Stellen Sie sich einmal vor, wie es aussieht, wenn ein Junge versucht, seine Tränen zurückzuhalten: Er versteift die Schultern, kneift den Mund zusammen, drückt das Kinn herunter, wagt kaum zu atmen und reißt die Augen auf, damit keine Tränen herausquellen. Erscheint es uns aus irgendwelchen Gründen als gefährlich, eins oder mehrere Gefühle zum Ausdruck zu bringen, blockieren wir die Bewegung unserer Wirbelsäule, halten den Atem an, verhalten uns lautlos und setzen eine starre Miene auf. Wenn wir das über längere Zeit hinweg tun, setzen sich die Blockierungen in unseren Muskeln und im Bindegewebe fest. Die Folge davon ist, daß wir durch Unterdrücken eines einzigen Gefühls immer größere Schwierigkeiten haben, überhaupt zu fühlen und den Gefühlen ihren Lauf zu lassen. Sie bedienen sich alle der gleichen Körperbahnen. Eine Normalisierung entlastet den Körper.

Spontane Gefühle sind eine Sache, deren Ausdrucksform eine andere. Ebenso wie wir einen Garten von Unkraut befreien, wässern und düngen müssen, so müssen wir auch Gefühle kultivieren, damit sie ihre Macht entfalten können. Gefühle entwickeln sich auf einem entsprechenden Boden, in der Vielfalt von Situationen, zu denen sie jeweils gehören. Indem wir unsere Gefühle ordnen und unangebrachte, fehlgeleitete Gefühle aus den Bereichen unseres Lebens, in die sie nicht hineingehören, ausmerzen, bekommen wir ein besseres, feineres Gespür für das, was vor sich geht, und wie wir darauf reagieren sollten.

Eines der Enneagramm-Unkräuter, das die Gefühle überwuchert, ist die Sucht nach «Highs», nach Reizüberflutung mit begehrten Gefühlsregungen. Zum Beispiel suchen Leute häufig nach Vorkommnissen, an denen sich ihre Wut nähren kann, und Wutausbrüche sind sehr anstekkend. Um Gefühle zu kultivieren, muß man lernen, welche ausgesondert werden müssen, und Suchtgefühle sind die naheliegendsten Kandidaten. Die Sucht nach Hochgefühlen bei Sex, Gewalt, Terror und diversen destruktiven Beziehungen überdeckt feinere Gefühle dafür, daß eine Befriedigung erreicht, ein Bedürfnis gestillt ist. Sie will einen Augenblick in der Zeit festhalten, statt dem natürlichen rhythmischen Fluß eines Gefühls Raum zu geben. Wie die physische Befriedigung einer Drogen- oder Alkoholsucht erfordert die emotionale Übersättigung immer stärkere Reize, um den gleichen Effekt zu erzielen. Ein wachsender Hunger nach Gewalt und Sexualität ist nur ein grober Ersatz für kultivierte Gefühle. Andere emotionale Süchte wirken wie Beruhigungsmittel oder verheißen einen Fluchtweg.

Die Verhaltensnormen, die die Menschheit seit Anbeginn der Zeit erfindet, sind zweifellos durch das Urteil begründet, daß Gefühle angemessen zum Ausdruck kommen müssen, um ihren Zweck zu erfüllen. Dennoch stellen wir in unserer Angst vor emotionalen Situationen, denen wir nicht gewachsen sind, nicht nur bewußte Verhaltensnormen auf, sondern bedienen uns auch der unbewußten Enneagramm-Abwehrmechanismen, die der Erkenntnis entgegenwirken, welche Gefühle wirklich vorhanden sind.

Projektion und Transformation

Projektion ist eine weitverbreitete und komplexe Reaktion: ein bestimmtes Gefühl im eigenen Innern wird abgeleugnet und so empfunden, als ginge es von dem anderen Menschen aus. Es ist wie im Kino, wenn wir den Filmprojektor vergessen und mit gesammelter Aufmerksamkeit den Bildern folgen, die auf der Leinwand erscheinen.

In der Projektion nehmen wir diese Gefühle in unserem Innern, die wir nur schwer ausmachen und akzeptieren können, weder wahr, noch wollen wir sie direkt äußern. Der andere aber hat stets irgendeinen kleinen «Haken», an dem wir das projizierte Gefühl aufhängen können. Das Vorhandensein dieses Aufhängers ermöglicht es uns, dessen Offenkundigkeit zu übertreiben und unsere eigenen, genau dementsprechenden Eigenschaften zu ignorieren.

Da leiht sich zum Beispiel Paul das Auto seines älteren Bruders Bill und fährt eine Beule in einen Kotflügel. Bill ist verärgert (der Haken). Wenn Paul nun seine eigene eifersüchtige Wut auf Bill projiziert, übertreibt er dabei dessen sichtbare Verärgerung und erlebt seinen Bruder als jemanden, der ihn haßt und ihn vor seinen Freunden herunterputzen will. So kann er seine Ansicht rechtfertigen, daß Bill selbstsüchtig ist und keine Entschuldigung verdient hat, geschweige denn Schadenersatz. In diesem Fall braucht sich Paul auch nicht seine eigene eifersüchtige Wut bewußt zu machen und sich damit auseinanderzusetzen.

Jetzt kommt einer der wesentlichen Charakterzüge des Menschen ins Spiel. Wir scheinen einen Erkenntnisdrang zu haben, der uns nach der Wahrheit suchen läßt. In gewissen Phasen unserer inneren Entwicklung ist dasselbe Unbewußte, das die Projektionen ausgelöst hat, auch darum bemüht, sie zu korrigieren.

Fünf Schritte zum Abziehen von Projektionen

1. *Projektion:* Wir glauben, das, was wir glauben, sei so und nicht anders.
2. *Verleugnung von Zweifel:* Ein paar Informationen sind nicht ganz schlüssig, aber um so lauter und lärmender bestehen wir darauf, daß es so und nicht anders ist.
3. *Erkenntnis:* Wir werden «klein und häßlich» und beschuldigen uns selbst wegen unserer falschen Wahrnehmung.
4. *Einfühlungsvermögen:* Wir können den Standpunkt des anderen einsehen.
5. *Assimilation:* Wir ändern uns, um der Komplexität von mehrdeutigen Gefühlen über etwas oder jemanden Raum zu geben.

Bei diesem Gang der Ereignisse ist die Projektion (unser unerschütterlicher Glaube, das, was wir glauben, sei so und nicht anders) der erste Schritt zur Assimilierung unangenehmer Informationen. Wir brauchen diese Informationen, aber wir müssen sie erst abändern, um sie verdauen zu können. In dieser Phase gehen wir davon aus, daß *der andere* derjenige ist, der sich ärgert, dem nicht zu trauen ist und der jeden Vorteil nutzen wird, um uns herunterzuputzen (oder der ein anderes schwieriges Gefühl äußert, das wir in uns selbst nicht wahrhaben wollen).

Irgendwann wird uns dann klar, daß nicht jeder den anderen so sieht wie wir, oder uns fällt auf, daß wir anscheinend einen bestimmten Personentyp immer auf die gleiche Art einschätzen. Wir fragen uns, ob wir vielleicht durch eine bestimmte Brille gucken.

Kate kam als junge Sozialarbeiterin auf den Gedanken, daß sie junge, unverheiratete Mütter vielleicht zu sehr unter Druck setzte, ihre Kinder zur Adoption freizugeben. Möglicherweise stand dies eher im Zusammenhang mit den ungelösten Problemen, die sie mit ihrer eigenen Mutter hatte als mit ihren Klienten.

Mickey trat in die Armee ein, wo er zum erstenmal in seinem Leben Umgang mit Schwarzen hatte, und er fragte sich auf einmal, ob wohl all das stimmte, was er sich über sie zusammengereimt hatte.

Diese zweite Phase ist nicht gearde angenehm. Schließlich hängen wir an unserer Auffassung; wir wollen nicht zugeben, daß wir uns geirrt haben könnten. Wenn wir ein besonderes Feingefühl für unseren Körper besitzen, werden wir vielleicht sogar das Empfinden haben, als müßten wir uns erbrechen. Es erfordert Mut und Integrität, bei dem schwierigen neuen Gefühl zu bleiben.

Leichter wird es erst, wenn wir uns in andere hineinversetzen können und versuchen, deren Situation aus ihrer eigenen Sicht zu verstehen. Dann können wir den nächsten Schritt zur Erkenntnis tun: Was wir geglaubt haben, existiert gar nicht so, wie wir dachten. Die bekannte Schweizer Psychoanalytikerin Marie Louise von Franz, die ausführlich über das Thema Projektion geschrieben hat, sagt, daß wir in dieser Phase «klein und häßlich» werden. Wir sind peinlichst berührt. *Du meine Güte! So etwas Schreckliches habe ich die ganze Zeit gemacht! Wahrscheinlich hat jeder mitbekommen, daß ich derjenige war, der wütend und aggressiv war, und nicht er. Wie konnte ich nur so blind sein?* Wir sind spürbar bestürzt und fühlen uns wie ausgehöhlt.[3]

Beim letzten Schritt, der Assimilierung, wird uns bewußt, daß die Gefühlsregung, die wir auf den anderen projiziert haben, unsere eigene ist. Sowie dies geschieht, vollzieht sich eine Veränderung in uns, denn nun müssen wir der Komplexität und Spannung von mehrdeutigen Gefühlen Raum geben: Wir können zugleich liebevoll und wütend sein, verärgert und angsterfüllt und andere widersprüchliche Gefühle hegen. Die Welt der Gefühle ist nicht länger schwarzweiß. Sie bekommt eine interessante Struktur und Fülle.

Sobald Kate ihre Projektion aufgab, daß ledige Mütter sich an ihre Kinder klammerten, obwohl die Kleinen bei Adoptiveltern besser aufgehoben wären, konnte sie endlich ihr persönliches Problem erkennen: wie sie sich von ihrer eigenen Mutter abnabeln und einen eigenen Standpunkt einnehmen konnte, ohne für diese Trennung den falschen Weg von Haß und Ablehnung einzuschlagen. Sie sah ein, daß sich die unverheirateten Mütter nicht alle von ihren Kindern trennen mußten. Jede Mutter hatte Schwierigkeiten ganz eigener Art, die von ganz eigenen Gefühlen begleitet waren.

Als Mickey seine Projektionen über Schwarze aufgab, konnte er sie als Menschen mit den gleichen Bedürfnissen und dem Verlangen nach Anerkennung erleben.

Wenn wir uns kennen und wissen, daß wir Menschen sind, die selbstgerecht sein können, die oft in blinder, haßerfüllter, angstvoller und sonstwie untragbarer Art handeln, können wir erstaunlicherweise auch toleranter werden und die gehemmten, beschränkten, sich irrenden Leute um uns herum akzeptieren. Wir vergeben uns. Wir gewinnen die Kraft zurück, die bei der ursprünglichen Projektion verlorenging, und sind wieder neugierig auf das und interessiert an dem, was geschieht – ohne alles durch die eigene Brille zu betrachten.

Das Enneagramm als Weg zu Integration und Transformation

In dem Maße, in dem wir unsere Projektionen und verzerrten Sehweisen durchschauen, lockert sich unsere Programmierung. Es fällt uns leichter, das Bezugssystem anderer Menschen zu verstehen. Wir haben mehr Einfühlungsvermögen für ihre Ansichten und nähern uns einem komplexeren, tieferen Verständnis der objektiven Wirklichkeit. Flannery O'Connor sagt dazu: «Alles, was aufsteigt, muß konvergieren.» Die Abbildung veranschaulicht diese Bewegung auf den Integrationspunkt eines einzigen Bewußtseins zu, der dem Omega-Punkt von Teilhard de Chardin entspricht. Umgekehrt entfernen wir uns um so mehr voneinander, je mehr wir in unseren Emotionen festsitzen.

Der Kampf gegensätzlicher Gefühle

Manche Situationen können einen Wirrwarr von Gefühlen auslösen, die uns bisweilen zutiefst entsetzen. Wenn zum Beispiel jemand stirbt, der uns nahegestanden hat, fällt es uns recht schwer, uns auch zu dem Zorn, Groll oder gar Abscheu zu bekennen, den wir außer Trauer empfinden. Dabei sind das normale Gefühle bei einem Verlust. So haben wir vielleicht den sehnlichen Wunsch, den geliebten Menschen zurückzuholen und auszuschimpfen, weil er uns verlassen hat. Ganz gleich, wie irrational und unangemessen das auch erscheinen mag, wenn der Druck dieser

Gefühle nicht spürbar wird und sich lösen kann, kommen wir nicht von der Stelle. Das gleiche kann passieren, wenn eine Beziehung zerbricht. Selbst in die zarten, liebevollen Gefühle von Eltern für ihr Kind kann sich Feindseligkeit oder gar Haß hineinmengen. Die Gefühle, die in uns erwachen, wenn wir Eltern werden, haben viel gemeinsam mit den Gefühlen, die unsere eigenen Eltern und andere Familienmitglieder früher bei uns bewirkt haben. Das kleine Kind kann bei den Eltern Besitzgier, Eifersucht und Widerwillen gegen die Ansprüche auslösen, die es lautstark stellt. Die Aufgabe besteht darin, diese Gefühle zuzulassen, zu tolerieren und zu kanalisieren, statt sie zu leugnen.Das Wechselspiel von Emotionen, wie wir es auf der individuellen Ebene im Enneagramm finden, läuft auch bei Gruppen- und Gemeinschaftsprozessen ab, es erfordert einen ähnlichen Preis und birgt die Möglichkeit einer Lösung in sich.

Transformation ist der Kern einer vierten Strategie für den Umgang mit Bedrohungen. Sie ist eine kunstvolle, menschliche Alternative zu den Enneagramm-Strategien Kampf, Flucht und Unterwerfung. Und sie ist absolut notwendig bei der Auseinandersetzung mit dem Schatten, sowohl im persönlichen wie im kollektiven Bereich.

Ebenen des Konflikts und der Transformation

Geschicklichkeit im Bereich von Politik und Konfliktlösung kann erworben werden. Die Spalte der Transformationsstrategien geht von mehreren Erkenntnissen aus. Erstens ist jede Beziehung umkehrbar. Was wir über «sie» sagen, können sie über «uns» sagen und umgekehrt. (Dies ist eine Variante für die Zurücknahme von Projektionen. Was uns an anderen ärgert, ärgert sie an uns.) Wir ziehen uns die Schuhe unserer Kontrahenten an und nehmen deren Standpunkt ein.

Zweitens halten wir nach Gegensätzen beim Kontrahenten oder bei der gegnerischen Gruppe Ausschau – und bei uns selbst oder unserer eigenen Gruppe. Wenn ein starkes Gefühl vorhanden ist, dann ist auch ein Gegensatz nicht weit: Liebe und Haß, Wut und Angst, Freude und Leid, Selbstbeherrschung und Impulsivität, Selbstgerechtigkeit und Schuldgefühle, geringe Selbstachtung und Überheblichkeit. Wenn jemand Haß und Wut zum Ausdruck bringt, können wir daran auch seine Liebe und seinen Wunsch nach einer Beziehung mit dem Menschen ablesen, über den er so aufgebracht ist. Nur allzuoft stoßen wir

Ebenen des Konflikts und der Transformation

Konfliktbereich	**Abwehrmechanismen**	**Transformationsstrategie (Klärung der Projektion, dann Verhandlung)**
Innerpsychisch: Schlag für die Selbstachtung	Ableugnen, Rationalisieren, Projizieren, Verdrängen	Keine Abwehr, sondern Nachdenken und Änderung des Standpunkts, Information akzeptieren – führt zu Einbeziehung und Transformation.
Interpersonal: selbst gegen andere	1. Wut und Kampf. 2. Angst und Flucht. 3. Unterwerfung und Depression.	Änderung des Standpunkts, Rollentausch; in jede starke Emotion auch deren Gegensatz einschließen; auf das achten, was nicht einbezogen wird – dadurch Möglichkeit der Konflikttransformation und Verhandlung.
Innerhalb der Gruppe: wahre Gläubige gegen Sündenböcke und Rebellen	1. Kampf. 2. Flucht und Verlegung auf einen äußeren Feind; «wir» einigen uns, indem wir «sie» bekämpfen. 3. Unterwerfung unter den «Gruppengeist»; Unterdrückung der eigenen Zweifel und Informationen	Änderung des Standpunkts; *Cui bono?* (Wem nützt es? Welche Interessen stecken dahinter?) Einschätzen von Zweifeln und Mehrdeutigkeiten – dadurch Möglichkeit der Konflikttransformation und Verhandlung.
Zwischen Gruppen/ international: «wir» gegen «sie»	1. «Vor Gericht mit ihnen!»; Kriegserklärung. 2. Kampf gegen einen unbedeutenden Verbündeten des Gegners. 3. Gesichtsverlust.	Feststellen von Gemeinsamkeiten, gemeinsamen Bedrohungen; Anerkennen der wechselseitigen Beziehungen; dessen, was *nicht* geschieht. Vielfalt der Werte – dadurch Möglichkeit der Konflikttransformation und Verhandlung.

die Sache oder die Person, die wir am meisten begehren, von uns, aus Angst, sie nicht zu bekommen oder sie, wenn wir sie haben, nicht halten zu können. Eine heftige Bemerkung lädt zu einer gründlichen Untersuchung ein. «Laß mich in Ruhe» verdeckt häufig ein «Geh nicht weg», ebenso wie sich hinter «Alles ist bestens» ein «Es läuft nicht so gut» verbergen mag. Wenn etwas zum Vorschein kommt, erscheint früher oder später, unter Umständen in einem anderen Zusammenhang, auch das genaue Gegenteil davon.

Diese Gegensätze sind grundlegende Energien. Jede Enneagramm-Strategie schließt Gegensätze mit ein (wie etwa das Perfektionsstreben der EINS, dem der Groll über fehlende Perfektion gegenübersteht, oder die Hilfsbereitschaft der ZWEI, bei der gleichzeitig die eigenen Bedürfnisse außer acht gelassen werden). Wir können alle Begleitumstände eines Konflikts untersuchen und in Erfahrung bringen, wie die Gegensätze funktionieren, was sie bewirken und wer davon Nutzen hat.

Drittens schenken wir auch alldem Beachtung, was gar nicht geschehen ist, was nicht gesagt und nicht getan wurde. Unverhohlene Ableugnung und Abwesenheit sind zwei Formen der Negation.

Diese drei Handlungsmöglichkeiten, die zu einer Transformation des Konflikts führen, setzen die Bereitschaft voraus, sich rückhaltlos und unmittelbar mit dem aufgetauchten Problem auseinanderzusetzen. Aber oft ist es schon schwierig, Gruppen dazu zu bewegen, den ersten Schritt zu unternehmen und sich zusammenzusetzen. Politisches Geschick heißt, erst eine Sache auszuprobieren, dann eine andere und herauszufinden, was brauchbar ist. Manchmal gehört dazu auch die Kunst, eine Gemeinschaft zu organisieren.

Die Geschäftswelt hat einige Methoden zur Konfliktlösung entwikelt, die es verdienen, in einem größeren Maße bekannt zu werden. Mit Hilfe von Techniken wie Gruppenkoordination und Tonbandaufzeichnungen werden die Vertreter der verschiedenen beteiligten Parteien zu Problemlösungen bewogen und neue Ideen in die Unternehmenskultur eingebracht. Ein weiteres, sehr wirkungsvolles Mittel ist die «Single-Text-Verhandlung», die Gegnern hilft, einen für beide Seiten annehmbaren Kontrakt oder Vertrag zu schreiben. Von Chefetagen bis hin zu sowjetisch-amerikanischen Gipfeln hat diese Technik bewirkt, daß gegnerische Standpunkte zugunsten einer vermittelnden Kooperation zur gemeinsamen Problemlösung aufgegeben wurden.

Gegensätzliche Machtinteressen in ein gemeinsames Interesse für die Problemlösung zu verwandeln ist nicht einfach. Wir müssen gewillt sein, mit Worten zu kämpfen und nicht mit Waffen oder Sabotage. Satt einander in Stücke zu reißen, hören wir genau zu, gehen Schritt für Schritt voran und warten einen Konsens für Handlungsmaßnahmen ab. Wir nehmen uns die Einzelteile eines Konflikts vor und achten auf mögliche Verbindungen. Während die anstehenden Fragen abgehandelt werden, müssen wir mit den eigenen Gefühlen von Wut und Verzweiflung, Täuschung und Verrat fertig werden. Wenn wir durchhalten und uns mit diesen Emotionen auseinandersetzen, statt sie als Endzweck zu betrachten, ergibt sich die Lösung.

Enneagramm-Führungstypen

Bei der Integration orientiert sich der für Veränderung und Ganzheit nötige Führungstyp nicht unbedingt an führenden Machtpersonen, denen an Dominanz und Kontrolle gelegen ist (die EINS-, DREI- und ACHT-Strategien), sondern er muß sich auf Anregungen von Leuten hin entwickeln, die im Bereich der zwischenmenschlichen Beziehungen führend sind, von Menschen, die ein Gespür für Gefühle haben (die ZWEI-, VIER- und SECHS-Strategien) sowie von Menschen, die einen Blick für die Zukunft und Geschick zur Transformation und zum Erkennen neuer Möglichkeiten haben (die FÜNF-, SIEBEN- und NEUN-Strategien). Diese Führungstypen, die per Definition relativ schwach sind, machen sich oft gar nicht klar, daß sie auf ihre eigene Art eine Führungsrolle innehaben. Zum Beispiel sind die Erfolge bei den Abrüstungsverhandlungen nur zustande gekommen, weil Millionen von scheinbar machtlosen Leuten in aller Welt einmütig gegen die atomare Rüstung protestiert haben.

In diesem Kapitel haben wir den Wert unserer zwiespältigsten Gefühle untersucht. Wir haben überlegt, wie ihre normale Funktion ist und wie wichtig es ist, den ganzen Spielraum der Gefühle ausschöpfen zu können. Wir haben schwierige Gefühle umgedeutet und sie als Hinweis erkannt, einen Ausweg aus suchterzeugenden Enneagramm-Programmen zu finden. Wir haben untersucht, wie sie bei Gruppenkonflikten zum Einsatz kommen können. Und zuletzt haben wir uns mit der Art von Führungsqualitäten beschäftigt, die sich innerhalb des Enneagramms entwickeln können, damit dessen Aufgaben gelöst werden. Im nächsten Kapitel gehen wir über die Probleme des Enneagramms hinaus und befasssen uns mit den höheren Bewußtseinsebenen.

Kapitel 5

Der nächste Schritt

Der Übergang auf andere Bewußtseinsebenen

Wenn wir den ganzen Spielraum unserer Gefühle wiedergewonnen haben, können wir in tiefere, weitere, intensivere Bewußtseinszustände eintreten. Zwei Zustände kennen wir bereits, den Schlaf und das Wachsein. Der Schlaf hat verschiedene Phasen. In manchen davon sieben und sortieren wir unsere Erfahrungen und geben ihnen in Traumbildern eine symbolische Figur. Überdies erschließen wir uns offenbar kreative Möglichkeiten, die wir dann in einem wacheren Zustand wahrnehmen.[1] Das «Wachsein» umfaßt allerdings ein weites Spektrum von Bewußtseinszuständen.

Ein Großteil der «Wahrnehmungen», der Informationsverarbeitung und Entscheidungsprozesse kommt gar nicht erst zu Bewußtsein, wird also nicht bewußt erfaßt. Bei näherer Betrachtung von Hypnose und psychologischer Konditionierung wird uns klar, wie beherrschend dieser Anteil sein kann.

Ebenso wie wir meist von einer Phase des Tiefschlafs auf einen leichteren Schlaf übergehen, ehe wir erwachen, gibt es auch beim Normalbewußtsein tiefere und «leichtere» Zustände. Alkohol, Drogen, Fernsehen und andere Suchtmechanismen unserer Enneagramm-Programme erzeugen tiefere hypnotische, konditionierte Stadien des Normalbewußtseins. Wenn wir hingegen aufhören, unablässig Informationen aufzunehmen, und unserem fragenden und prüfenden Geist die Möglichkeit geben zu erwachen, gewinnt unser programmierter Bewußtseinszustand eine gewisse Leichtigkeit. Indem wir unseren Geist in der Meditation still werden lassen, können wir unsere Sinne so «schärfen», daß auch innere Informationen, die normalerweise überdeckt sind, durchkommen.

Wann immer wir innehalten, um etwas angeblich «Offensichtliches» in Frage zu stellen, wann immer ein Gedicht uns ans Herz rührt, wann immer ein Kunstwerk uns tiefere Einsichten vermittelt, wird unser normaler Bewußtseinszustand leichter. Dann sind wir kurz vor dem Erwachen.

Das meiste in der Welt geschieht, während der Geist auf der Ebene des Normalbewußtseins arbeitet, aber es besteht dennoch die Möglichkeit einer anderen objektiveren Bewußtheit. Der Unterschied zwischen objektivem und normalem Bewußtsein ist ebensogroß wie der zwischen dem normalen Bewußtsein und dem Schlaf. Bei normalem Bewußtsein sind wir uns der Unbeständigkeit und Widersprüchlichkeit unserer Erfahrungen nicht bewußt. Zum Beispiel findet praktisch niemand Vorstellungen wie «Besitz» seltsam. Nur selten denken wir über Mysterien wie Leben, Leiden und Tod nach. Wir schieben alle Daten, die unserem Enneagramm-Zustand nicht dienlich sind, zur Seite oder blenden sie aus.

Das Normalbewußtsein könnte als halber Trancezustand bezeichnet werden, in den wir in der Kindheit durch unsere Kultur hineinversetzt worden sind. Unsere Eltern, unsere Erziehung, unsere «Lebensart», sie alle bestärken uns darin, so daß wir uns die meiste Zeit über in vollkommener Übereinstimmung mit den Leuten um uns herum befinden, daß die Dinge so und nicht anders sind. Eine Ahnung von dieser Konditionierung beschleicht uns, wenn wir mit etwas konfrontiert werden, das «völlig verschieden ist von uns» wie etwa fundamentalistische Moslems, Kinder in der Drogenszene der Großstadtslums oder Geistesgestörte, aber uns selbst sehen wir kaum in diesem Licht.

Wenn wir den ganzen Spielraum unserer Gefühle wiedergewinnen, fangen wir zugleich an, unser Bewußtsein zu steigern. Wir merken, daß es noch andere Arten von Bewußtsein gibt.

Das Erwachen aus dem Normalbewußtsein

Sagen von großen Fahrten – von der Suche nach einem Schatz, die mit der Erkenntnis der eigenen Wirklichkeit endet – sind aus allen Kulturen und allen geschichtlichen Epochen überliefert. Dogmatische Überzeugungen und kulturelle Fehlinterpretationen verdunkeln zwar vieles von dem, was überliefert worden ist, aber man ist immerhin der einmütigen Ansicht, daß es Stufen oder Stadien auf dieser Fahrt gibt. Die Mystiker des Christen- und Judentums, die islamischen Sufis, die Buddhisten und Anhänger anderer östlicher Religionen beschreiben die Stufen in auffallend ähnlicher Weise. Einige psychologische Systeme und etliche literarische Epen geben ebenfalls diesen Prinzipien Gestalt. Wir brauchen ein spezielles Training, das eine Brücke über das bewußte Ich hinaus zum innersten Selbst schlägt. Unsere Gewohnheitsmuster müssen sich verändern. Objektives Bewußtsein nimmt mehr Bewußtseinsebenen in Anspruch, die gleichzeitig mit unserem Selbstbewußtsein aktiviert werden.

Um sich den Zustand objektiven Bewußtseins zu veranschaulichen, sollten Sie sich einmal vorstellen, einem Orchester zuzuhören. Sie können die Melodiestimme der Holzblasinstrumente hören und die ganz anderen, aber damit harmonierenden Tonfolgen der Hörner und anderer Instrumente. Sie nehmen den Klang der Musik, deren Entfaltung und Fortgang wahr. Die Aufmerksamkeit für uns selbst und unsere Umgebung kann ebenso vielschichtig sein, sie umfaßt die eigene Befindlichkeit, die körperlichen Sinneswahrnehmungen, den Strom der Gefühlsreaktionen zu anderen Menschen hin und zurück sowie das Strömen, Strudeln und Plätschern der Gedanken. In einer solchen Situation scheint es, als fließe das Bewußtsein von selbst, nicht von einem Ort zum anderen, sondern als etwas «überall und nirgends» Spürbares.

Ideen, an denen starr festgehalten wird, hemmen diesen Strom. Das Enneagramm ist ein Beschreibungsmodus für die starren Programme, die uns davon abhalten, den Weg der Erkenntnis zu beschreiten.

Wir beginnen mit einem Zustand der Unzufriedenheit. Wir sehnen uns nach mehr Sinn in unserem Leben, aber der Bruch mit den jahrzehntealten Gewohnheiten versetzt uns in große Angst, gelegentlich sogar in Panik, oder stürzt uns in Verwirrung. Manche Leute machen sich allein auf den Weg, oft durch das Gebet, während andere eine Form von Psychotherapie oder eine spirituelle Disziplin brauchen, um die Arbeit aufnehmen zu können.

Die Wahl des Weges

Viele Wege winken uns. Wichtig ist, eine bestimmte Disziplin zu wählen und ihr mit ganzem Herzen über eine so lange Zeitspanne hinweg zu folgen, daß sie auch eine Chance hat, auf uns zu wirken.

Fremde Wege zu erforschen ist sicher nützlich und kann dazu dienen, Probleme zu transformieren, weil sie ganz neu gesehen werden, aber sich an der eigenen Religion und kulturellen Tradition zu orientieren ist weniger schwierig. Unser Bewußtsein ist von den gemeinsamen Vorstellungen, sprachlichen Strukturen und Einsichten durchdrungen. Sie ziehen sich durch alle unsere Träume und Gedanken. In der westlichen Welt stammen viele der bildhaften Vorstellungen entweder aus griechischen und römischen Mythen oder aus dem Alten und Neuen Testament. Es ist nicht gerade leicht für uns, die komplizierten Symbole, Sprachmuster und Chiffren zu durchschauen, die in den religiösen Disziplinen einer anderen Kultur vorherrschen.

Sobald wir einen Weg gewählt haben, sollten wir ihm auch folgen. Wenn wenig geschieht und die Übung nicht den gewünschten Erfolg hat, sollten wir sie bewußt abbrechen. Vielleicht sind wir noch nicht reif genug, sie richtig auszuführen. Falls wir sie wirklich wieder ernsthaft aufgreifen wollen, wird sie nichts von ihrer Kraft verloren haben, weil wir sie nicht aus Halbherzigkeit, sondern aus bewußter Überlegung aufgegeben hatten.

Die Hilfe eines Führers

Östliche wie westliche Traditionen sind sich einig, daß es von einem gewissen Punkt des Weges an ratsam ist, sich einem Führer anzuvertrauen. Allerdings müssen wir uns unbedingt die Möglichkeiten und Grenzen einer solchen Beziehung bewußt machen.

Unser Bedürfnis, uns selbst mit anderen Augen zu sehen, erwacht bereits in der Kindheit und bleibt das ganze Leben lang bestehen. Wir wollen so gesehen und gemocht werden, wie wir sind. Diesen Wunsch bringen wir durch die Anhänglichkeit zu einem Menschen zum Ausdruck, dem wir vertrauen. Auf der sicheren Grundlage dieser Beziehung können wir unsere Selbsterhaltungsenergie frei dafür verwenden, unsere Umgebung zu erforschen, eigene Entdeckungen zu machen und andere Beziehungen einzugehen. Es steht uns frei, wir selbst zu sein, oft mit ganz anderen Gedanken und Einstellungen als die Vertrauensperson. (Nietzsche hat einmal gesagt, ein Lehrer, dessen Schüler nie anderer Meinung als er sei, habe als Lehrer versagt.)

Gute Eltern lassen Raum für solche Kindheitserfahrungen. Haben sie das versäumt, kann eine sichere Beziehung später im Leben dieses Bedürfnis befriedigen. Für viele Menschen, die sich einer spirituellen Führung anvertrauen oder sich in Therapie begeben, erfüllt der Führer oder Therapeut vorübergehend diesen Zweck. Dadurch wird ihnen genügend Sicherheit geboten, um ihr Leben zu erkunden und mit anderen Formen von Intimität zu experimentieren. Sie brauchen weniger die Kenntnisse der Betreffenden als vielmehr die sichere Beziehung zu ihnen, die es ihnen ermöglicht, eigenen Fragen nachzugehen, eigene Wertvorstellungen und eine eigene Sicht der «Wirklichkeit» zu entwickeln. In ähnlicher Weise sind Therapiegruppen unter Umständen eine Art Labor, in dem neue Verhaltensweisen, Gefühle und Einstellungen ausprobiert werden können. Andere Selbsthilfegruppen, darunter auch religiöse Gruppierungen und Gruppen, in denen gemeinsam Stille geübt wird, haben die gleiche Funktion.

Das Löschen alter Programme

Der spirituelle Weg erfordert die Auseinandersetzung mit den eigenen Schattenseiten und dem, was wir zu vermeiden programmiert sind. Allmählich die eigenen negativen Charakterzüge und Eigenschaften zu kennen und anzuerkennen heißt auch, ein gut Teil unterschwelliger Emotionen, Erinnerungen und Motive aus der Tiefe hervorzuholen und auszusondern, die uns daran hindern, unsere Fähigkeiten voll auszuschöpfen, und die unsere Sicht der Dinge verzerren.

Letztendlich sind es die gefärbten Brillengläser der Enneagramm-Strategien, von denen wir uns befreien wollen. Im nächsten Kapitel wird ein gangbarer Weg zur Lösung dieser Aufgabe beschrieben.

Kapitel 6

Ein individuelles Arbeitsprogramm

Alles, was du tun mußt, ist der Mensch zu werden,
der nur du selbst sein kannst.

Der Mönch und Dichter Thomas Merton hat einmal gesagt: «Wenn du mich kennenlernen willst... frage mich, wofür im einzelnen ich zu leben glaube, und frage mich, was mich meines Erachtens davon abhält, voll und ganz dafür zu leben, wofür ich eigentlich leben will.»[1] Stellt man sich diese Fragen selbst, erweist es sich unter Umständen, daß sie zu einem tieferen Sinn oder einer Richtungsänderung des eigenen Lebens führen.

Das nachfolgend beschriebene Arbeitsprogramm skizziert eine Reihe von Tagebuchübungen, die dazu dienen, diese Fragen zu untersuchen. Sie werden es vielleicht nützlich finden, außerdem nichtverbale Methoden anzuwenden wie etwa künstlerische Betätigung oder aktive Imagination, da sie eine andere Verständnisebene erschließen. Die Übungsreihe ist einem Programm der Intensivtherapie entnommen und der Tagebuchform angepaßt worden.[2]

Im folgenden habe ich einige Sätze durch kursive Schrift hervorgehoben. Dabei handelt es sich um die Gedanken eines Psychotherapeuten, der mit einem Klienten diese Materie durcharbeitet; damit soll der Therapieprozeß entmystifiziert werden. Der Leser kann selbst entscheiden, ob er diese Hilfestellung für nützlich findet oder nicht.

Hier und Jetzt

Schreiben Sie in Ihr Tagebuch, was Ihnen auf Thomas Mertons Frage hin einfällt. Wofür leben Sie Ihr Leben? Was stört Sie so, daß Sie der Sache auf den Grund gehen möchten?

Als Psychotherapeut verbringe ich die erste Sitzung damit, schweigend der Geschichte des Klienten oder der Klientin zuzuhören. Ich höre, wie er oder sie die Geschichte erzählt, mit welcher Wortgewalt und welcher Ausdruckskraft der Metaphern und Bilder. Ich horche auf die Körpersprache und auf Sinnesäußerungen, durch die Informationen verschlüsselt werden, wie «Sieh mal an» oder «Die Sache roch faul». Ich achte auf Zug und Druck der Beziehungen, auf Unbehagen und Hoffnung. Darin liegen die Energien für eine Veränderung. Was ersehnt diese Person, was sind ihre Hoffnungen? Wo befindet sie sich im Lebenszyklus, und wie ist sie mit den vorausgehenden Aufgaben fertig geworden? Wo ist der Haken, was vermeidet diese Person? Ich stelle vielleicht auch Fragen, um das Unbehagen zu verstärken oder abzuschwächen, um Hoffnung zu wecken oder unrealistische Erwartungen zu dämpfen.

Unbewältigte Vergangenheit: das Familienerbe

Da die Tendenz besteht, unbewältigte Kindheitsprobleme auf gegenwärtige Beziehungen zu übertragen in der unbewußten Hoffnung, sie so zu lösen, müssen diese Probleme klar identifiziert werden. Die beste Übung, die ich dafür kenne, ist die Familienskulptur.[3] Sie verschafft Zugang zum Enneagramm, weil sich dabei das vorherrschende Gefühl – Depression, Angst oder Wut – und der persönliche Standpunkt deutlich zeigen. *Der persönliche Standpunkt kann als Zusammenfassung der Lebensskript-Entscheidungen bezeichnet werden.* Im folgenden unter anderem das Beispiel eines Mannes, der die SECHS-Strategie des Enneagramms gewählt hat: von Angst und Zweifel beherrschtes Sicherheitsdenken.

Die «Familienskulptur» ist eine Meditation unter Anleitung, aus der ein Tonmodell der frühesten familiären Beziehungen hervorgeht. Sie liefert Anhaltspunkte für Probleme der Gegenwart und den weiteren Umgang damit. Unausgesprochene familienbedingte Annahmen werden in der Form und Anordnung von Tonfiguren objektiv sichtbar.

Die Analyse einer Familienskulptur konzentriert sich auf vier Ebenen: die Situation der Ursprungsfamilie, die Projektionsebene, die Introjektionsebene und die gegenwärtigen Möglichkeiten einer Veränderung. Werkstoff für die Skulptur kann Knetmasse oder Ton sein.

Als Kind haben Sie eine Menge Botschaften und Anweisungen von Ihrer Familie empfangen, wie Sie sein sollten. Sie haben gelernt, sich zu benehmen und Ihren Eltern zu gefallen oder sie zu ärgern. Sie haben auch einige der elterlichen Lebenseinstellungen übernommen, insbesondere ihre Auffassung von der eigenen Bedeutung oder Bedeutungslosigkeit. Sie können nun diese Botschaften erforschen, indem Sie nachbilden, welches Gefühl Sie in bezug auf Ihre Familie hatten, als Sie aufwuchsen. Sie erforschen dabei, wie Sie dazu kamen, so von sich zu denken, wie Sie es tun.

Erinnern Sie sich zuerst einmal an eine Zeit in Ihrer Kindheit zurück, als Sie noch nicht zur Schule gingen. Wer war um Sie? Wie alt waren diese Leute? Denken Sie an alle Familienmitglieder einschließlich der Großeltern, aber auch an Haustiere und Nachbarn, falls sie für Sie eine Rolle spielten. Schreiben Sie zwei oder drei Adjektive auf, mit denen Sie jeden einzelnen beschreiben, und formen Sie dann aus Ton *Skulpturen der Eigenschaften,* durch die jeder einzelne gekennzeichnet ist. Es geht nicht darum, die betreffende Person nachzubilden, sondern um das Gefühl, das sie bei Ihnen geweckt hat, als Sie noch ein Kind waren.

Ordnen Sie dann alle Familienmitglieder, darunter auch sich selbst, nach ihrem Verhältnis zueinander, um zu zeigen, wer Ihnen nahestand und wer Ihnen gefühlsmäßig fremd war.

Schreiben Sie die Botschaften auf, die Sie von jedem einzelnen Familienmitglied empfangen haben. Formulieren Sie kraftvolle, kurze Sätze sowohl für Botschaften, die Ihnen durch Handlungen übermittelt wurden, wie für solche, die Ihnen mündlich zugekommen sind.

Schreiben Sie die Schlüsse auf, zu denen Sie gefühlsmäßig in Ihrer Familie gekommen sind, während Sie darin aufwuchsen.

Wenn die Analyse in einer Gruppe durchgeführt wird, ist es hilfreich, die Gruppe zu bitten, sich jeweils gefühlsmäßig auf jede einzelne Plastik einzustellen und einen Kommentar über das «Offensichtliche» abzugeben wie etwa die Größenverhältnisse und Anordnung der Figuren sowie Ähnlichkeiten in der Form. Derjenige, der die Skulptur gemacht hat, kann dabei zu neuen Einsichten kommen, da er selbst nicht das gesehen hat, was den anderen offensichtlich erschien.

Wenn zum Beispiel die Figuren wie auf einer Bühne nebeneinanderstehen und weniger miteinander als vielmehr mit einem unsichtbaren Publikum zu tun haben, zeichnen sich familiäre Wertvorstellungen der Art ab, «wie wir auf andere wirken» oder «wie wir uns untereinander fühlen». Ich erwähne immer der Gruppe gegenüber, daß jeder Betrachter etwas in der Skulptur «sieht», das seinen eigenen Voreingenommenheiten entspricht.

Beim Nachbilden der Familie wird das – bewußte oder unbewußte – Wissen um die eigene Lage, um die Last, die wir tragen, sichtbar. Die Figur, die den zentralen Platz in der Gesamtskulptur einnimmt, hat fast zwangsläufig die Machtposition innerhalb der Familie inne. Meist ist das ein Elternteil, manchmal jedoch auch ein Lieblingsbruder oder eine Lieblingsschwester. Wenn sich derjenige, die die Skulptur gemacht hat, selbst in die Mitte stellt, bekennt er sich zur eigenen Macht. «Vergißt» er, sich miteinzureihen, entspringt diese Unterlassung stets einem Gefühl, das bewußt gemacht werden muß.

Erzählen Sie Ihre Geschichte – wie Sie sich gefühlt haben, als Sie in Ihrer Familie heranwuchsen.

Als Therapeut achte ich sorgfältig auf anschauliche Worte und Sätze meines Klienten. Diese anschaulichen Sprachelemente können durchaus auch Hauptelemente des Weltmodells meines Klienten sein. Ich passe auch auf, was der Klient vermeidet. «Falsche» Gefühle treten an die Stelle verbotener Gefühle. Die daraus resultierende Sackgasse wird häufig an den Familienfiguren deutlich.

Die Analyse der Familienskulptur

Die Projektionsebene

Wir sind meist lieber unter Leuten, die uns irgendwie vertraut sind, bei denen wir uns «zu Hause» fühlen. Beispielsweise suchen die Kinder von Alkoholikern gern die Gesellschaft von Kindern aus ebensolchen Verhältnissen, und ebenso ist es bei anderen typischen Kindheitserfahrungen. Der einzigartige Komplex von Einstellungen, Gefühlen und Vermeidungen, wie er in der Familienskulptur zutage tritt, ist vergleichbar mit einer Sprache, die der einzelne sprechen lernt; wir fühlen uns mehr zu Menschen hingezogen, die eine ähnliche Sprache sprechen wie wir. Manchmal ist es nicht allzuweit her mit der ursprünglichen

Übereinstimmung in der emotionalen Sprache von Freunden oder Partnern. Während sie lernen, wie sie einander gefallen oder verletzen können, erkennen und beleben Partner bestimmte Familienmuster (positive wie negative) wieder. Nicht immer wird uns bewußt, daß uns Leute genauso behandeln, wie wir früher von Familienangehörigen behandelt wurden, weil wir im allgemeinen immer wieder ähnliche Situationen und «unbewältigte Probleme» heraufbeschwören; ein Mann zum Beispiel läßt unter Umständen die Rivalität, die zwischen seiner Schwester und ihm bestand, in einer Reihe von Verhältnissen mit Frauen wiederaufleben.

Wer in Ihrem gegenwärtigen Leben vermittelt Ihnen Botschaften, die so klingen wie das, was Sie von Ihren Eltern oder anderen Familienmitgliedern zu hören bekamen?

Elterliche Botschaften erleben wir oft in hierarchischen Verhältnissen wieder: im Beruf, etwa beim Chef unserer Arbeitsstelle, oder bei einer Institution wie der Kirche. Beziehungen mit Brüdern und Schwestern kehren häufig im Verhältnis zu Gleichrangigen, zu Klienten oder den eigenen Kindern wieder. Vieles, was die Ursprungsfamilie übermittelt hat, ob positiv oder negativ, wird jetzt so erlebt, als käme es von unserem Ehepartner.

Die Introjektionsebene

Wie viele Botschaften erleben Sie andererseits so, als stammten Sie von Ihnen selbst – was Sie sich sagen oder wie Sie sich beurteilen?

Auf der Introjektionsebene der Analyse werden Botschaften, die früher einmal andere vermittelten, jetzt so aufgefaßt, als kämen sie von einem selbst. Das elterliche Gebot «Arbeite hart» ist in das eigene Selbstbild übergegangen: «Ich arbeite hart, vielleicht bin ich sogar arbeitswütig.»

Die Ebene der Neuentscheidung

Im Brennpunkt dieser Analyseebene stehen Veränderungsmöglichkeiten im gegenwärtigen Leben.

Wenn Sie sich einmal anschauen, welche Gestalt Sie Ihrer Mutter-Tonfigur gegeben haben, ob «gluckenhaft», «liebevoll», «zart» oder wie auch immer, was meinen Sie, fehlte ihr in ihrem Leben? Was hätte sie gebraucht, um ihre Aufgabe besser erfüllen zu können oder sich verstanden und bestätigt zu fühlen? Gab es jemanden in der Familie, der sie verstanden haben könnte und ihr hätte helfen können? Was stand dem im Wege? Welch ein Zusammenhang besteht zu Ihrer inneren Wirklichkeit?

An der Art und Weise, wie die Tonfiguren herumgeschoben werden, ohne daß ihre Form verändert wird, zeigt sich, wie die Familie Macht ausübte oder vermied. Es ergeben sich Hinweise auf Probleme, mit denen sich der Betreffende auseinandersetzen will.

Die Diagnose ist eine Kurzbeschreibung des Dilemmas eines Menschen. Sie umfaßt Gebote und Entscheidungen, aber auch die Anlagen und Stärken sowie die Fähigkeit, sich neu zu entscheiden, die Entscheidungen von früher abzuändern und sich mit dem derzeitigen Leben zu befassen. Motivation, Unbehagen, Hoffnung und die realistischen Möglichkeiten, die die Umstände und die therapeutische Auseinandersetzung bieten, beeinflussen diese Neuentscheidungen.

Die Familienskulptur zeichnet ein lebendiges Bild vom ersten Weltmodell des betreffenden Menschen. Seine einzigartigen Begabungen, vererbten Gefühle, Überzeugungen und Verhaltensweisen werden sichtbar. Eingestandene und uneingestandene Wertvorstellungen sowie nützliche und einengende Ansichten über Macht, eigenen Wert und Sexualität können daran abgelesen werden. Gefühlsmäßige Erkenntnisse schlüpfen oft am Bewußtsein vorbei, um sich in den Tonformen niederzuschlagen. Verzerrungen von früher, die in der Skulptur in Erscheinung treten, sind ein Schlüssel zu Problemen der Gegenwart und den künftigen Umgang damit. Das Gespräch über die Skulptur kann Aufschluß über die praktischen Möglichkeiten für eine Neuorientierung geben. Neue Entscheidungen werden getroffen aufgrund der bewußten Einschätzung des gegenwärtigen Lebens, der gegenwärtigen Fähigkeiten und der Kraft, sich fortan einer befriedigenderen Lebensweise zuzuwenden.

Was würden Sie in Ihrem Leben gern verändern? Was müßten Sie zuerst tun, damit die Möglichkeit dazu besteht? Wie werden Sie das bewerkstelligen? Und wann?

Als Therapeut nutze ich diese Zeit der Neuentscheidung dazu, Vereinbarungen zu treffen – eine Absprache zwischen mir und meinem Klienten darüber, was wir gemeinsam zu tun gedenken, wie wir darin fortfahren, wie lange es dauern wird und welche Veränderungen uns signalisieren werden, daß die Arbeit beendet ist.

Fall-Analyse: die Familienskulptur von Jake, Möbeldesigner mittleren Alters

Analyse-Ebenen

1. *Das «Offenkundige»*
   Zentrale Position und Größe der Schwester.
   Der Vater als kleiner formloser Klumpen.
   Die Mutter hat etwas Vereinnahmendes, Höhlenartiges.
   Eine gewisse Ähnlichkeit in der Gestaltung der Mutter und Jakes eigener Figur.
2. *Ursprungsfamilien-Botschaften:*
   (Vater:) «Das Leben wird dich enttäuschen, also keine Höhenflüge.»
   (Mutter:) «Ich kann nicht ständig für dich dasein. Sei nicht so lästig.»
   (Schwester:) «Wer braucht dich schon? Ich komme allein zurecht.»

Auf Programm-Entscheidungen übertragen: Geh auf Nummer Sicher. Bloß keine Risiken. Komm niemandem zu nahe. Sei unwichtig.

Jakes Enneagramm-Programm, das Sicherheitsdenken, kam klar in seiner Familiengeschichte zum Ausdruck. Als «lieber Junge» der Familie verlor Jake nie die Beherrschung und arbeitete so hart, wie es ihm möglich schien. Sein Vater, der von einer Arbeitsstelle zur anderen überwechselte, war das Vorbild für «keine Höhenflüge» und «Man schafft es doch nicht». Die Mutter stützte die Familie durch Arbeit auf dem Fischmarkt. Jake tat dazu, was er mit Zeitungaustragen und Botengängen verdiente.

Der Grund dafür, daß Jake zur Therapie kam, war die Angst, er könnte in seines Vaters Fußstapfen treten. Er hatte die Prüfung für ein Architekturstudium nicht geschafft, weil ihn Druck «völlig durcheinanderbrachte». Bei einer selbständigen Tätigkeit als Möbeldesigner kam ebenfalls nichts heraus, obwohl er meinte, Talent zu haben. Jetzt war er in einem Büro angestellt und widmete sich einer Arbeit, die selbst nach seiner eigenen Einschätzung unterhalb seiner Fähigkeiten lag, aber sie war wenigstens «sicher». Da er immer am Rande des Mißerfolgs stand, blieb ihm wenig Zeit für sein Privatleben, und die letzte einer Reihe von Frauen, mit denen er sich oberflächlich eingelassen hatte, hatte ihn gerade verlassen, um einen anderen zu heiraten. Das war für ihn Anlaß, einmal «eine Therapie zu versuchen».

3. *Projektionsebene der Analyse:*
Die Beziehungsprobleme in Jakes Ursprungsfamilie wiederholten sich in seinem späteren Leben und in seiner Wahl von Partnerinnen, auf die er die Botschaft seiner Schwester projizieren konnte: «Wer braucht dich schon? Ich komme allein zurecht.» Er setzte das mütterliche «nicht zu nahekommen» bei möglichen Freunden in die Tat um und akzeptierte das, was sein Vater ihm vermittelt hatte: «Keine Höhenflüge, du schaffst es doch nicht.»

4. *Introjektionsebene*:
Jake war sich darüber im klaren, daß er selbst für die fehlende Nähe in seinen Beziehungen verantwortlich war, und er gab zu, daß ihm seine innere Stimme sagte, er sei ziemlich unbedeutend. Er wollte es noch einmal mit der beruflichen Selbständigkit probieren, aber er hatte so seine Befürchtungen. Er bezog den Jähzorn seiner Schwester nicht auf sich, hatte jedoch manchmal das Gefühl, doch Talent zu haben und wie sie etwas leisten zu können.

5. *Therapievereinbarung:*
Die Neuentscheidung, sich höhere Ziele zu stecken, es zu schaffen und ein vertrautes Verhältnis mit jemandem zu unterhalten. Das hieß, die Therapie zu *nutzen,* statt es damit zu «versuchen», sich zu den Gefühlen zu bekennen, die nach Ausdruck drängten, Risiken auf sich zu nehmen, um sich wieder selbständig zu machen und eine neue Beziehung einzugehen. Er entschied, daß sechs Monate für seine Umprogammierung ausreichen würden.

Als er wagte, seine Gefühle in einer Therapiegruppe zum Ausdruck zu bringen, stieß Jake auf seine Wut, die ihm bisher in seinen Beziehungen nicht zugänglich gewesen war. Er fand sie höchst nützlich (fast wäre sie wieder verflogen, so freute er sich, sie zu spüren), sowohl bei seiner Arbeit als auch in seinen Beziehungen. Am Ende der vereinbarten Zeit hatte er seine Bürotätigkeit gekündigt, einen kleinen Firmengründungskredit aufgenommen und war dabei, ein vielversprechendes Unternehmen aufzubauen. Er kam zu dem Schluß, daß drei weitere Therapiemonate angebracht seien, um mit seinen tiefer werdenden Gefühlen umgehen zu können.

Zu einem Familienskript brauchen Sie Denkvermögen. Es liefert Ihnen sozusagen eine Landkarte und zeigt Ihnen die besten Zugangsstraßen zu Ihrem Leben. Um Ihr Enneagramm-Programm abzuändern, müssen Sie allerdings auch mit Ihren Gefühlen ins reine kommen. Sie müssen deshalb zwei andere Fähigkeiten aktivieren: Ihre emotionale Urteilsfähigkeit und die instinktiven Reaktionen Ihres Körpers. Die Leute sind unterschiedlich geübt darin, diese Fähigkeiten zu nutzen, und Ihre weitere Arbeit wird unter anderem darin bestehen, sich die entsprechende Geschicklichkeit zu erwerben.

Die Bewältigung von Familienproblemen

Gefühle, die in der Kindheit nicht zum Ausdruck gekommen sind, erzeugen noch immer Druck, um sich Gehör zu verschaffen. Das heißt aber nicht, daß sie lebenden Eltern gegenüber geäußert werden müßten. Der Elternteil aus der Kindheit, der Sie geärgert oder traurig gemacht hat, ist weit weg. Wenn Sie sich mit diesen Gefühlen befassen wollen, wird Ihnen der Beistand und die Objektivität eines oder mehrerer anderer guttun.

Einen Anfang können Sie mit Ihrem Tagebuch machen. Schreiben Sie alle Erinnerungen auf, die Sie an die ersten zwölf Jahre Ihres Lebens haben. Wie waren Sie aus Ihrer heutigen Sicht als Kind? Welche Bedürfnisse hatte dieses Kind? Welche Gefühle hat das Kind blockiert, um sie nicht zu zeigen – Angst, Wut, Traurigkeit? Versuchen Sie, sich die Gefühle wieder zu vergegenwärtigen, die Sie als Kind hatten, und geben Sie ihnen Ausdruck, indem Sie sie in Form eines Briefes an den betreffenden Elternteil niederschreiben, als wäre die Vergangenheit lebendig.

Jedes Kind braucht Liebe und Zuwendung, um eine sichere Grundlage zu haben, von der aus es sich vorwagen, seine Welt erkunden und es selbst werden kann. Wird ihm diese Grundlage entzogen oder versagt, ist das Kind verletzt.

Vieles von unserem Leid entsteht in stark emotionalen Bewußtseinszuständen. Wir bemühen uns, bei normalem Bewußtsein mit den Folgen fertig zu werden, das heißt zum Beispiel, Angst bei der Wurzel zu packen, indem wir davon erzählen. Damit haben wir meist keinen Erfolg, weil auch das Gegenmittel der tiefen Gemütsbewegung entsprechen muß. Nur im Zustand des Geängstigtseins finden wir den Zugang zu irrationalen Ängsten.

Das Psychodrama, eine Methode, bei der solche Fragen durchgearbeitet werden, indem Szenen aus der Vergangenheit mit problematischen Eltern und Partnern unter vertauschten Rollen nachgespielt werden, bietet die eindrücklichsten Möglichkeiten zum Abreagieren. Mit Unterstützung eines Therapeuten und der Psychodramagruppe können Sie schwierige Gefühle durchleben und sich trotzdem sicher und gut aufgehoben fühlen. Mit Hilfe Ihres Tagebuchs können Sie dann die Bedürfnisse, die Sie früher als das Kind, das Sie waren, und die Entscheidungen, die Sie als dieses Kind getroffen haben, einer Prüfung unterziehen. Jetzt sind Sie in der Lage, für Ihr derzeitiges Leben neue Entscheidungen zu fällen.

Nachdem Sie sich diesen Überblick verschafft haben, machen Sie eine Tagebuchübung, bei der Sie sich in die Rolle Ihres problematischen Elternteils versetzen. Sie schreiben eine Autobiographie, als wären Sie selbst dieser Elternteil. Erzählen Sie Ihre Geschichte, beschreiben Sie die Erfahrungen und Probleme mit Ihren Eltern, was Sie werden wollten, wenn Sie erwachsen sind, sowie Ihre Träume und was daraus geworden ist. Legen Sie dar, wie Sie dazu gekommen sind, Ihren Ehepartner zu wählen, und wie Sie sich gefühlt haben, als dieses

Kind unterwegs war (das gerade Tagebuch schreibt). Was war los zur Zeit seiner Geburt? Was haben Sie sich für seine Zunkunft erhofft? Wie sehen Sie die Schwierigkeiten, die sich zwischen Ihnen eingestellt haben?

Machen Sie, wenn Sie sicher sind, daß Sie durch diese «Autobiographie» ein gutes Gespür für die Gefühle Ihres Vaters oder Ihrer Mutter bekommen haben, einen Spaziergang, und denken Sie darüber nach, wie sich Ihre Wahrnehmung der Familie geändert hat. Schreiben Sie auf, was Ihnen in den Sinn kommt.

Jetzt werden Sie vielleicht etwas über Ihre anderen Gefühle schreiben wollen, über Ihre Versöhnlichkeit, Ihre Dankbarkeit oder auch (falls Ihre Eltern noch Teil Ihres Lebens sind) über Fragen, in denen Sie nie mit ihnen übereinstimmen werden, und überlegen Sie, wie Sie damit umzugehen gedenken. Wenn Sie bei einer Sache gar nicht weiterkommen, denken Sie an den weisesten Menschen, den Sie kennen und der auch eine tiefe Zuneigung für Sie empfindet. Stellen Sie sich vor, wie Sie diesen Menschen zu Ihrem Problem befragen, und schreiben Sie die Antwort Satz für Satz genauso auf, wie Sie Ihnen kommt. Schreiben Sie, bis Sie zu einem Abschluß gekommen und die Probleme mit dem einen Elternteil geklärt zu haben glauben.

Es ist wichtig, das Einfühlungsvermögen in die Schwierigkeiten dieses Elternteiles dazu zu benutzen, Ihre Dankbarkeit dem Leben und dem gegenüber zum Ausdruck zu bringen, was dieser Elternteil Ihnen mit auf den Weg geben wollte. Wertschätzung, die nicht zum Ausdruck kommt, stellt eine ebenso starke Blockierung im Leben dar wie jedes andere Gefühl.

Anthony de Mello, Jesuitenpater und Schriftsteller, sagt, daß es unmöglich sei, gleichzeitig deprimiert und dankbar zu sein.[4]

Verfahren Sie nun mit dem anderen Elternteil ebenso.

Aktuelle Unterpersönlichkeiten

Sobald Sie die Fragen der Vergangenheit abgeklärt haben, sind Sie besser in der Lage, Ihre gegenwärtigen Schwierigkeiten zu begreifen. Einen guten Ausgangspunkt haben Sie, wenn Sie Ihre inneren Konflikte identifizieren, indem Sie die verschiedenen Neigungen und Tendenzen in Ihrem Innern als Unterpersönlichkeiten visualisieren. Sie könnten sich zum Beispiel neun Teile in Ihrem Innern vorstellen, die den Enneagramm-Strategien entsprechen, und einem jeden eine Stimme verleihen, um dann mit diesen Stimmen ein Gespräch über etwas zu führen, das Ihnen auf dem Herzen liegt. Durch eine immer wieder andere Sicht der Dinge gewinnen Sie ganz neue Einblicke.

Beginnen Sie mit Ihren vertrauten Seiten. Sie haben wahrscheinlich bemerkt, daß Sie in unterschiedlichen Situationen und in Gegenwart verschiedener Leute jeweils auf eine andere Weise reagieren. Gelegentlich wird Ihnen bewußt, daß Sie zwei Standpunkte einnehmen oder sich zwei Dinge wünschen, die einander zu widersprechen scheinen. Mehrere Autoren haben sich mit dieser inneren Spaltung befaßt. Fritz Perls, der Gestalttherapeut, nannte die zwei Hauptteile der Persönlichkeit, die im allgemeinen als widersprüchlich empfunden werden, *Topdog* und *Underdog*, also den Überlegenen und den Unterlegenen. Der jeweilige Charakter und die Zielsetzungen sind von Mensch zu Mensch verschieden, aber der Überlegene hat stets eine klare Meinung davon, was der Unterlegene tun «sollte». Eingang in die Literatur fand diese unterschwellige Gespaltenheit unter anderem durch Stevensons *Dr. Jekyll und Mr. Hyde.*

Leute, die Sie nur unter bestimmten Umständen kennen, wären möglicherweise erstaunt, wenn sie Sie zu Hause erleben würden. Sie verhalten sich völlig anders. In Ihren zwischenmenschlichen Beziehungen kommen ganz unterschiedliche Seiten von Ihnen zum Vorschein: etwa eine erotische Ausstrahlung auf Ihren Partner, die Ihren Kindern nicht sichtbar ist, oder eine gewisse Empfindlichkeit einem Elternteil gegenüber, die Sie im Beisein Ihres Partners nicht zeigen. Manchmal geraten Sie innerlich in eine Zwickmühle, weil «zwei Seelen» in Ihrer Brust darum streiten, zum Ausdruck zu kommen. Wichtig ist, sich nicht mit einer dieser beiden «Seelen» zu identifizieren, sondern festzustellen, daß jede eine Rolle ist, die Sie spielen.

Ich-Zustandsbeschreibungen nach dem Enneagramm sind einfach ein Hinweis auf die dominante Persönlichkeit. Sie haben aber weniger ausgeprägte sowie kreative, spontane Seiten, die aus größerer Tiefe Ihrer selbst kommen. Schließen Sie also auch Ihre Unterpersönlichkeiten mit ein und verschaffen Sie ihnen Gehör. Die Vorarbeit bei der Bewältigung von Familienproblemen hat Sie vielleicht für Veränderungen bereit gemacht, die sich bei diesen inneren Persönlichkeiten vollziehen können.

Nachdem Sie die Rollenverteilung vorgenommen haben, stellen Sie sich vor, daß Sie die «Darsteller» zu einem Treffen zusammenrufen, bei dem alle das Wort haben sollen. Erster Punkt der Tagesordnung ist die Frage: «Welche Rolle spielst du für die Art und Weise, in der ich mein Leben führe? Was brauchst du, was würdest du gern tun, und wie oft gelingt es dir, das auch zu tun? Was ist der Preis für die Veränderung, den du zu zahlen fürchtest?» Sie können auch Beziehungsprobleme, Fragen des Werdegangs und der Berufswahl und anderes mehr auf die Tagesordnung setzen.

Zwar führen Sie selbst den Vorsitz und treffen die Auswahl, aber durch die Auseinandersetzung mit Ihren Unterpersönlichkeiten können Sie leichter Ihre verschiedenen Wünsche, inneren Widerstände und deren Ursprung ans Licht bringen.

Autobiographie

Eine Übung, zu der Sie unter Umständen mehrere Wochen brauchen, ist das Schreiben einer Autobiographie, bei der jeweils sieben Jahre zu einem Abschnitt zusammengefaßt sind. In Abständen von ungefähr sieben Jahren ändert sich der Körper erheblich, stehen Sie vor neuen Entwicklungsaufgaben. Machen Sie sich Notizen, ehe Sie einen solchen Lebensabschnitt niederschreiben. Worum ging es in dieser Zeitspanne? Welche Leute waren darin wichtig für Sie? Welche Fragen mußten Sie klären? Was hat Ihnen Kummer gemacht? Was haben Sie gelernt, welche Stärken haben Sie gewonnen?

Die Lebenslinie

Betrachten Sie Ihre Autobiographie, und skizzieren Sie dann auf einem großen Blatt Papier mit einem Farbstift Ihre Lebenslinie. Zeichnen Sie die Wendepunkte, die Menschen, die Ihnen etwas bedeutet haben, und die Zeiten und Orte ein, an denen Sie sich neuen Zielen zugewandt haben. Markieren Sie die Stelle, wo Sie jetzt sind, und ziehen Sie die Linie bis zu dem Zeitpunkt durch, an dem sie zu sterben vermuten. Welche Möglichkeiten haben Sie heute psychologisch, körperlich, geistig, wirtschaftlich, sozial, gesellschaftlich und politisch? Wie wünschen Sie sich Ihre Lebensumstände in fünf Jahren, von jetzt an gerechnet, welche Tätigkeiten und Beziehungen schweben Ihnen für Ihr Leben vor? Wenn Sie im Sterben liegen, was hätten Sie dann gern in Ihr Leben einbezogen?

Der weitere Weg

Der erste Akt Ihres Lebensskripts ist über die Bühne gegangen, Ihre Enneagramm-Strategie ist gewählt. Das ist eine «feste Größe», die einige der Bedingungen und Grenzen in Ihrem Drama festlegt. Immerhin können Sie den zweiten Akt revidieren, je nachdem, wie Sie den weiteren Verlauf des Stückes wünschen.

Es ist sehr verlockend, sich nach sachkundiger Hilfe umzusehen. Schließlich hat Ihnen ein Führer oder eine Übungsfolge geholfen, als Sie den Skriptanfang untersucht haben. Die jetzige Schwierigkeit besteht darin, daß die benötigte Geschicklichkeit nur im Alleingang erworben werden kann und Sie gleichzeitig im Stück mitspielen müssen, während Sie noch dafür üben. Sie müssen Ihre Psychologie und Ihren Charakter verstehen lernen; dann müssen Sie einen sehr wachen und fähigen Teil Ihres Geistes aktivieren, die gewünschte Rolle zu spielen und sie mit dem gewünschten Sinn zu erfüllen.

Enneagramm-Übungen

Wenn Sie mit einer Enneagramm-Gruppe zusammenarbeiten, wird Ihnen mancher nützlicher Spiegel vorgehalten. Sollte dies undurchführbar sein, können Sie auch mit einem Freund eine Reihe von «Gesprächen» führen. Dabei handelt es sich nicht um Dialoge oder Diskussionen. Jeder von beiden erhält fünfzehn Minuten Redezeit, um sich ohne Unterbrechung über einen bestimmten Aspekt aus dem Komplex der Enneagramm-Merkmale zu äußern wie etwa das Ignorieren der eigenen Bedürfnisse bei der ZWEI. Sie sprechen darüber, auf welche Weise sich dieser Aspekt in Ihrem Leben bemerkbar macht, welche Gefühle dadurch bei Ihnen geweckt werden, welche Begleiterscheinungen auftreten und was Ihnen sonst noch einfällt. Ihr Partner hört Ihnen aufmerksam zu, gibt jedoch weder mit Worten noch mit Geräuschen oder Körperbewegungen einen Kommentar ab. Wenn Sie fertig sind, hören Sie Ihrerseits dem Partner zu. Nach Abschluß dieses «Gesprächs» tauschen Sie miteinander Ihre Erfahrungen aus und teilen sich gegenseitig mit, was Sie bei dieser Übung (des Erzählens ohne Unterbrechung und des Zuhörens ohne Kommentar) über sich herausgefunden haben.

Nehmen Sie sich bei jedem Treffen nur einen bestimmten Punkt vor; gehen Sie beim darauffolgenden Treffen zur nächsten Facettte des Programms über – zum Beispiel zur ZWEI-Strategie der Manipulation innerhalb von Beziehungen. Bei den Beobachtungen, die Sie machen, werden Sie tiefgreifende Erfahrungen sammeln. Nehmen Sie sich nacheinander alle Punkte eines Programms wie beschrieben vor.

Ihre Vorkenntnisse vom Enneagramm bieten Ihnen eine gute Einstiegsmöglichkeit, aber von Ihrem Charakter können Sie sich nur ein Bild machen, wenn Sie sich selbst beobachten. Im Drama mitzuwirken und ihm zugleich einen anderen Verlauf zu geben setzt voraus, daß Sie in einer Art von doppeltem Bewußtsein geübt sind und sich bei allen Verrichtungen in Ihrem Lebensalltag immer wieder an sich selbst erinnern.

Hindernisse bei der Selbstbeobachtung sind unter anderem Mangel an Motivation (Unbehagen oder Hoffnung), mangelnde Geschicklichkeit, Ablenkungen und aktiver Widerstand. Unsere Kultur legt keinen Wert auf Selbstbeobachtung. «Die Arbeit muß erledigt werden.» –«Du solltest mal ausspannen!» – «Was gibt's denn im Fernsehen?» – «Du solltest nicht so verbissen sein und dich immerfort mit dir selbst beschäftigen!»

Zur Selbstbeobachtung muß der Entschluß gefaßt werden, «in Erfahrung zu bringen, wie es ist, ganz unabhängig davon, wie ich es mir wünschen würde». Sie erfordert Geduld – ein ganzes Leben lang. Das ist harte Arbeit, aber Ihr Interesse wird reger werden, sobald Sie die positiven Begleiterscheinungen bemerken. Auf vier Ebenen entwickeln Sie ein immer klareres Bewußtsein: auf der Ebene Ihrer emotionalen Wahrnehmung, Ihrer Körperreaktionen, Ihrer intellektuellen Zielsetzungen und Ihrer intuitiven Neugier bezüglich Verkettungen, die Ihnen auffallen.

Das «Wahrnehmungskontinuum» der Gestalttherapie ist ein guter Startpunkt. Vielleicht benutzen Sie einen Kassettenrecorder oder suchen sich einen Partner für diese Übung. Es geht darum auszusprechen, was immer gerade durch Körper- oder Sinneswahrnehmungen in Ihr Bewußtsein eintritt – Klänge, visuelle Eindrücke, Düfte usw. Versuchen Sie, jeden Gedanken, jedes Gefühl, jedes Bild und jede Assoziation, die Ihnen in den Sinn kommt, genau zu beobachten. Wichtig ist, daß Sie keinerlei Auswahl treffen. Lassen Sie allem seinen eigenen Lauf. Verweilen Sie nicht absichtlich bei einer bestimmten Wahrnehmung. Identifizieren Sie sich nicht damit, und leugnen Sie sie auch nicht ab. Lassen Sie einfach den Strom fließen, und konzentrieren Sie Ihre gesammelte Aufmerksamkeit darauf. Nehmen Sie Ihre Geistestätigkeit als solche wahr – etwa so, daß Sie bemerken, wie Sie von Ihren Sinnesempfindungen abschweifen und nachsinnen, Erinnerungen oder Phantasien nachhängen, Vergleiche anstellen oder im Geiste eine Liste dessen durchgehen, was Sie eigentlich erledigen müßten.

Als wir klein waren, hatte das «Sollen» einen rein äußerlichen Sinn, es war zu unserem Besten und diente im großen und ganzen dem Lustgewinn und der Schmerzvermeidung. Jetzt, wo wir über diese Spaltung hinaus sind, bedeutet es, uns unserer Vorstellung gemäß zu verhalten, die uns sagt, daß wir etwas Höheres als Lust gewinnen wollen. Doch unter Stress kommen wir wieder auf die äußere Forderung des «Du sollst» zurück.

Die Selbstbeobachtung ist keine Selbstanalyse. Sie gleicht eher einem wissenschaftlichen Datensammeln. Sie suchen sich einen festen Standpunkt anhand von Primärdaten, um objektive Klarheit zu erlangen. Manchmal verhilft ein flüchtiger Blick, ein ganz zufälliger Eindruck zu einer verblüffenden Einsicht.

Durch das Doppelbewußtsein der Selbsterinnerung bewegen Sie sich auf ein einheitlicheres Bewußtsein zu. Ihre Erkenntnisfähigkeit ist bruchstückhaft und keineswegs auf das vorbereitet, was kommen mag. Hier erweitern Sie Ihr Wahrnehmungsvermögen so, daß es mehrere Ebenen zugleich umfaßt: Körperliche Instinkte, Gefühlsreaktionen und intellektuelle Kenntnisse wirken ganzheitlich zusammen.

Die Aufmerksamkeit ist einem schlaffen Muskel vergleichbar. Durch Übung kann sie gestärkt werden.

Stille und Jasagen

Ob sie Ihr Ziel als Bewußtwerdung, Sinnfindung in der Wirklichkeit oder Weg zu Gott definieren, immer mehr Leute erweitern ihre geistige Disziplin noch um die Übung der Stille. Wie Anthony de Mello sagt: «Der Weg zu Gott führt durch die Stille und geht über Worte und Gedanken hinaus.»[5]

Sie können Ihre Einbildungskraft benutzen, um herauszufinden, was Sie verehren. Es mag etwas ganz anderes sein, als Sie zu verehren meinten. Nach Ansicht des Systemanalytikers C. West Churchman hält das religiöse Denken erst Einzug beim Menschen, wenn er bei etwas zu dem Schluß kommt, es sei höher, größer und herrlicher als er selbst. Er handelt dann aus dem Gefühl heraus, sich den Absichten oder der Existenz dieses höheren Wesens unterordnen zu müssen, oder weil seine Handlungen Formen der Verehrung sind. «Das höhere Wesen kann vielerlei sein... eine personifizierte Gottheit, die ‹Natur›, eine Gemeinschaft, kurz: alles und nichts.»[6] Churchman betont, daß unsere Gesellschaft sowohl Großtechnologien als auch die Wirtschaft anbetet, launische Gottheiten, die zusammenbrechen und Schreckliches bewirken können, wenn man sie nicht beschwichtigt. Im Gegensatz dazu ist die Vorstellung von dem «einen wahren Gott» geradezu ansprechend.

Sie üben sich in der Stille, um herauszufinden, welche Erfahrungen Sie machen, wenn Sie einmal das innere Geschwätz und die gefärbte Brille fahrenlassen. Zweck der Stille ist, einfach nichts zu tun, nur hinzuschauen und zu lauschen. Es besteht die Hoffnung, nach einiger Zeit in einer besonderen Art des Einklangs mit einer höheren Wirklichkeit zu sehen und zu hören, wie es die Mystiker verheißen. De Mello sagt, Gott tanzt die Welt.[7] Gott ist in der Schöpfung, wie die Stimme des Sängers im Gesang ist. Achten Sie auf den Tanz, und Sie werden vielleicht den Tänzer sehen. Lauschen Sie auf den Gesang, und Sie werden vielleicht den Sänger hören, aber Sie müssen den Weg der Gegensätze beschreiten. Nehmen Sie sich Zeit, statt Zeit zu sparen.

Etwa 90 Prozent dessen, was Sie ärgert, ist nicht zu ändern. Sie ändern, was Sie ändern können und sollten, und nehmen hin, was Sie nicht ändern können. De Mello schlägt vor, alle Elemente des Lebens, die nicht zu ändern sind, aufzulisten und sich dann jedes einzelne vorzunehmen und zu bejahen.[8] Wenn Sie lernen, ja zu sagen zu allem, was ist, finden Sie Frieden.

Die äußere Welt

Sie sind mit allem und jedem verknüpft. Wenn Sie einmal einen kurzen Blick auf die Verbindung zwischen sich und der äußeren Welt werfen wollen, können Sie in ebendiesem Augenblick eine Geschichte erzählen, die Sie vor kurzem in der Zeitung gelesen oder im Radio gehört haben. Das geht am besten in einer Gruppe, denn sobald zwei oder mehr Leute die gleiche Geschichte erzählen, passen sie sie ihrer eigenen Wirklichkeit an. Zuerst fesselt eine von vielen Geschichten Ihre Aufmerksamkeit. Dann erzählen Sie die Geschichte aus einem bestimmten Blickwinkel nach, wobei Sie einige Details weglassen und andere ausschmücken. Was für den einen ein Lustspiel, ist für den anderen ein Rührstück.

Die Geschichte, die Sie erzählen, hat höchstwahrscheinlich etwas mit Ihrem eigenen Leben zu tun. Zum Beispiel erzählte ein Mann die

Geschichte von einem Tankschiff, dessen Mannschaft nicht aufpaßte. Der Tanker prallte mit einer Fähre voller fröhlicher Urlauber zusammen. Der Mann behandelte die Geschichte wie einen Traum und identifizierte sich nacheinander mit jedem Element. Da wurde ihm klar, daß seine arbeitswütige Unterpersönlichkeit sein Leben am Gängelband hielt, um ein in Arbeit befindliches Projekt fertigzustellen, und daß er auf nichts anderes mehr «aufpaßte». Während er die Geschichte erzählte, ging ihm auf, daß er seiner Familie die Festtagsfreuden vergällt hatte. Er kam zu dem Schluß, daß sein Projekt noch warten konnte. Sein Familienleben brauchte dringend mehr Zuwendung.

Die verschiedenen Elemente der Geschichte verkörperten die widersprüchlichen Neigungen eines einzigen Menschen. Ähnliche Konflikte treten in Gruppen auf, und auch die Art der Hilfe ist vergleichbar. Innerhalb gewisser Grenzen können sich die Muster ändern. Während wir uns um unsere persönliche Integration bemühen, verändern sich auch die Gruppen draußen, mit denen wir zusammenarbeiten. Die alte chinesische Geschichte vom Regenmacher rührt an diese Wahrheit. Als die Leute bei einer Dürre nach ihm schickten, kam der Regenmacher, wählte sich ein kleines Häuschen als Wohnstatt, brachte es in Ordnung und ging seiner gewohnten Lebensweise nach. Nach ein paar Tagen setzte der Regen ein.

Wir werden ebenfalls zu «Regenmachern», wenn wir gelernt haben, die Rollen zu vertauschen und den Standpunkt all der verschiedenen «anderen» in unserem Leben einzunehmen. Sowie wir sehen und verstehen, bringen wir unser Haus in Ordnung. Der Regen setzt ein, aber so gelinde, daß wir kaum merken, daß es regnet.

Geschichten und Parabeln

Lehrer aller Traditionen benutzen Geschichten, die zu einer Lebensveränderung anleiten sollen. Am besten können Sie diese Möglichkeit wahrnehmen, wenn Sie sich eine einzige Geschichte vornehmen, sie einige Male durchlesen und dann allein oder mit einer entsprechenden Gruppe darüber reflektieren. Werden Sie innerlich still, und lassen Sie die Geschichte ihren tieferen Sinn und Gehalt offenbaren, etwas, das jenseits von Worten liegt. Manche Leute finden es hilfreich, ein Bild der Geschichte zu malen oder zu zeichnen, aber wesentlich ist, die Geschichte ins Bewußtsein zu rücken, damit sie den Ereignissen des Tages eine gewisse Färbung verleiht. Ein Beispiel, eine Sufi-Geschichte, die de

Mello in seinem Buch *Warum der Vogel singt* anführt, soll am Schluß dieses Kapitels stehen.

> Ein Schüler klagte einmal: «Du erzählst uns Geschichten, aber du enthüllst uns nie ihren Sinn.»
>
> Da sprach der Meister: «Wie fändest du es, wenn dir jemand Früchte anböte und sie erst zerkaute, bevor er sie dir gäbe?»[9]

Niemand kann Ihren Sinn für Sie finden. Sie müssen Ihre Frucht schon selbst essen.

Guten Appetit!

Kapitel 7

Der Prozeß der Veränderung: drei Fallgeschichten

Wir sind alle Geschichtenerzähler. Wir bauen auf die Einsichten und benutzen die Lebenserfahrungen anderer, um unsere eigenen zu verstehen. Wohl die beste Vorbereitung auf den Beruf des Psychotherapeuten ist eine umfassende Kenntnis der Literatur. Die Geschichten, bedeutende und unbedeutende, sind alle schon einmal erzählt worden. Indem wir uns die Geschichten anhören, verstehen wir auch die besondere Thematik unseres eigenen Lebens. Psychotherapeuten haben das Privileg, als Zuhörer zu fungieren und Zeuge der Veränderungen zu sein, die sich mit dem Verständnis einstellen. Die Lebensgeschichten, die sie sich anhören, sind die Hauptquelle ihres Wissens.

Das ist der Kontext der nachfolgenden drei Geschichten. Zwei stammen aus der Psychotherapie und eine aus der Literatur. Die erste schildert Veränderungen, die sich während einer fünftägigen Intensivtherapie bei einer älteren Frau vollzogen haben. Ihr Leben entsprach im Enneagramm dem EINS-Programm. Die zweite gibt Einblick in Dantes Reise ins eigene Innere und hat für uns Gleichnischarakter. Er durchläuft verschiedene Aspekte aller Enneagramm-Programme, bis er zu einem einheitlichen Verständnis einer Wirklichkeit kommt, die über das normale Bewußtsein hinausgeht. Die dritte Geschichte handelt von einem Mann in mittleren Jahren, der die Fakten seines Lebens, seiner Arbeit und seiner Beziehungen entsprechend dem Enneagramm-Programm VIER aufschlüsselt.

Martha

Marthas psychotherapeutische Arbeit macht deutlich, daß der Veränderungsprozeß praktisch an jedem Punkt des Lebens seinen Anfang nehmen kann. Sie war 67 Jahre alt, als ihr klar wurde, daß sie aufgrund gewisser Begleiterscheinungen ihres Perfektion/Groll-Programms Hilfe brauchte. Sie gebrauchte die Begriffe natürlich nicht. Sie fühle sich einfach «so eingeengt, als hätte ich nie richtig gelebt».

Marthas Arzt überwies sie wegen einer wiederkehrenden Depression an mich. Sie betrachtete sich als armes Opfer, das grundlos bestraft wurde. Ihre Depressionen hatten vor einigen Jahren eingesetzt und traten nur im Herbst auf. Ursprünglich waren sie ungefähr mit ihrer Heimkehr aus den Ferien in einen Haushalt zusammengefallen, zu dem ihre betagte Mutter und das jüngste ihrer drei Kinder gehörten, das noch zu Hause wohnte.

Wie verhielt es sich mit ihrer Mutter? Warum lebte sie bei der Familie, und seit wann? Nach Marthas Beschreibung wies die Mutter viele Übereinstimmungen mit dem Enneagramm-Programm VIER auf – elitäre Normen und Probleme, wenn es um Nähe ging –, aber sie war dennoch eine charmante Dame. Sie erfreute sich guter Gesundheit und war vom inzwischen verstorbenen Ehemann finanziell gut abgesichert worden. Er starb allerdings genau zu dem Zeitpunkt, als Marthas Familie gerade aus beruflichen Gründen nach Deutschland umziehen wollte, und deshalb wurde die Mutter eingeladen mitzukommen.

Die Mutter verstand sich gut mit den Kindern und fügte sich auch gut in den Freundeskreis des Paares ein, aber wenn sie nicht miteingeladen war, regte sie sich so auf, daß sich das Familienleben schließlich auf Situationen beschränkte, die sie mit einschlossen. Dadurch wurde die Beziehung der Ehepartner erschwert, und zudem konnte Martha kaum noch ihren eigenen Interessen ungestört nachgehen. Martha spürte ihren Ärger, schluckte ihn jedoch als unangemessen und ungerechtfertigt herunter.

Als EINS hielt Martha Wut und Ärger für einen Makel und vermied es, sie unmittelbar zum Ausdruck zu bringen. Gefühle aller Art sind Reaktionen aus dem Bauch, die uns zu entsprechendem Handeln anregen. Wenn wir uns von einem Gefühl abschneiden, dann meist deshalb, weil wir glauben, daß uns das dadurch ausgelöste Handeln in unerträgliche Konflikte stürzt.

Wir müssen uns häufig ungemein anstrengen, um so zu handeln, daß es alle Beteiligten gutheißen können. Uns zu unseren Gefühlen zu bekennen heißt nicht, in heftigster Gemütsbewegung sofort zu handeln, sondern ihre Tendenz mit unserem Denken und unserem Willen zu vereinen. Marthas Weigerung, ihrem Ärger stattzugeben, war der Grund für ihr Gefühl der Ausweglosigkeit. Sie konnte keine Lösung finden, bei der auch ihr eigenes Bedürfnis nach persönlicher Freiheit und einem Privatleben der engsten Familie gewürdigt und einbezogen wurde. Das unterdrückte Gefühl der Verärgerung und Wut wurde immer stärker.

Die Familie kehrte in die Vereinigten Staaten zurück. Marthas Mutter, die nie berufstätig gewesen war, nahm eine Stellung als Gesellschafterin an, da ihre Mittel nicht ausreichten, um den Inflationsverlust wettzumachen. Allem Anschein nach war sie zufrieden. Doch als Martha und ihr Mann kurz vor der erneuten Abreise ins Ausland standen, erlitt sie eine Art Nervenzusammenbruch, so daß sie ihre Arbeit aufgeben mußte. Wieder schien es keine andere Alternative zu geben, als sie mitzunehmen.

Nach der diesmaligen Rückkehr war sie zur festen Institution im Familienleben geworden. Auf der Schiffsfahrt nach Hause war sie hingefallen. Martha schilderte es mir: «Ich mußte mich sehr anstrengen, um den Kindern die Reise nicht zu verderben. Ich stellte meinen Wekker und stand nachts auf, um ihr ins Badezimmer zu helfen. Ihre Kabine lag natürlich auf einer ganz anderen Ebene des Schiffes.» – «Natürlich», pflichtete ich ihr bei. Martha sah mich abwehrend an. «Was soll das? Soll ich vielleicht sagen, ich würde meine Mutter hassen? Was brächte das schon! Es ist alles längst vorbei. Sie wollte uns ja nicht zur Last fallen.»

Martha hatte meinen Wink richtig verstanden. Der Abwehrmechanismus der EINS ist die unbewußte Reaktionsbildung. Martha hatte im Widerspruch zu ihrer Wut gehandelt und sich damit noch mehr aufgebürdet. An ihrer Reaktion auf meinen Einwurf wurde ihr Unvermögen sichtbar, persönliche Wünsche gelten zu lassen, die mit ihrer Vorstellung von korrektem Verhalten kollidierten.

Marthas Mutter lebte noch lange Jahre und starb in einem Altersheim. «Ich habe sie aber jeden Tag besucht, auch dann noch, als ihre geistigen Kräfte ebensosehr verfielen wie ihre körperlichen und alles hoffnungslos war.»

Das war die Geschichte, die sie mir am ersten von fünf Tagen Intensivtherapie erzählte. Ich gab Martha etwas zu lesen mit über den

Schatten und die dunklen Seiten der Persönlichkeit. Dieser unangenehme Teil unserer selbst hat seinen Wert und hätte unsere Beachtung verdient, doch damit tun wir uns schwer.

Am zweiten Tag mußte sie lernen, sich zu entspannen und in einen leichten Trancezustand zu fallen, in dem Erinnerungen klarer werden. Ihr fiel ein, daß sie ihren Vater, kurz bevor er starb, ins Krankenhaus gebracht hatte. Er hatte ihr noch erzählt, daß er Vorsorge für die Mutter getroffen hätte, damit sie ihr gutes Auskommen habe, da sie ihnen sonst zur Last fallen könnte. «Deine Mutter ist schon als Kind immer verwöhnt worden.»

Ich fragte mich, ob Martha sich daran erinnerte, daß sie mir erzählt hatte, sie sei ein Einzelkind, und deshalb habe ihre Mutter sie um keinen Preis verwöhnen wollen. Sie sei zu gutem Betragen und dazu angehalten worden, stets das zu tun, was Mutter von ihr erwartete. Anscheinend reichte der Platz nur für ein verwöhntes Kind.

Dann wollte ich genau wissen, was geschah, als die Depressionen einsetzten. Sie schilderte ihre Schlaflosigkeit während der Nacht, ihre Interesselosigkeit, irgend etwas zu tun oder unter Menschen zu sein, ihr Völle- und Übelkeitsgefühl im Bauch, ihr Empfinden, daß Religion sinnentleert sei, daß ihr Mann sich Sorgen mache und daß seine Besorgnis sie gar nicht berühre. Sie wünschte sich, einfach einzuschlafen und erst im Frühling wieder aufzuwachen.

Ich stellte ein paar weitere gezielte Fragen und erfuhr, daß sie noch nicht an Selbstmord gedacht hatte und das auch nicht tun würde. Als staatlich geprüfte Krankenschwester hatte sie schon vom sogenannten Sekundärgewinn des Krankseins (dem «Bonus» der Krankheit) gehört, also hielt ich ihr die Möglichkeit vor Augen, daß sie bezweckt haben könnte, was geschehen war. Ich fragte weiter, ob sie nicht manchmal auch ihren Mann strafen wollte, weil er sie nicht davor bewahrt hatte, sich so in der Sorge für ihre Mutter aufzureiben. Das verneinte sie sofort.

Bill hatte ihr die Verantwortung abnehmen und für die Mutter einen Platz in einem Altersheim suchen wollen, als deutlich wurde, was es Martha kostete, aber «ich habe ihn angefleht, das nicht zu tun. Man weiß ja, wie Altersheime sind. Dort wäre sie gestorben.»

Ich fragte: «Wie kam es schließlich doch noch zu einem Umzug ins Altersheim?» Sie erzählte, daß ihre Gesundheit zu wünschen übrigließ und ihr Arzt gesagt hatte: «Entweder Sie oder Ihre Mutter.» Sie versuchte, Zeit zu gewinnen, indem sie mit einer Freundin zusammen Ferien machte. «Wie hat sich die Familie inzwischen beholfen?» – «Mutter hat sich um alles gekümmert, während ich fort war.» (!)

Martha weigerte sich nicht nur, ihrem Groll Luft zu machen, sie handelte auch im völligen Widerspruch zu ihren Gefühlen, indem sie außerordentlich gut für die Mutter sorgte. Sie nahm weder das Hilfsangebot ihres Mannes an, ein anders Arrangement zu treffen, noch «sah» sie, daß ihre Mutter durchaus allein zurechtkam.

Als die Sitzung beendet war, bat ich sie, mit Ton zu arbeiten, um ein Gefühl dafür zu bekommen, wie das «Gebilde» Depression auf sie gewirkt hatte, sich dann vorzustellen, es sei lebendig und könne sprechen, ihm Fragen zu stellen, was es von ihr wolle, und diesen Dialog aufzuschreiben.

Depressionen zwingen uns eine langsamere Gangart auf, und wir müssen uns mit Aspekten unseres Lebens befassen, an die wir vorher meist lieber nicht gerührt haben.

Am dritten Tag war sie nicht in die entsprechende Trance zu bringen. Sie war ruhelos. Ihr Rücken schmerzte. Sie hatte ein Wunder erwartet, und es war nicht eingetroffen. Die Lektüre, die ich ihr empfohlen hatte, interessierte sie nicht. Sie wollte nichts aufschreiben, und sie meinte, künstlerische Betätigung brächte ihr nichts.

Ich lobte sie wegen ihrer Kraft, Widerstand zu leisten gegen etwas, für das sie noch nicht reif war. Schließlich war sie gekommen, um neue Verhaltensweisen auszuprobieren. Ihr Leben lang war sie ein «liebes Mädchen» gewesen und hatte den Erwartungen anderer entsprochen. Sie hatte recht, wenn sie nach der eigenen inneren Uhr vorging. Sie wollte ihre Kraft lieber für sich selbst gebrauchen, statt sie an andere zu wenden. (Diese Interpretation verwirrte mich.) Wir vereinbarten eine weitere Sitzung für den gleichen Tag.

Am Nachmittag setzten wir zusammen ein Psychodrama in Szene. Sie mußte sich in die Zeit zurückversetzen, als ihr Vater starb, und wieder die Vierzigjährige werden, die beschlossen hatte, ihre 58jährige Mutter mit der Familie nach Deutschland mitzunehmen. Wir fingen mit ihrem Satz an: «Was könnte ich auch sonst machen!» Dann vertauschten wir die Rollen, und jetzt mußte sie ihre hilflose, depressive Mutter spielen. Danach bat ich sie, wieder ihr gegenwärtiges Ich von 67 Jahren zu werden, und nun würden wir direkt mit ihrer 58jährigen Mutter von damals sprechen und in Erfahrung bringen, ob sie sich noch irgend etwas anderes vorstellen könnte, außer bei ihrer Tochter zu leben. Sie war bei bester Gesundheit, hatte gute Freunde und war durchaus fähig, selbst mit ihrem Leben zurechtzukommen. Bevor wir anfingen, gab ich Martha noch ein paar Instruktionen: «Sie wissen ja, wie es ist, wenn man 58 ist. Wäre es Ihnen völlig entgangen, welch eine Last Sie für Ihre Tochter und deren Familie sein könnten? Welchen Rat würden Sie in Ihrem jetzigen Alter und aufgrund Ihrer jetzigen Erfahrung Ihrer Mutter geben, den Sie mit vierzig nicht hätten geben können?»

Martha ließ ein paar recht treffende Bemerkungen fallen und gab zu, daß ihre Mutter keineswegs hilflos war; außerdem jedoch ärgerte sie an sich selbst im Alter von vierzig die Bereitwilligkeit, mit der sie die Märtyrerrolle übernommen hatte.

Martha und ihre Mutter hatten zu jener Zeit die beste ihnen bekannte Lösung für den Umgang miteinander gefunden, aber es war wichtig zu wissen, daß damals auch noch andere Gefühle und Möglichkeiten bestanden hatten, weil sie etwas mit den jetzigen Möglichkeiten zu tun hatten. Marthas Depression signalisierte, daß sie an ihrem derzeitigen Leben etwas verändern konnte.

In unserer nächsten Sitzung erinnerte Martha sich an einen Traum: Ihr Mann reist nach Baltimore. Er will, daß sie zu ihm kommt. Es wird nur eine Veranstaltung geben, zu der sie sich schick anziehen muß. Sie beschließt hinzufahren, und findet den Weg zu einer recht seltsamen Fahrkartenverkaufsstelle, die nur über einen ziemlichen Umweg ein paar Treppen hinunter und wieder hinauf zu erreichen ist. Die Frau am Schalter sagt, sie könne die Reise organisieren, aber Martha müsse die genaue Entfernung ausfindig machen, und dann würden sie den Preis festsetzen. Martha muß ein Pfand hinterlegen, um sicherzustellen, daß sie auch bezahlen kann, wenn sie fahren will. Während sie überlegt, wie sie an die gewünschte Information kommt, erscheint eine andere Frau und sagt, sie hätte einen Computer und könnte es für sie herausfinden. Ja, beschließt sie, sie kann und will die Kosten tragen.

Der Fahrkartenschalter war Marthas Metapher für die intensive Therapieerfahrung. Sie mußte sich für ein Ziel entscheiden und in diesem Fall die Kosten tragen. Als sie eben herumrätselte, wie sie an die richtige Information kommen könnte, wartete ein anderer weiblicher Teil ihrer selbst mit der Antwort auf.

Am Tag unserer letzten Sitzung wurden gerade in Baltimore die US-Baseballmeisterschaftsspiele abgehalten. Martha erkannte, daß sie den Ortshinweis in ihrem Traum wörtlich nehmen und Baltimore als ihr Ziel betrachten konnte. Dort war etwas los – dort war das Leben.

Ihr Mann wartete dort bereits auf sie. Daß sie den hoffnungsvollen

Sinn des Traums erfaßt hatte, trieb uns Tränen in die Augen. Jetzt war sie reif dafür, von ihren Schattenseiten Kenntnis zu nehmen und sich damit zu identifizieren. Ihr Leben lang hatte sich Martha nach ihrer Mutter gerichtet. Sie hatte getan, was andere von ihr erwarteten, ließ sich nicht gehen und war nicht verwöhnt. Sie gönnte sich auch nicht viel. Ihr Schatten, die unausgelebte Seite ihrer selbst, enthielt ihre unterdrückte Wut und ihren manipulativen Eigenwillen, aber auch ihre spielerische Kreativität, ihre unorthodoxe, unabhängige Imagination und einen lockeren, freieren Bezug zu ihrem Körper. Sie hatte sich nie gestattet, die Liebe ihres Gatten voll zu genießen und ebensowenig die eigene Sexualität.

Martha hatte auch nie offen ihrem Ärger über ihn Luft machen können, deshalb suchte und fand sie halbbewußt Möglichkeiten, es ihn auf andere Art fühlen zu lassen, wenn er ihr Mißfallen erregte. Sie hatte so wenig Verbindung zu dem freien, kindlichen Teil ihrer Persönlichkeit, daß dieser wie ein abgelehntes Kind darauf pochte, ihm endlich ein Ohr zu leihen und ihn anzuerkennen.

Ihr fiel es schwer, die Depression als die häßliche Seite des verleugneten Kindes im eigenen Innern zu sehen und daran zu glauben, daß sie sich mildern würde, wenn sie nur annehmen würde, was ihr Mann ihr geben wollte. Sie mußte sich dazu entschließen, ihr Leben voll und ganz zu leben. Ihre Wut über die unbewußte Erpressung ihrer Mutter hatte sie mit einem Weltmodell kaschiert, in dem Liebe und Wut nicht koexistieren konnten. Das brachte Eheprobleme mit sich.

Ihre Schuldgefühle wegen der Wut kollidierten mit ihrem Hunger nach Liebe und ließen nur Raum für die negative Zuwendung, die sie durch ihre Depression erhielt.

Die alten Formen des Leidens sind unsere vertrauten Suchtgewohnheiten. Neues Wachstum ist immer beunruhigend. Es war vielleicht nicht das Wunder, mit dem sie gerechnet hatte, aber ihre Träume wußten es besser. Kurz bevor sie Abschied nahm, hatte sie einen Traum, in dem es Weihnachten war und die Kinder gerade die Tür öffnen wollten.

Dante – ein Beispiel aus der Literatur

Eine klassische Beschreibung der Midlife-crisis – der Frage, was wir eigentlich hier machen, welche Konsequenzen unsere Entscheidungen haben (besonders die engstirnigen, selbstsüchtigen) und in welchen Stufen die Wandlung des Bewußtseins verläuft – findet sich in Dantes *Göttlicher Komödie.* Das mag erstaunlich klingen, denn ein heute lebender Mensch erwartet kaum von einem Werk aus dem 14. Jahrhundert, zumal es auch noch von «Hölle», «Fegefeuer» und «Paradies» handelt, daß es für ihn und seine Probleme relevant sein könnte.

Dennoch weckt Dante unser Interesse, indem er mit der bildhaften Beschreibung eines Mannes beginnt, der in einem dunklen Wald aufwacht, in dem er sich um die Lebensmitte verirrt hat. Das ist immerhin eine perfekte Metapher für den Zustand, in dem vertraute Ziele (Macht, Familienleben, Erfolg, Rebellion, gesellschaftliche Reformen oder was immer von Bedeutung ist) hohl und sinnlos erscheinen: jener Zustand, den ein Mann einmal so beschrieben hat: «Keine Schulden, Hypotheken getilgt, Ruhestandspläne – NA UND? –, alles erscheint absurd.»

Wenn wir Dante und seine Kommentatoren lesen, wird uns klar, daß *Inferno, Purgatorio* und *Paradiso* ihre Entsprechung in drei «Hier und Jetzt»-Zuständen des Bewußtseins haben, die jedem von uns bekannt sind. Dante stolpert, wie wir alle, herum, bis er einen Führer findet. Wir finden nur eine Führung, wenn uns bewußt geworden ist, daß wir Hilfe brauchen. Vergil, Dantes Führer, steht für Vernunft und menschliche Selbstbeherrschung.

Wie bei Martha gehört es zum Auffinden des Weges, zu unangenehmen Selbsterkenntnissen hinabzusteigen. Vergil nimmt Dante mit hinunter in das Inferno, die Hölle, und dann mit hinauf auf den Läuterungsberg, zum Purgatorium. Die Schattenabhängigkeiten des Enneagramms entsprechen den Stufen des Infernos und treten in verwandelter Form auf den Terrassen des Berges wieder in Erscheinung.

William Soskin hat einmal die *Göttliche Komödie* mit dem *Tibetischen Totenbuch,* einem Bericht über die Schamanenreise und andere Todes- und Wiedergeburtsprozesse, die zur Selbsterkenntnis hinführen, verglichen. Er bezeichnet die «Todsünden» der Hölle als Fehler der Wahrnehmungs- und Entscheidungsprozesse – schwere Fehler, die ernstliche Entstellungen und schlechte Entscheidungen nach sich ziehen, wodurch umgekehrt wieder nachhaltige Fehlwahrnehmungen ausgelöst werden. Er schreibt:

> Sünde ist ein Fehler erzeugender Prozeß. Durch Kartharsis, ob infolge von Therapie oder Beichte, wird das Fehlerkonto gelöscht, so daß wir die Wirklichkeit in einem neuen Licht sehen können.[1]

Dante enthüllt seine eigenen Schwächen mit schonungsloser Offenheit, während er hinabwandert. Mit jeder Stufe seines Abstiegs treten die Gefahren der Selbstbezogenheit immer deutlicher in Erscheinung. Gleich hinter dem Tor der Hölle trifft er Leute, die in immerwährendem, furchtlosem Selbstmitleid nicht von der Stelle kommen – genau wie wir, wenn wir zwar wissen, was zu tun ist, aber ständig über die Folgen nachgrübeln. Die Unmäßigen und Zügellosen folgen auf der anderen Seite einer dünnen Linie, die wir nicht wahrhaben wollen, wenn wir sie überschreiten: die Linie zwischen Begierde und Wollust, zwischen dem Genuß guter Dinge und der Gier, zwischen spontaner Wut und halbbewußter Grausamkeit.[2]

Dante markiert die zunehmende Entfremdung im Höllenzustand des Bewußtseins durch drei Wandlungspunkte. Der erste ist der Eingang zur gewalttätigen Stadt Dis, der zweite der Übergang in die Täuschung und der dritte und letzte die Grube in den eisigen Tiefen des furchtbarsten Übels, des kannibalistischen Verrats an dem tieferen Sinn und dem wahren Ursprung der Liebe.

Mit seinen Bildern will Dante bewußt machen, daß «Sünde», die egozentrische Entscheidung, eine ganz eigene Sackgasse schafft und erhält, in der man festsitzt. Martha saß durch die Verzerrung und Verleugnung ihrer Wut gefangen. Im Gegegnsatz zur allgemeinen Ansicht gibt es weder in der Hölle noch im Fegefeuer Strafen. Jede Handlung oder Einstellung, die nicht einer Ganzheit jenseits der enggefaßten Interessen des Ego entspringt, trägt ihre eigene Strafe schon in sich.

Strafe bedeutet die Tilgung einer Schuld. Das östliche Denken kennt dafür die Theorie des Karma. Dante verfolgt mit seinen außergewöhnlich starken Bildern vom Leiden den gleichen Zweck. Schwere Mühlsteine und prächtige Gewänder halten diejenigen gefangen, denen es wichtig war, wie sie auf andere Menschen wirkten (die DREI-Strategie von Leistung und Image). Ein unablässiger, kalter Sturmwind schleudert die umher, die in ihrer Lüsternheit ihre Leidenschaft für selbstsüchtige Ziele mißbrauchten (die ACHT-Strategie der Selbstgerechtigkeit und Arroganz): kalt, weil Lüsternheit im Gegensatz zum Feuer aufrichtigen Begehrens letztlich kalt und von Übel ist.

Die verschiedenen Bilder spiegeln unsere Wirklichkeit wider, aber sich den projizierten Schatten bewußt zu eigen zu machen ist nicht leicht. Erkenntnis steht am Anfang des Verwandlungsprozesses. Dante muß sich mit seinen eigenen Problemen der Gier und des Stolzes auseinandersetzen. Kurz vor Anbruch der Morgendämmerung kommt er aus dem dunklen Schlund der Hölle mit ihrer heillosen Verwirrung und erstickenden Sinnlosigkeit hervor. Vor ihm liegt klare, saphirblaue Dunkelheit und das Kreuz des Südens mit seinen funkelnden Sternen. Dieses Bild deutet den Wendepunkt an, die Aufhellung der Finsternis. Es führt nur ein Weg aus den Qualen der Hölle heraus – wir müssen eine neue Art des Leidens akzeptieren, ein Leiden, das uns läutert.

Dieses Leiden kommt mit der Suche nach dem Sinn und der Übernahme von Verantwortung für das Leben, das wir uns geschaffen haben. Dante beschreibt dies in den Bildern seines Aufstiegs auf den Läuterungsberg, den er in der südlichen Hemisphäre angesiedelt hat, auf der anderen Seite der Erdkugel.

Wie er seine Aufgaben definiert, läßt auf eine Enneagramm-Position zwischen ACHT und ZWEI schließen; da andererseits sein Werk von einer außergewöhnlichen Kenntnis aller bekannten Wissensgebiete zeugt, könnte auch ein Platz zwischen FÜNF und SIEBEN in Frage kommen, während sein Perfektionsstreben in der Komposition der hundert Gesänge und das eindeutige Vergnügen, mit dem er seine Feinde in der Hölle ansiedelt, Aspekte des Enneagramm-Punktes EINS widerspiegelt. Der Verlust seiner Jugendgeliebten Beatrice und die Umwandlung dieses Verlustes und seiner Sehnsucht in die bildhaften Vorstellungen vom Paradies wiederum erinnern an das VIER-Programm. Was Dante in seinem Werk erreicht, ist eine Synthese aller menschlichen Lebensziele.

Das Fegefeuer, wie es in Dantes Vision erscheint, ist keine verstaubte Kirchenlehre. Jeder Mensch, der den Weg des Bewußtseins wählt, erlebt es im Spannungsfeld widersprüchlicher Neigungen und Gefühle. Der Berg der Läuterung, den Dante ersteigt, ist in erster Linie ein Ort, an dem man die Kontemplation erlernt.

Kontemplation ist eine Einstellung zum Leben. Sie schließt die Fähigkeit ein, sich das vor Augen zu halten und darüber zu reflektieren, was im Gefühl wie auch im Denken, im Engagement wie auch im Loslassen in Erscheinung tritt. Im Fegefeuer können nun alle Sünden nicht allein als Fehler in der Wahrnehmung erkannt werden, sondern als aktive Entstellungen aller Arten von Liebe. Sie lassen sich korrigieren.

Stolz (Enneagramm-Schatten von Punkt ZWEI), Neid (Punkt VIER) und Zorn (Punkt EINS) müssen in Bescheidenheit, Zufriedenheit und Nachsicht verwandelt werden. Sie sind Irrungen der selbstbezogenen Liebe. Faulheit ist unzureichende Liebe (Punkt NEUN). Unsere Liebe ist besitzergreifend, wenn wir nicht von unserer Liebesfähigkeit zum

Wohle aller Gebrauch machen, statt sie jeweils in einem Maximum an Habgier (Punkt FÜNF), Unersättlichkeit (Punkt SIEBEN) und Wollust (Punkt ACHT) zu konzentrieren. Die Feigheit des Enneagramm-Punktes SECHS hat sich bereits stillschweigend in die beherzte Liebe verwandelt, die nötig ist, um die Reise zu unternehmen.

Nachdem er den Garten des Paradieses und die Wasser des Vergessens und Erinnerns durchschritten hat, macht Dante fortschreitende Erfahrungen in Hingabe und Liebe. Er kann sich nicht länger auf die Vernunft verlassen, aber er setzt sein staunendes Forschen über die Paradoxe der menschlichen Existenz fort. Er tritt in eine neue Dimension dieses Wirklichkeitsmodells ein (ins Reich der mystischen Erfahrung, von dem in allen spirituellen Traditionen in Ost und West die Rede ist).

Die normalen Vorstellungen von Raum und Zeit haben hier keine Geltung mehr. Dante gebraucht die Metapher eines Aufstiegs an Planeten, Sonne und Sternen vorbei, doch weist er gleich darauf hin, daß es nur *einen* Zustand der Seligkeit gibt. Alle Seelen weilen gleichermaßen im Zentrum, eine Schilderung, die in T. S. Eliots Zeile «am ruhenden Punkt ist der Tanz»[3] erinnert oder auch an Einsteins Beschreibung vom Zentrum des Universums als einem Punkt, der überall ist.

Bei normalem Bewußtsein kann unser Geist die Einheit nicht erfassen, die alle Verschiedenheit in sich schließt und jenseits von Raum und Zeit ist. Dabei unterscheidet sich dieses Modell seinem Wesen nach gar nicht so sehr vom zeitgenössischen Denken C. G. Jungs und Teilhard de Chardins, wonach man dem All um so näher kommt, je mehr man sich von anderen unterscheidet.

Das Ziel der Individuation in die individuelle Vollständigkeit, nicht die Perfektion. Die Leute, denen Dante im Paradies begegnet, sind alle selbstverwirklicht. Sie unterscheiden sich nur durch die Art und Weise, wie sie sich die Erfahrung der letzten Wirklichkeit verwehrt haben.

Dieser Gedanke, daß man einzig dazu aufgerufen ist, der Mensch zu werden, der nur man selbst sein kann, gibt einem jeden von uns seinen ureigenen, tiefen Wert.

Dantes Wirklichkeitsmodell wurzelte im mittelalterlichen Verständnis, aber er war ein außergewöhnlich guter Beobachter des menschlichen Verhaltens und der natürlichen Fakten dieser Welt. Er legt eine Vision von der Totalität der Wirklichkeit dar, die uns herausfordert, zu einer ebenso umfassenden Einsicht zu kommen.

Die Enneagramm-Programme und die Todsünden

Todsünde	Programm	Stärke
1. Zorn	Perfektion und Groll	Nachsicht, Gelassenheit
2. Stolz	Hilfsbereitschaft und Manipulation	Bescheidenheit
3. Lüge	Leistung und Image	Wahrheit, Hoffnung
4. Neid	Außergewöhnlichkeit und Sentimentalität	Zufriedenheit
5. Geiz	Wissen und Rückzug	Loslassen können
6. Feigheit	Sicherheit und ängstliche Zweifel	Mut, Glauben
7. Unersättlichkeit	Unbekümmerter Optimismus und nervöse Aktivität	Mäßigung
8. Wollust	Selbstgerechtigkeit und Arroganz	Vertrauen, Unschuld
9. Faulheit	Friedfertigkeit und träge Unschlüssigkeit	Handlungsbereitschaft, Liebe

Die Schattenprobleme entsprechen den Bezeichnungen der traditionellen Todsünden. Für psychologische Zwecke können wir diese Begriffe mit Soskin (siehe oben) als Fehler in den Wahrnehmungs- und Entscheidungsprozessen betrachten, die Entstellungen und schlechte oder falsche Entscheidungen zur Folge haben, wodurch umgekehrt wieder Fehlwahrnehmungen entstehen. Wir suchen nach einer objektiven Sicht der Wirklichkeit. Die Stärken werden durch die Auseinandersetzung mit den speziellen Schattenproblemen eines jeden Programms gewonnen.

Max

Die Komplexität der Auseinandersetzung mit dem eigenen Schatten und der Erkenntnis von dessen spezifischen Charakterzügen wird an der Lebensgeschichte eines Mannes deutlich, der einem VIER-Programm des Enneagramms mit hohen Ansprüchen folgt. Von der Beziehung zu einer Frau (die sich einer SIEBEN-Strategie des Enneagramms mit einer Vielzahl von Vorhaben und der Schmerzvermeidung bediente) frustriert, war er gezwungen, sich weiterzuentwickeln und zu wachsen.

Max, Musiker und Dichter aus Argentinien, kam in den fünfziger Jahren in die Vereinigten Staaten. Als Freund der klassischen Kunst hatte er wenig Interesse an der Literatur der «Beat Generation», deshalb wandte er sich einem neuen Studiengebiet zu. Er wählte das Ingenieurwesen als schnellste Möglichkeit, berufliche Anerkennung zu finden und einen Lebensstil pflegen zu können, der seinem familiären Hintergrund entsprach. Er stürzte sich geradezu auf das Studium. Als er seine Abschlußprüfung ablegte, war er allgemein als Perfektionist mit einem komplexen und differenzierten Denkvermögen bekannt. Er selbst beschrieb diese Zeit später so: «Mir schien es, als hätte ich meine Zukunft gut im Griff, aber dann habe ich, wie üblich, einen fatalen Fehler gemacht.» Dieser Fehler war seines Erachtens seine Heirat. Die Frau, die er sich wählte, war lebhaft und attraktiv und stammte aus einer Akademikerfamilie, allerdings hatte offenbar niemand in ihrer Familie viel erreicht.

Das störte zu Anfang nicht weiter, und als sie gemeinsam eine Familie gründeten, wandte er viel Zeit und Überlegung daran, ein Haus zu entwerfen und zu bauen. Er überlegte sich jede kleinste Einzelheit, nicht nur architektonische Details, sondern auch die Installationen, die Stromversorgung, die Geologie und die Auswahl einheimischer Pflanzen, die das Land befestigen und seinen Entwurf vervollkommnen würden. Nichts davon interessierte seine Frau sonderlich. Als er später einmal darüber nachdachte, kam es ihm so vor, als habe sie seine Arbeit gar nicht recht wahrgenommen, geschweige denn zu würdigen gewußt. Sie bekannte, nichts von Technik zu verstehen, und sagte lachend, wenn sie in die Nähe von Maschinen käme, würden ja immer schreckliche Dinge passieren, zum Beispiel hätte sie aus Versehen irgendwelches Werkzeug von ihm kaputtgemacht und Tonkassetten gelöscht, die ihm viel bedeuteten. Sie klagte oft, er sei ständig zu müde von all seiner Arbeit, um noch etwas mit ihr und den Kindern zu unternehmen. Die Jahre vergingen, und er vergrub sich immer mehr in seine Arbeit.

Dann erwog Max' Frau, inzwischen Anfang Vierzig, noch einmal zu studieren und möglicherweise berufstätig zu werden, da die Kinder groß waren und sie nicht mehr so brauchten wie früher. Sie schloß sich einer Gruppe von Frauen in der Lebensmitte an, denen sie mit ihrer Herzlichkeit und ihrem Einfühlungsvermögen sehr willkommen war.

Bald darauf kam sie zu dem Schluß, daß sie keine glückliche Ehe führte. Sie erlebte ihren Mann zu Hause in einem Dauerzustand von Depressivität und Reizbarkeit. Sie hatte gelernt, seine morbiden Gedanken und Selbstbespiegelungen darüber, daß seine Gesundheit zu wünschen übrig ließe und er einem frühen Tod geweiht sei, nicht ernst zu nehmen, aber der Einfluß, den sein Pessimismus auf die Kinder hatte, machte ihr Sorgen. Die Kinder (und sie) hatten den Eindruck, seine Ansprüche nicht erfüllen zu können. Sie wollte aber, daß ihre Kinder sich geliebt fühlten, ohne dafür etwas leisten zu müssen.

Sie hatte Max geliebt, als sie heirateten, aber bei der Geburt ihrer Kinder war ihr klargeworden, daß er sie nicht auf die gleiche Weise liebte. Beide Male hatte er es so eingerichtet, daß er fort war. Sie bewunderte seine musikalischen Kenntnisse und seine Freude an der Musik und hätte gern gehabt, daß er sie daran teilhaben ließ, aber sie traute sich nicht, seine kostbaren Schallplatten zu berühren, wenn er nicht da war. Ihr war kaum etwas bewußt von ihrer Wut auf ihren Mann oder von dem, was sie selbst zu den Schwierigkeiten ihrer Ehe beitrug. Nach Gesprächen mit ihrer Gruppe wuchs allerdings ihre Besorgnis so, daß sie Max erzählte, welche Sorgen ihr seine depressiven Stimmungen machten, und in ihn drang, Hilfe zu suchen.

Max kam bereitwillig zur Therapie. Er wußte, daß er unter Depressionen litt, und sagte, sie seien chronisch, er hätte sie schon sein Leben lang. Vor kurzem sei es so schlimm gewesen, daß er befürchtet hätte, sich das Leben zu nehmen, weil er so nicht weiterleben konnte. Er sprach davon, daß ihn seine Mutter immer gewarnt hatte, als er noch klein war: «Wir sind eine vom Unglück verfolgte Familie. Denk bloß nicht, daß sich deine Wunschträume erfüllen.» Und er fügte hinzu: «Sie hat die Wahrheit gesagt. Ich habe nie mit etwas Glück gehabt.» Er wußte, daß seine Kollegen ihn achteten, aber irgendwie blieb ihm der Erfolg versagt. Er hatte das Gefühl, daß seine Mutter recht hatte. Der Erfolg lag in Reichweite und blieb doch unerreichbar für ihn.

Voller Bitterkeit sprach er von den vielen Stunden harter Arbeit, die er in das erste Haus der Familie gesteckt hatte, bis seine Frau behauptet hatte, es sei zu abgelegen, und dafür sorgte, daß sie in ein Reihenhaus in einer Gegend umzogen, die sie bevorzugte. Ungläubig, daß sie so dumm sein konnte, erhob er keinen Protest. Wenn sie die Dummheit nicht selbst sah, konnte er ihr die Augen bestimmt nicht öffnen. Und spielte es denn überhaupt eine Rolle? In ein paar Jahren war er ohnehin tot, wenn nicht schon früher.

Im Laufe der Sitzungen entfaltete sich Max' Lebensgeschichte. Als ältester Sohn und Liebling der Mutter identifizierte er sich mehr mit ihren Wertvorstellungen und Ansichten als mit denen des Vaters. Sie war offenbar eine tüchtige Frau gewesen und hatte mehr Intelligenz und Fähigkeiten besessen als andere Menschen, die er kannte, nur hatten sich die Begabungen nicht entfalten können, da «weder die Zeit noch der Ort stimmte».

Max' Depression linderte sich, als er seine Geschichte erzählte, sich in der Literatur dieses für ihn neuen Gebietes vertiefte und seine Gefühle zum Ausdruck brachte. Einige bis dahin unbekannte Aspekte seines Lebens traten deutlicher hervor. Er wurde nicht nur von anderen geachtet, sondern er war bei den meisten auch beliebt wegen seiner warmherzigen, geistreichen und großzügigen Art, anderen bei ihren Problemen zu helfen. Bei Anschlußsitzungen mit seiner Frau zeigte sich allerdings an seiner unversöhnlichen Wut, der sie mit Grausamkeit begegnete, indem sie herabwürdigte, was er für die Familie gatan hatte, und seine Anstrengungen und Interessen sabotierte, daß die Ehe in einer Sackgasse steckte und keiner von beiden gewillt war, einen Ausweg zu suchen. Sie waren sich beide einig, daß es mit der Ehe vorbei war.

Einige Jahre später kam Max wieder in die Therapie. Er befürchtete, in einer ähnlich lähmenden Depression zu versinken wie der, die er überwunden hatte. Er hatte eben ein Verfahren zur Gewinnung von Schieferöl entwickelt. Diesmal hatte er sich mit einem Geschäftspartner zusammengetan, dem er vertrauen zu können meinte. Wichtige Termine standen den ganzen kommenden Monat an, und durch seine Depression löste sich für ihn das alles in Rauch auf. Er wußte, daß er das Handtuch werfen würde, wie er es immer getan hatte.

Er sprach von der Ehe. Er sagte, seine Frau hätte sich einen ekelhaften Rechtsanwalt genommen. Max hatte sich widerstandslos auf die Forderungen der beiden eingelassen. Sie war nun einmal «eine Idiotin, ein Parasit, von Geburt an unfähig dazu, auf eigenen Füßen zu stehen». Natürlich würde er ihren Unterhalt zahlen. Er hegte bitteren Groll gegen den Rechtsanwalt und die Methoden, die sie anwandte, aber er selbst nahm sich keinen Anwalt, der seine Interessen vertreten hätte. Er hatte nichts als Verachtung für diese Menschengattung übrig. Sie hatte also das Haus mit dem Swimmingpool bekommen, dazu alle Vermögenswerte und noch die Hälfte seines Monatseinkommens als Unterhaltszahlung, bis die Kinder ihr Studium beendet hatten. Er, der so schwer gearbeitet hatte, besaß nichts als sein Unternehmen und die Fähigkeit, sein Brot zu verdienen.

An diesem Punkt können wir wieder zur Theorie des Schattens zurückkehren und dessen Entwicklung beschreiben. Max hatte sich als Kind mit seiner begabten Mutter identifiziert, die ihre eigenen Fähigkeiten in ihm wiederentdeckte und sie förderte. Doch aus ihrer Erfahrung heraus gab sie ein Erbe an ihn weiter, das im Enneagramm der Strategie und Geistesverfassung der VIER entsprach – die Familie «sei vom Unglück verfolgt». Er konnte nicht damit rechnen, daß seine Träume wahr werden würden. Er würde hart arbeiten, aber ohne Erfolg.

Sein Ich identifizierte sich bewußt mit seinem Intellekt, seiner Neugier und seiner Fähigkeit, hart zu arbeiten. Er konnte seine Fähigkeiten (es anderen recht zu machen) voll ausschöpfen, solange die Freude daran unbewußt blieb. Seine spontane, kindliche Unbeschwertheit und seine unverantwortliche Gefühlsseite wurden unterdrückt, als gehörten sie nicht zu ihm. Depression und Unmut hingegen waren etwas «Vertrautes» und wurden als solches von seinem Ego assimiliert. Seine Wut im eigenen Interesse und zugunsten der eigenen Selbstachtung abzureagieren war nicht akzeptabel, und daher wurde sie verdrängt. Sein Vater konnte der Mutter keine gleich starken Auffassungen entgegensetzen. Als er heiratete, suchte er die seinem Leben zur Vollständigkeit fehlenden Elemente zu ergänzen, von seinem Standpunkt aus kein schlechter Entschluß. Aber die Probleme, die VIERER mit intimer Vertraulichkeit haben, stellten sich ein und zogen seine Aufmerksamkeit auf die negativen Seiten dessen, was er hatte. Seine Mutter hatte aufgrund ihrer elitären Vorstellungen auch nur Geringschätzung für ihren eigenen Ehepartner.

Max' Enneagramm-Strategieachse von der VIER zur EINS erklärt ebenfalls seine zwanghafte Vorliebe für Details und Perfektion sowie seine unerfüllten Erwartungen, seine Frau würde seine Arbeit zu würdigen wissen und bewundern. Seine Frau lieferte Aufhänger für alles, was er in sich selbst verdrängte und unannehmbar fand: ihre sorglose Hinnahme von Unvollkommenem, ihr unbekümmerter Mangel an Selbstbeherrschung und ihre ausgesprochene Selbstbezogenheit. Man beachte jedoch seine erbitterte Äußerung: «Idiotin», «Parasit», «von Geburt an unfähig dazu, auf eigenen Füßen zu stehen». Zu so starken Worten kommt es, wenn etwas vom eigenen Schatten projiziert wird. Die Gegensätze waren zu extrem, ohne einander zu ergänzen, und eindeutig war keine Integration eingetreten. Zu diesem Zeitpunkt weigerten sich beide Partner, die Gelegenheit wahrzunehmen, die diese Kontroverse bzw. seine Depression ihnen bot, um sich mit ihren eigenen und den Schattenseiten des anderen auseinanderzusetzen. Sie agierten aus Abhängigkeiten heraus, die keiner von beiden wahrhaben wollte.

Auffallend ist die Ähnlichkeit zwischen dem Gebrauch, den der Ehemann von seiner Arbeitswut macht, einer Sucht nach Betätigung, und dem scheinbaren Gegenteil davon, der Faulheit seiner Frau. Beides eröffnete Fluchtmöglichkeiten aus der ehelichen Beziehung. Süchtige unterschiedlichster Art (Alkoholiker, Fettsüchtige, Drogenabhängige) handeln unbewußt meist so, als erwarteten sie Hilfe von außen, als hofften sie, daß man sich ihrer annehmen würde. Dabei können sich Veränderungen nur dann vollziehen, wenn sie beschließen, selbst etwas für sich zu tun. Arbeitswut findet im Gegensatz zu anderem Suchtverhalten den Beifall der Gesellschaft, ein schlechter Trost für echte Anteilnahme. So bestärkt sie den Betreffenden noch in seiner depressiven Weigerung, sich zu ändern, seiner Weigerung, sich mit dem Wesen und den Beziehungen seines eigenen Lebens zu befassen. Innerhalb des Enneagramms heißt das, Max als VIER fühlte sich von den Eigenschaften der SIEBEN, seiner Frau, angezogen: von ihrer Ausgelassenheit, ihrem Idealismus, ihrem gesellschaftlichen Geschick, selbstbezogenen Charme und Lebenshunger. Er selbst brauchte ähnliche Eigenschaften, um von seinem Hang zur Melancholie und Isolation loszukommen. Nachdem er sie geheiratet hatte, änderte sich jedoch sein Standpunkt. Jetzt sah er die gleichen Eigenschaften als oberflächlich, verantwortungslos, gierig und narzißtisch an. Er seinerseits nahm aber auch ihre Äußerungen über seine Schattenseiten – den Neid, das elitäre Denken und den Hang zur Melancholie – nicht ernst.

Man sieht den Schatten des Partners klarer als den anderer Menschen, hat jedoch entschieden etwas dagegen, entsprechende Informationen anzunehmen und die eigenen Projektionen zu erkennen.

Max mußte viel leiden, ehe er seine Trägheit in kritischen Momenten als Weigerung erkennen konnte, seine Sehnsucht zuzugeben und sich mit seiner Angst auseinanderzusetzen. Als es ihm endlich gelang, vermochte er auch seinem Privat- und Berufsleben eine neue Basis zu geben.

Seine Frau, die sich alle gemeinsamen Vermögenswerte gesichert hatte, war hingegen immer noch nicht zu der Einsicht gekommen, daß die «materielle Habsucht», die sie auf ihn projizierte, ihr eigenes Problem und der Ersatz für ihren Hunger nach Liebe war. Sie weigerte sich, das Risiko einzugehen, selbst etwas zu geben. Infolgedessen ging sie von «fruchtlosem Selbstmitleid zu Unmäßigkeit, vom Genuß guter Dinge zu Gier und von Wut zu Grausamkeit» über. Doch dadurch, daß sie in die eigenen dunklen Tiefen hinabstieg, wurde sie allmählich hellsichtig, was ihre persönlichen Werte betraf, und so begann schließlich auch für sie die Reise der Bewußtwerdung.

Projektionen unterscheiden sich insofern von allgemeinen Wahrnehmungsfehlern, als der betreffende Mensch sie leidenschaftlich ableugnet und nicht eines Besseren zu belehren ist. «Lauter und lärmender» ist die normale Abwehrhaltung. Früher oder später schwächt sich die Projektion allerdings ab. Das wird zwar nicht als solches erkannt, aber es stellt sich ein Gefühl von Unlust und Mutlosigkeit oder Niedergeschlagenheit ein. Die Energie wird von unbewußten Inhalten aufgesogen, die darauf drängen, sich Gehör zu verschaffen. Sie treten im Laufe der Zeit erst in Träumen, dann im Bewußtsein selbst in Erscheinung.

Max' Tüchtigkeit, Stärke und Erfindungsgabe hätten in unserer dafür empfänglichen Kultur eigentlich zum Erfolg führen müssen. Die Botschaft, die ihm seine Mutter mit auf den Weg gegeben hatte, enthielt einen Fehler: Ihr Verhaltensmuster ließ sich nicht auf den Sohn übertragen. Im Gegensatz zu ihr, der um die Jahrhundertwende in eine lateinamerikanische Macho-Kultur geborenen Tochter, hatte er es außerordentlich gut getroffen als begabter Sohn einer Mutter, die ihn zärtlich liebte. Sein Schatten barg viel von seiner Spontaneität, dieser ungeformten Energie, im eigenen Interesse zu handeln, und von der unerwünschten Trägheit, die er sich bewußt machen mußte, um Muße, Genuß und Ausgewogenheit in sein Leben zu bringen.

Bei vielen lebenslangen Depressionen verbirgt sich hinter der lähmenden Stagnation der Persönlichkeit irgendein starkes Verlangen (nach Macht, Liebe, Wachstum, Aggression), das der Depressive nicht wagt, an die Oberfläche dringen zu lassen. Marie Louise von Franz vergleicht ihn darin mit dem Fuchs aus der Fabel, dem die Trauben zu sauer sind.

Erfolg ängstigte Max. Für ihn hieß das, seine unterdrückten Gefühle, seine Sehnsucht nach Erfolg und seine überheblichen Aggressionen hervorbrechen zu lassen. Er mußte seine Angst, die andere Seite seines Verlangens, überwinden und sich mit jemandem oder etwas verbünden, um sein Verlangen durchzusetzen. Er mußte aufhören, sich in kritischen Momenten zurückzuziehen, zu verstecken oder wegzurennen. Vielmehr mußte er sich zu seinen zutiefst leidenschaftlichen Sehnsüchten bekennen und deren Möglichkeit zulassen. Paradoxerweise mußte er sich auch von der Identifikation mit dem Erfolg seiner Arbeit lösen und der Möglichkeit des Mißerfolgs Raum geben.

Er durfte sich nicht länger isolieren, sondern mußte sich zum «Geben und Nehmen» bereit finden, wie es bei normalen Beziehungen und Konflikten mit Freunden und Partnern üblich ist. Er mußte sich selbst und anderen seine Fehler eingestehen: daß er jähzornig war und mit seiner Arroganz zu kämpfen hatte und daß er keine Lust und noch viel weniger die Notwendigkeit verspürte, den Bedürfnissen anderer nachzukommen und dabei seine eigenen aus den Augen zu verlieren. Er mußte sein sentimentales Selbstbild vom armen verlassenen Opfer aufgeben.

Außerdem mußte er sich mit seiner Wut darüber auseinandersetzen, daß er sich die ungeeignete Lebensanschauung seiner Mutter für so viele Jahre zu eigen gemacht hatte. Für ihn mußten die Worte von Conrads Figur Stein aus *Lord Jim* Geltung haben: «Wenn du überleben willst, mußt du dich dem zerstörerischen Element ausliefern und im Wasser Hände und Füße bewegen, so daß dich das tiefe, tiefe Meer trägt.»[4] Max mußte sich so sehen, wie er nun einmal war. Er mußte der Wahrheit ins Gesicht sehen.

Kapitel 8

Friedenschließen, Heilwerden und Lachen

Du hast keine Wahl. Du mußt das Spiel wagen. (Pascal)

Wir befinden uns auf der Nahtstelle zwischen zwei Zeitaltern. Sobald wir die Schwelle überschreiten, wird sich die Art und Weise, wie wir die Welt erleben, ebenso drastisch verändern wie zur Zeit der industriellen Revolution oder der Renaissance.

Überall besteht heute die Möglichkeit zur fast augenblicklichen Kommunikation. Die Revolution auf dem Mikroelektroniksektor hat die Informationsmedien völlig verwandelt. Die letzten dreißig Jahre haben unser Verständis vom menschlichen Geist tiefgreifend verändert; der Feminismus hat die Aufmerksamkeit auf andere Lebensebenen gezogen; eine Welle von «Befreiungsbewegungen» ist durch Gruppen und Nationen gefegt; und die Länder der Dritten Welt stellen die Gesetze der konventionellen Wirtschaft in Frage. Einzelne wie Gruppen schließen sich zu unbürokratischen und gewaltfreien neuen Interessengemeinschaften wie Amnesty International und Initiativen wie dem Antipestizid-Netzwerk zusammen, um die Qualen des Wandels zu lindern.

Trotzdem haben wir als Gesellschaft spezifische Schwellenprobleme, für die es noch keine klaren Lösungen gibt; die Enneagramm-Programme der Wut, Angst und Verdrängung bezeichnen globale wie inviduelle Probleme. Wir reagieren größtenteils noch immer nach den alten Enneagramm-Vorgaben Kampf, Flucht oder Unterwerfung. Die technischen Mittel mögen neu sein, aber die gleichen alten Schattenkräfte wie narzißtische Arroganz, Gier und ähnliches lauern noch in den Machtstrukturen von Ost und West, Nord und Süd.

Wir sind leicht versucht, uns von diesen Problemen ein Schwarzweißbild zu machen und sie als unlösbar zu betrachten. Die Verschmutzung von Luft, Wasser und Erde spiegelt inzwischen das Ausmaß der Zerstörung wider, die wir anderen Arten gebracht haben. Angesichts der vielen Länder, die mittlerweile in der Lage sind, einen Atomkrieg zu entfachen, ist es allein schon eine gewaltige Aufgabe für uns, unserem Zerstörungstrieb lange genug Einhalt zu gebieten, daß die Welt noch eine Weile überleben kann. Dennoch ist militärische Macht weiterhin das bevorzugte Mittel, Streitigkeiten zwischen den Völkern – und untereinander – zu bereinigen.[1] Auf kommunaler Ebene sind unter anderem Drogen- und Alkoholmißbrauch immer jüngerer Jugendlicher, der physische und sexuelle Mißbrauch von Kindern, Bandenkriege mit Todesopfern unter Jugendlichen, die zahllosen Formen des Suchtverhaltens und die Verzweiflung der Obdachlosen Anzeichen für unsere Notlage. Jedes dieser Anzeichen setzt wieder dunklere, schwerwiegendere Enneagramm-Programme in Kraft.

Viele Leute finden die Welt unerträglich. Eine heutige ethische Maxime, die auf dem Sinn für Gerechtigkeit aufbaut, lautet, daß eine Gesellschaft dann gerecht ist, wenn ihre Mitglieder sie – unabhängig von dem Platz, den sie einmal in ihr einnehmen werden – als gerecht empfinden können.[2] Machen wir die Probe aufs Exempel und nehmen wir einmal an, unsere Geburt in diese Welt stünde uns noch bevor, und wir wüßten noch nicht, in welchem Land und in welche Gesellschaftsschicht, Rasse und Familie wir geboren werden. Eine kleine Elite kontrolliert und konsumiert den größten Teil der Güter und Dienstleistungen der Erde, während die weit überwiegende Mehrzahl der Weltbevölkerung in Armut lebt. Wir werden wahrscheinlich in diese ausgepowerte Mehrheit geboren. Und jetzt frage ich Sie: Ist das eine gerechte Gesellschaft? An dieser Übung können Sie sehen, daß Menschen, sobald sie zu Bewußtsein kommen, das eingefahrene System nicht gutheißen werden.

Es müssen also gewissermaßen ganze Gesellschaften sterben und wiedergeboren werden. Steven Kull, ein Psychologe, der die scheinbare Faszination des Krieges und die Irrationalität des nuklearen Wettrüstens untersucht hat, behauptet, daß eine unbewußte Lust an Weltzerstörung und Tod besteht.[3] Aber Zerstörung beinhaltet stets auch die Möglichkeit der Verwandlung (Tod und Wiedergeburt). Der Beweis dafür sind Menschen, die einen Selbstmordversuch machen. Der Unterschied zwischen denen, die sich wieder fangen, und denen, die einen erneuten Versuch machen, ist der, daß sich im Leben der erstgenannten eine tiefgreifende Veränderung vollzieht. Sie sind nicht mehr der gleiche Mensch. Sie wollten im Grunde ein unerträgliches Selbst- oder Weltbild zu Tode bringen. Genau das ist es, worum wir bei unserer Enneagramm-Transformation ringen.

Wenn die Menschheit überleben soll, müssen wir verstehen, wie machtvoll unsere destruktiven Impulse sind – unsere Wut, unsere Langeweile und unser Hunger nach einem sinnvollen Leben. Wir müssen uns kollektiv auf unterschiedliche Weise mit diesen Schattenseiten auseinandersetzen.

Die Innnenwelt eines jeden von uns ist ein Spiegelbild der Außenwelt, in der wir leben. Millionen schlagen sich mit den gleichen Kräften und den gleichen Fragen herum. Wir treffen in unserer Sexualität auf die gleichen Gegensätze. Wir suchen nach verschiedenen Formen der Macht und Machtausübung. Wir versuchen einen Ausweg zu finden für das, was uns unerträglich und unakzeptabel erscheint. Schritt für Schritt schaffen wir das Klima für den radikalen Umschwung im kollektiven Bewußtsein, der für den Umgang mit dieser im Wandel begriffenen Welt nötig ist.

Eine Transformation ist unabdingbar für den taktischen Umgang des Menschen mit der Bedrohung. Sie ist die reife menschliche Alternative zu Kampf, Flucht und Unterwerfung. Sie erweitert unseren Horizont und beginnt bei jedem einzelnen.

Humor und Transformation

Ein wunderbarer Vorzug des Menschen im Streben nach Verwandlung ist der Humor. Vor zweihundert Jahren versuchte Goethe in einem Anflug von Lebensmüdigkeit mehrmals, sich das Herz zu durchbohren. Er konnte das Messer jedoch nicht durch seine Kleidung stoßen, was ihn schließlich belustigte. Er mußte lachen, und daraufhin gab er seine Selbstmordversuche auf und widmete sich wieder dem Schreiben. Sinn für Humor und selbstzerstörerische Absichten passen nicht gut zusammen.

Lachen ist eine Möglichkeit, das Überleben zu sichern. Wenn wir mit Lachen bedrohlich anmutende Situationen entschärfen können, ist es eine unschlagbare Alternative zur Gewalt. Humor setzt Schlagfertigkeit, Witz, Satire, Karikatur und Ironie an die Stelle von Blutvergießen und Zerstörung; er ist ein schöpferisches Potential des Verstandes. In dem Augenblick, in dem wir den Rahmen unserer gewohnten Sichtweise sprengen und ein Ereignis plötzlich in einem anderen Licht sehen, nehmen wir gemeinsam mit den anderen Beteiligten einen objektiveren Standpunkt ein.

James Farmer zum Beispiel, ein Mann, der Boykotte und Sit-ins für die Rechte der schwarzen Bevölkerung in den USA organisiert, hat einmal die Geschichte von einem Schwarzen erzählt, der aufgefordert wurde, sich im Bus nach hinten zu setzen. Der Mann stand daraufhin langsam auf und sagte sanft: «Sir, Sie haben gerade zwei Fehler gemacht. Ich bin weder ein ‹Boy›, noch bin ich einer von diesen sanften Negern.» Farmer, selbst schwarz und ein beredter Befürworter der Gewaltlosigkeit unter den Schwarzen, kannte die Zwiespältigkeit ihrer Gefühle und verstand es, damit umzugehen. Wenn wir über uns selbst lachen können, setzt Heilung und Gesundung ein; wenn wir gemeinsam mit anderen über eine angsterregende oder schreckliche Realität lachen können, schließen wir uns dadurch zusammen und sind in der Lage, schwere Zeiten durchzustehen.

Die persönliche Integration und das Kollektiv

Die Wahl, die wir treffen, hat stets auch eine Wirkung auf andere. Wir können uns nicht aller Probleme der Gesellschaft annehmen, aber wir können zunächst die aufgreifen, die einen direkten Bezug zu uns haben oder uns emotional bewegen. Wenn wir uns vorstellen können, wie es wäre, wenn ein bestimmtes Problem, ein bestimmter Konflikt gar nicht existierte, also den besten denkbaren Zustand annehmen, können wir rückwärts die Schritte nachvollziehen, die nötig wären, um diesen Zustand herbeizuführen. Mit anderen Worten: Wir sehen zuerst, was unmittelbar vor diesem Zustand hätte geändert werden müssen, und dann erst, welche Veränderungen vor diesem Schritt erforderlich gewesen wären.

Nehmen wir ein Beispiel aus der Familientherapie: Wenn ein Elternteil daran gehindert werden soll, ein Kind physisch zu mißhandeln, und die Familie doch zusammenbleiben soll, muß das Kind konkret geschützt werden. Der betreffende Elternteil muß entlastet werden, damit er in der Lage ist, mehr Sicherheit zu spüren und ein liebevolleres Klima zu schaffen. Jede dieser Voraussetzungen hat wieder eigene Voraussetzungen. Wer schützt das Kind? Wann? Wie? Der Umgang mit Eltern, die zu Gewalttätigkeit neigen, mag als erstes vielleicht erfordern, einem von ihnen bei der Arbeitsbeschaffung zu helfen und damit ein gewisses Selbstwertgefühl zu begründen. An der Schaffung eines liebevolleren Klimas müssen alle Familienmitglieder beteiligt werden, und einige Faktoren des Problems sind letztlich nur auf kommunaler Ebene zu lösen. Wir müssen entweder für eine gute, gesicherte Kinderbetreuung sorgen oder für ein Familieneinkommen, das die Betreuung des Kindes im Elternhaus ermöglicht.

Bei dieser Art von Analyse arbeiten wir uns zurück, bis wir den ersten Schritt gefunden haben, der für uns als einzelne Menschen gangbar und tragbar ist. Die Integrationsarbeit geschieht im Innern des einzelnen. Jede persönliche Entscheidung, der zerstörerischen Kraft des Schattens entgegenzuwirken, nützt auch der kollektiven Entscheidung. In einer Zeit, in der das Wort «Individualismus» einen so negativen Beiklang hat, fällt es schwer, an den einzelnen zu glauben und diesem Prozeß zu vertrauen, aber nur darin hat das Bewußtsein eine Chance. Während wir, jeder für sich, an der Transformation unseres Enneagramm-Programms arbeiten, lernen wir auch, realistisch mit entgegengesetzten Standpunkten innerhalb der Gesellschaft umzugehen.

Wie Lily Tomlins Stadtstreicherin Trudy sagt: «Was ist denn schon die Wirklichkeit? Nichts als eine allgemeine Ahnung... eine primitive Methode zur Kontrolle der Massen...»[4] Spielen wir also die Karten aus, die wir zugeteilt bekommen haben, und wagen wir das Spiel. Es ist unsere einzige Chance.

Anhang

Der Mensch als Mikrokosmos dessen, was in der Welt vor sich geht

(Die Allgemeine Systemtheorie aus Jungscher Sicht)

In der Psychologie sind wir heute ebenso wie in anderen Fachbereichen vom «Was» auf das «Wie» übergegangen. Wir legen jetzt mehr Gewicht auf den Prozeß der Integration beim einzelnen, auf Beziehungsprozesse – wie Konflikte entstehen und wie sie gelöst werden können. Wir kommen davon ab, Leute in Kategorien einzuteilen, und sehen satt dessen, daß wir ihr Verhalten als Energie beschreiben können, die in festen Mustern strukturiert ist. Innerhalb gewisser Grenzen können sich diese Muster verändern.

Ein Grundmuster oder eine Anfangsstrategie stellt – wie das erste Zeichen auf dem leeren Blatt Papier – die Weichen für das, was folgen soll, aber das Leben wirft immer wieder Fragen auf, mit denen wir innerhalb eines eingefahrenen Programms nicht gut fertig werden. Wahrscheinlich muß sich jeder von uns im Laufe seines Lebens in irgendeiner Form mit allen Enneagramm-Aufgaben befassen.

Meine These lautet: daß *das Individuum ein Mikrokosmos dessen ist, was in der Welt vor sich geht. Die Innenwelt eines jeden von uns spiegelt die Außenwelt wider, in der wir leben.*

Jungsche Gedanken zur Innen- und Außenwelt

Ehe wir uns mit unseren kollektiven Problemen beschäftigen, sind vielleicht ein paar Jungsche Definitionen und Angaben über die Art und Weise, wie sie miteinander verknüpft sind, von Nutzen.

Das *Ego* ist der Mittelpunkt der bewußten Persönlichkeit. Es wird einfach als «Ich» oder «Selbst» erlebt, was jedoch eine Vielzahl von Aktivitäten miteinbegreift. Sie wollen etwas, Sie entscheiden, und Sie erinnern sich. In der Kindheit lernen Sie schon, den Anforderungen Ihrer Eltern und Ihrer Kultur nachzukommen. Ihr Ich umfaßt sowohl kollektive kulturelle und moralische Wertvorstellungen als auch Ihre eigene Enneagramm-Überlebensstrategie.

Während sich Ihr Ich entwickelt, vollzieht sich in Ihrem Innern eine Spaltung. Sie müssen mit Gefühlen, Einstellungen und Gedanken umgehen, die nicht zu den Gesetzen und Regelungen in Ihrer unmittelbaren Umgebung passen. «Ungehorsam» mischt sich mit Selbstabscheu,

Angst und Schuldgefühlen – aber auch mit keimendem Selbstvertrauen. Sie lernen, die schmerzhaften Konflikte ihrer widersprüchlichen Gefühle und Gedanken zu unterdrücken, und verdrängen sie oft vollständig aus Ihrem Bewußtsein. Durch diesen Prozeß entwickelt sich das, was Jung den *persönlichen Schatten* nannte.

Das *Selbst,* der Mittelpunkt Ihrer Gesamtpersönlichkeit, ist ebenfalls in einem dynamischen Prozeß begriffen. In potentieller Form schließt es Ihr Ich und Ihr persönliches Unbewußtes ein und, wie in einem Hologramm, alles, was Sie bewußt sind oder werden können. Es ist der potentielle Zustand einer umfassenden Ganzheit.

Wie im Fall der Wellen- und Teilchentheorie des Lichts können uns Vorstellungen vom Selbst helfen, einige seiner Aspekte zu verstehen, aber als Erklärung für dessen ganze Wirklichkeit reichen sie nicht hin. Nehmen wir eine andere Metapher. In gewissem Sinn ist das Selbst wie ein Brunnen. An seinem tiefsten Grund ist er mit Grundwasserströmen verbunden, aus denen sich auch alle anderen Brunnen speisen. Wenn wir sagen, wir wollen zu unserer Mitte finden, meinen wir damit die spürbare Verbindung zwischen unserem Ich und dem Selbst und durch das Selbst die Verbindung zu jedem anderen Selbst und allem, was ist.

Ein innerer Drang, der vom Selbst ausgeht, scheint uns anzutreiben, eine einheitliche Persönlichkeit zu formen. Er wird stärker, während wir unsere Lebensaufgaben wahrnehmen. Das Großartige am Kreislauf des menschlichen Lebens ist, daß die betreffenden Fragen – falls wir die Botschaft nicht gleich beim erstenmal verstehen – immer wieder auftauchen, bis wir endlich begreifen.

Wenn wir uns für die Einheit unserer Persönlichkeit entscheiden, werden wir irgendwann wieder mit den Teilen konfrontiert, die wir zuvor verdrängt haben. Wir reifen, wenn wir diese Gedanken und Empfindungen mit in unser Selbstgefühl aufnehmen. Aber eine Integration kann nicht stattfinden, solange wir diese Neigungen nicht zulassen und sie bis zu einem gewissen Grad verwirklichen. Die Gegensätzlichkeit muß wahrgenommen werden, wenn ethische Grundsätze einen Sinn haben sollen. Sie ist die Voraussetzung für Entscheidungsfreiheit und Selbstsicherheit. Zum Beispiel beweist sich unsere Wahrheitsliebe nur angesichts der Versuchung zu lügen, und unser Pflichtbewußtsein nur angesichts der Versuchung, treulos zu werden. Nur dadurch lernen wir unsere Grenzen kennen und wissen um unsere Möglichkeiten.

Der persönliche Schatten nimmt bei jedem Enneagramm-Programm eine andere Form an. Er ist uns zuwider und unwillkommen und kann, wenn wir uns ihm entfremden, unser Verhalten auf üble Weise beeinflussen. «Ich weiß nicht, was in mich gefahren ist», kann ein erster Schritt sein, sich zu seinem Schatten zu bekennen. Das Problem des Schattens zu akzeptieren heißt nicht, sich mit etwas Bösem zu identifizieren oder sich jenseits von Gut und Böse zu wähnen. Seine dunklen Seiten zu registrieren heißt vielmehr, das Problem nicht länger im Unbewußten zu lassen und es nicht mehr zu projizieren oder abzuleugnen.

Offenbar ist es notwendig, daß uns Böses in irgendeiner Form widerfährt (Schmerzen, Sinnentleertheit, etwas anscheinend Vernichtendes), um uns auf den Weg der Bewußtwerdung zu bringen. Nur im Konflikt mit dem, was der umfassenden Ganzheit entgegenwirkt, verzehren sich unsere Schwächen und gewinnen wir Kraft. Oft kämpfen wir dabei gegen das dumpfe Gefühl an, in einer Sackgasse zu stecken. Unsere Aufgabe besteht darin, die Spannung der Gegensätze freiwillig auszuhalten («Ich kann nicht, und doch muß ich»). Dann tritt eine kleine Veränderung ein. Und durch diesen kleinen, plötzlich spürbaren Wandel weitet sich das Bewußtsein.

Wir können das Böse im *kollektiven Schatten* als etwas definieren, das sich dem Leben entgegenstellt oder das Gefühl der Entscheidungsfreiheit in irgendeiner seiner Formen (Bewußtsein, Beweglichkeit, Wachstum, Unabhängigkeit, freier Wille) erstickt. Alles, was den Zweck hat, Leute unter Kontrolle zu bringen, ihnen den Mut zu nehmen, eigenständig zu denken, ihre Unverhersagbarkeit zu schmälern oder sie ihrer Menschlichkeit zu berauben – das ist böse.

Paradoxerweise ist das Böse also eine notwendige Voraussetzung dafür, daß sich ein Selbstgefühl entwickelt, aber sein Vorhandensein garantiert diese Entwicklung nicht. Nur allzuoft, wie etwa bei der Nazi-SS oder in jüngster Zeit bei den Todesschwadronen in Mittelamerika, verschleißt das moralische Rückgrat, wenn es dem Bösen ausgesetzt ist. Die Realität anzuerkennen ist notwendig, während es gefährlich ist, sich damit abzufinden.

Der Schatten ist nichts Böses. Wenn er bewußt gemacht, als solcher erkannt und in Besitz genommen wird, verleiht er dem Leben neue Energie, Kraft und Ausrichtung. Unser Bewußtsein kann sich weiten, so daß es Vergebung und Heilwerdung in sich schließt. Aber vor dem Lohn kommt die Mühe. Die Ganzheit, die aus der Unvollkommenheit entsteht, erfordert ein tiefes Eindringen ins Reich des Unbewußten.

Das wird an den Geschichten in Kapitel 7 deutlich: Martha mußte mit ihrer destruktiven Wut ringen, und Max mußte sich mit seinem Neid auseinandersetzen.

Das *kollektive Unbewußte* erweckt zuerst den Eindruck, als sei es die Summe aller Erfahrungsmuster, die bei Menschen vorkommen. Hinter diesen Strukturen und Strategien finden wir jedoch eine tiefere Einheit. Wir müssen offen und umsichtig sein, um diese unbewußten Inhalte über die Schwelle des Bewußtseins befördern zu können. Das Enneagramm ist eine Art Netz, in dem die Fäden zusammenlaufen.

In der *Individuation* begegnen wir dem Unbewußten und verwandeln und integrieren unsere inneren Widersprüche. Durch diesen Prozeß kann das Selbst in uns zum Vorschein kommen, so daß wir individuelle Menschen werden. Während dieser unserer Selbstwerdung vertieft sich auch unsere Verbundenheit mit bestimmten Menschen und schließlich mit der ganzen Menschheit. Jeder von uns schart eine Gruppe von Leuten um sich, zu denen wir eine «Seelenverwandtschaft» empfinden und die nicht der Zufall zusammenbringt, sondern ein tiefgreifenderes, bedeutungsvolleres spirituelles Interesse oder Anliegen: die gegenseitige Individuation. Marie Louise von Franz sagt von dieser Art von Beziehungen, sie hätten etwas ausgesprochen Objektives, seltsam Transpersonales an sich, verbunden mit einem Gefühl des unmittelbaren, zeitlosen «Beisammenseins».[1]

Unsere Identität ist zum Teil auch gemeinschaftsbedingt. Während wir nach Individuation streben, bauen wir auf die Gedanken und Einsichten anderer und ringen um ein kollektives Bewußtsein, das in Gruppen und Familien in Erscheinung tritt. Familientherapeuten sehen in einem als «krank» erklärten kindlichen Patienten (einem, den andere für «verrückt» oder kriminell halten) jemanden, der die Schattenseiten einer Familiengruppe auslebt. Wir greifen ein, um der Familie dabei zu helfen, die Wertvorstellungen des Kindes zu erkennen, auch wenn das Kind diese auf negative Weise zum Ausdruck bringt. Wir helfen der Familie, Möglichkeiten zu finden, bei denen die Sichtweise des Kindes berücksichtigt wird. Wenn die Familie kooperiert, werden die Konflikte gelöst. Dann eint sich die Familie selbst durch einen stärkeren Sinn für ihre eigene Identität.

Ähnlich ist es bei den Krisen innerhalb einer Gemeinschaft; wenn wir uns die Zeit nehmen, Zugang zu den Gedanken der Betroffenen zu gewinnen, können wir meist dem Ausbruch von Gewalt vorbeugen. Der Druck ist durch Bedürfnisse entstanden, mit denen sich die

Gruppe nicht befassen wollte. So manches, was nach der Devise «wir gegen sie» auseinanderfällt, kann durch einen entsprechenden Prozeß wieder zusammengefaßt und verwandelt werden. Die Mitglieder haben dann ebenso Teil an den bewußten und unbewußten Gegebenheiten der Gemeinschaft, wie sie diese auch beeinflussen.

Anmerkungen zur Systemtheorie

Gruppen weisen oft Verhaltensmuster auf, die denen einer Einzelperson vergleichbar sind. Wir haben festgestellt, daß Familien- und Gemeinschaftskonflikte dem Konflikt zwischen Ich und Schatten im einzelnen Menschen gleichen. Sie können gelöst werden durch einen Prozeß, der auch die Bedürfnisse des einzelnen umfaßt. Darum wollen wir jetzt einmal im Rahmen der allgemeinen Systemtheorie untersuchen, worin die Einzelperson der Gruppe gleicht und die Gruppe der größeren Gemeinschaft. Dabei werden wir auf das Schattenelement achten, das miterfaßt werden muß.

Donald T. Brown definiert ein System als Organisation innerhalb einer bestimmten Begrenzung interagierender Teile.[2] Die Gemeinschaft, die Gruppe und die Person, alle haben sie eine Begrenzung. Das Herz der Person hat eine Begrenzung; eine einzelne Zelle des Herzens hat ebenfalls eine Begrenzung. Jedes dieser Gebilde ist ein lebendiges System.

Lebendige Systeme bleiben am Leben, indem sie durch ihre Begrenzung hindurch Materie und Energie aufnehmen. Sie können einen Überschuß ansammeln, wachsen und gedeihen. Ein Kind wächst ganz augenscheinlich, aber ebenso wächst eine Gruppe, wenn auch auf andere Weise.

Wachstum vollzieht sich auf stabilen Stufen, um dann auf eine größere Komplexität überzuwechseln und schließlich wieder stabil zu werden. Das System selbst reguliert diese Abfolge. Zum Beispiel werden Jugendliche erst durch Wachstumsschübe ungelenk und durchlaufen danach eine Stabilisierungsphase, in der sich ihre Körperfunktionen wieder koordinieren. Ebensolche Wachstumsschübe sind auch bei einer Gruppe denkbar. Die Gruppe gerät in Konflikte und braucht danach wieder eine gewisse Zeitspanne, um zu erkennen und zu integrieren, was sie gelernt hat. Dann kann sie weiter experimentieren und von dem Gelernten Gebrauch machen. Wir erkennen auch bei einer Gruppe Entwicklungsaufgaben und -stadien.

Eine Gruppe als lebendiges System kann von verschiedenen Gesichtspunkten aus untersucht werden. Mögliche Handlungen lassen sich aus jedem Blickwinkel vollkommen schlüssig erklären. Die Wahl des Blickwinkels beeinflußt, welche Handlungsmöglichkeiten wir sehen. Wir können den Standpunkt der gesamten Gruppe einnehmen oder von der jeweiligen Rolle ausgehen, die die verschiedenen Parteien darin spielen, oder auch von den wiederkehrenden Interaktionen der Mitglieder, oder wir schließen uns der Ansicht des einzelnen an.

Im geopolitischen Rahmen beispielsweise können wir die Bedeutung der Tatsache erforschen, daß religiöse Fundamentalisten in so unterschiedlichen Weltgegenden wie dem Nahen Osten, Lateinamerikas und den Vereinigten Staaten Macht gewinnen. Wenn wir den Blickwinkel aller einnehmen, fragen wir: «Was beschäftigt die Menschen des späten 20. Jahrhunderts so, daß dies geschehen kann? Was ist der Wert oder Nutzen dieses Geschehens? Welche Strukturen versuchen sich durchzusetzen?» (Zum Beispiel waren die Kämpfe der amerikanischen Kolonien über die Rechte der einzelnen Bundesstaaten die Geburtswehen einer föderalistischen Regierungsstruktur.)

Gruppen verändern sich infolge von Handlungen, die zuerst unbedeutend waren. Ein Eingriff, der vollkommen nebensächlich erscheinen mag (wie etwa das Studium des sich neu entwickelnden Systems), hat tatsächlich Rückwirkungen auf das System und kann eine verstärkte Mitwirkung der Gruppe zur Erarbeitung von Initiativen auslösen, die einer Veränderung dienlich sind.

Einen weiteren Blickwinkel bieten die Rollen bestimmter Gruppen: Wir erklären Verhalten als ein Gruppenphänomen. Die Gruppe reagiert auf ihre Wahrnehmung universaler menschlicher Gefühle (Vertrauen, Aggressivität, Verlust) oder allgemeine Konflikte (Abhängigkeit, Destruktivität), und ein Mitglied oder eine Teilgruppe fungiert als Gefäß für eine gewünschte oder gefürchtete Reaktion. Konzentrieren wir uns in unserem Beispiel des religiösen Fundamentalismus auf die Rolle der Gruppe, werden wir auf bestimmte Gruppierungen aufmerksam, denen die Fundamentalisten angehören. Wir bemerken, daß überdies jede Gruppierung aggressiv auf eine mutmaßliche oder tatsächliche Bedrohung ihrer Selbstbestimmung reagiert (Verlust von Land und Ressourcen). Außerdem hat das Ausmaß von Gewalt und «Irrationalität» einen gewissen Bezug zum Ausmaß von Mangel und Entbehrung. Wir müssen die Frage stellen: «Welches Problem, das für alle zu dieser Gruppe gehörenden Nationen von Belang ist, verkörpern diese Nationen?» Ein Aspekt dürfte die Selbstbestimmung im Hinblick auf die heutige Weltwirtschaft sein. Was wie eine Schattenaggression wirkte, scheint jetzt ein notwendiger Gesichtspunkt zu sein, wie schwer es auch fallen mag, sich damit zu befassen.

Daß sich verschiedene Gruppen in unterschiedlichen Entwicklungsstadien befinden, erschwert unsere Analyse noch. Eingriffe in dem Maße, in dem sie überhaupt möglich sein mögen, müssen dazu dienen, diese Fragen auf nationaler Ebene oder vor mächtigen internationalen Organisationen aufzuwerfen.

Die Verhaltensweisen innerhalb von kleineren Gruppen können als Rollen aufgefaßt werden. Der Kongreß der Vereinigten Staaten mit seinen politischen Gruppen und Fraktionen erinnert in seinen Verhaltensweisen manchmal an die choreographischen Bewegungen eines Balletts. Stark konfliktträchtige Angelegenheiten lösen Tätigkeit aus und ebenso machtvolle Abstufungen von Untätigkeit. Man denke einmal an die Funktion der Verschleppungstaktik (*Filibuster*) im amerikanischen Senat. Obgleich es sich um eine Schattentaktik handelt, kann sie sich für politische Minoritäten als sehr nützlich erweisen, wie in dem Film *Mr. Smith Goes to Washington* idealisiert dargestellt wurde.

Eingriffe in das jeweilige Rollenverhalten der Gruppe umfassen alles, was die Gruppe darin bestärkt, die Verantwortung für ihre Projektionen in Situationen zu übernehmen, die von Angst und Vorurteilen geprägt sind.

Auch der Blickwinkel eines einzelnen Gruppenmitglieds unterscheidet sich von dem der ganzen Gruppe. Zum Beispiel spielt ein Senator als Dauerredner die Rolle des Verschleppungstaktikers, obwohl er seiner persönlichen Neigung nach vielleicht lieber den Rebellen spielen würde. Auf dieser Ebene läßt sich sein Verhalten im Sinne eines wiederkehrenden Interaktionsmusters mit seinen Kollegen erklären. Versuche, sein Verhalten zu ändern, umfassen alles, was auf dieses Muster aufmerksam macht. Gelegentlich erfüllen die Kommentare der Medien diese Funktion.

Der persönliche Blickwinkel, wieder eine andere Ebene, erklärt das individuelle Verhalten entsprechend der jeweiligen Theorie (oder des Bezugsrahmens), die vertreten wird, einschließlich der des Enneagramms.

Die Integrationsarbeit

Die Aufgabe auf jeder Ebene besteht darin, die Gegensätze in Beziehung zueinander zu bringen. Jede Seite gebührend zu würdigen ist eine notwendige Voraussetzung dafür. Die Auswirkungen des persönlichen oder kollektiven Schattens zu lindern ist nur dann möglich, wenn wir willens sind, ihn direkt ins Auge zu fassen und uns auf die Begegnung einzulassen.

Die Systemtheorie ist ein außerordentlich nützliches Werkzeug, aber es gibt viele Heilungsansätze und ebenso viele Quellen der Erkenntnis. Die großen Mythen der Menschheit gehen von unserem Einssein aus, von der Verbundenheit aller Menschen. Sie beschreiben darüber hinaus in bemerkenswerter Bildhaftigkeit die Entwicklungsschritte für die Integration des einzelnen und der Gruppe. Doch praktische Schlüsse daraus zu ziehen erweist sich als problematisch. Ein Beispiel dafür ist die Artabsprechung: «Wir sind Menschen, ihr nicht.»

Wie eine vollkommen menschliche, integrierte Welt aussehen würde, steht uns noch nicht klar vor Augen. Aber sie scheint eines der Ziele unserer langen Reise zu sein.

Wenn wir mit der These einverstanden sind, daß die innere Welt des Menschen ein Mikrokosmos der äußeren Welt ist, dann erhebt sich die Frage: Können wir als einzelne Menschen so weit kommen, daß wir auch die Schattenseiten der Gesellschaft – das der «Abreaktion» dienende Verhalten unserer sozialen Gruppen und politisch-wirtschaftlichen Systeme – erkennen und uns zu ihnen bekennen? Wissen wir zu würdigen, wie groß unsere Fähigkeit ist, uns zu umfassender Ganzheit zu entwickeln? Und können wir, jeder für sich, die kleinen Schritte tun, durch die unsere getrennten Sichtweisen allmählich zusammengeführt werden, bis wir zu der Erkenntnis kommen, daß sie eins sind?

Anmerkungen*

Danksagung
1 C. G. Jung: The Structure and Dynamics of the Psyche, S. 307

Vorwort
1 Vgl. Lawrence Fine: «Kabbalistic Texts». In: *Back to the Sources: Reading the Classic Jewish Texts* (Hg. Barry W. Holtz), S. 305 – 359
2 Peter D. Ouspensky: *Auf der Suche nach dem Wunderbaren*, S. 432 f
3 Charles Tart: *Transpersonal Psychologies*, S. 329
4 *Diagnostic and Statistical Manual of Mental Disorders: DSM-III-R*

Teil I: Einleitung
1 Peter D. Ouspensky, a. a. O.

Kapitel 1
1 Eine Reihe von Kassetten mit dem Titel *Liars and Lying*, die ursprünglich von der Universität von Kalifornien produziert wurden, sind jetzt direkt bei Dr. Carl Faber in Santa Monica, Kalifornien, erhältlich; sie sind bei jeder Behandlung dieser Störung sehr hilfreich.
2 C. G. Jung: *Psychology and Alchemy*, S. 130
3 Theodore Roethke: «In a Dark Time». In: *Collected Poems*, S. 239

* Vollständige Quellenangaben siehe «Bibliographische Angaben und Literaturhinweise»

Kapitel 2

1 T. S. Eliot: «East Coker. In: *Gesammelte Gedichte,* S. 299
2 Psalm 111, 10: «Die Furcht des Herrn ist der Weisheit Anfang.»
3 Aus der amerikanischen Kriminalstatistik von 1975 bis 1984 geht hervor, daß einer von dreißig schwarzen Männern einem Mord zum Opfer fällt. (Bericht des Amtes für Rechtsstatistik im US-Justizministerium, GPO 1987, 181–478 : 40027, S. 1.)
4 Theodore Millon: *Disorders of Personality,* S. 167 f

Kapitel 3

1 John Enright: «On the Playing Fields of Synanon». In: *Confrontation: Encounters in Self and Impersonal Awareness,* S. 161
2 Es ist noch immer nicht geklärt, warum eine weithin so geachtete therapeutische Gemeinschaft versagte, deren Verfall William F. Olin in seinem Buch *Escape From Utopia* beschreibt.
3 2. Samuel 12, 1 – 7
4 Peter L. Berger: *The Precarious Vision,* S. 222
5 Edward Edinger: *Anatomy of the Psyche: Alchemical Symbolism in Psychotherapy,* S. 87 – 91

Schlußwort zu Teil I

1 James Hillman: «Betrayal». In: *Spring 1965,* S. 57 – 76
2 Ebd., S. 75 f

Kapitel 4

1 Bei schweren Depressionen empfehlen Ärzte im allgemeinen eine Behandlung mit einem trizyklischen Antidepressivum. Dieses Medikament, das auf das zentrale Nervensystem wirkt, ist ziemlich sicher und kann Schlaf und Appetit verbessern. Lange Zeit ist Lithiumkarbonat, das die elektrische Leitfähigkeit des zentralen Nervensystems verändert, verwendet worden, um die Höhe- und Tiefpunkte einer manischen Depression zu lindern. Phenothiazine werden bei psychotischen Depressionen zur Kontrolle von motorischer Unruhe, Schlaflosigkeit und Wahnvorstellungen eingesetzt. Die umstrittene Elektrokrampftherapie war früher als Behandlungsmöglichkeit bei schweren Depressionen beliebt. Sie wird zwar noch immer angewandt, jedoch in Kombination mit neuen Medikamenten, die ihre Nebenwirkungen dämpfen. Ein vielversprechendes Medikament, Afranil, das die Bildung verworrener Zwangsvorstellungen vermindert, wird gerade getestet. Die Medikation, falls notwendig, verhilft Patienten zu einem Zustand, in dem sie nicht länger durch Emotionen in ihrem Handlungsvermögen eingeschränkt werden und ihr Verhalten frei bestimmen können.
2 Michael S. Gazzaniga: *Mind Matters: How the Mind and Brain Interact to Create Our Conscious Lives,* S. 122

3 Marie Louise von Franz: *Projection and Re-Collection in Jungian Psychology*, S. 9 – 11

Kapitel 5

1 Vgl. Charles Tart: *Hellwach und bewußt leben*

Kapitel 6

1 Edward Rice: *The Man in the Sycamore Tree*, S. 25
2 Vgl. M. F. Keyes: *Inward Journey: Art as Therapy*
3 Margaret Frings Keyes: «The Familiy Clay Sculpt in Redecision Therapy». In: *Transactional Analysis Journal*, Heft 14, Nr. 1 vom Januar 1984
4 Anthony de Mello: *A Way to God For Today* (Videotape-Serie von Argus Communications in Allen, Texas)
5 Ebd.
6 C. West Churchman: *The Systems Approach and Its Enemies*, S. 173
7 de Mello (siehe Anmerkung 4)
8 Ebd.
9 Anthony de Mello: *The Song of the Bird*, S. 1

Kapitel 7

1 William Soskin: Vortrag vom 14. November 1976 auf der Vallombrosa-Dante-Konferenz (unveröffentlicht)
2 Vgl. Helen M. Luke: *Dark Wood to White Rose*, S. 20: «Es fällt nicht schwer, diese menschlichen Schwächen zuzulassen und wie Dante Sympathie und Mitleid für diejenigen einschließlich uns selbst zu empfinden, die von Begierde in Wollust, vom Genuß guter Dinge in Gier, von spontaner Wut in halbbewußte Grausamkeit verfallen. Die Linie dazwischen ist hauchdünn, und wir wollen gar nicht wissen, wann wir sie überschreiten; dabei besteht, wenn wir uns zu unseren Fehltritten bekennen, kaum die Gefahr einer Entmutigung, vielmehr sind wir wahrscheinlich sehr erleichtert, falsche Schuldgefühle ausgeräumt zu haben.»
3 T. S. Eliot: «Burnt Norton» (Vier Quartette). In: *Gesammelte Gedichte*, S. 283
4 Joseph Conrad: *Lord Jim*, S. 138

Kapitel 8

1 «1987 waren 143 Länder in 147 bewaffnete Konflikte verwickelt.» Tristam Coffin: «The Quest for Peace». In: *The Washington Spectator* vom 1. Dezember 1987, S. 1
2 Michael Harrington: Vortrag auf dem Network Legislative Seminar im Juni 1987
3 Steven Kull: «Nuclear War and the Desire for World Destruction. In: *Political Psychology*, September 1983, S. 563 – 591
4 Jane Wagner: *The Search for Signs of Intelligent Life in the Universe*, S. 18

Anhang

1 Marie Louise von Franz: *Projektion and Re-Collection in Jungian Psychology*, S. 177

2 Donald T. Brown: «Teaching General Systems Theory in a Workshop Setting». In: *Living Groups: Group Psychotherapy and General System Theory*, S. 284

Bibliographische Angaben und Literaturhinweise

AGAZARIAN, YVONNE, und PETERS, RICHARD: The Visible and Invisible Group, Routledge Chapman & Hall, Boston 1981

BECK, ARIADNE: «Developmental Process of the System-forming Process». In: Living Groups: Group Psychotherapy and General System Theory (Hg. James E. Durkin), Brunner/Mazel, New York 1981

BEESING, MARIA, NOGOSEK, ROBERT, und O'LEARY, PATRICK: The Eneagramm: A Journey of Self-Discovery, Dimenson Books, Denville, N. Y. 1984

BERGER, JOHN: About Looking, Random House, New York 1980

BERGER, JOHN: Ways of Seeing, Penguin Books, London 1978

BERGER, PETER L.: The Precarious Vision, Doubleday, New York 1961

BERGER, PETER L.: The Sacred Canopy, Doubleday, New York 1969

BERGER, PETER L. et al.: Das Unbehagen in der Modernität, Campus, Frankfurt am Main 1977

BOORSTIN, DANIEL J.: Democracy and its Discontents, Random House, New York 1975

BOWLBY, JOHN: The Making and Breaking of Affectional Bonds, Routledge, Chapman & Hall, New York 1979 (deutsch: Das Glück und die Trauer, Herstellung und Lösung affektiver Bindungen, Klett-Cotta, Stuttgart 1982)

BROWN, DONALD T.: «Teaching General Systems Theory in a Workshop Setting». In: Living Groups: Group Psychotherpy and General System Theory (Hg. James E. Durkin), Brunner/Mazel, New York 1981

CANETTI, ELIAS: Masse und Macht, Claassen, Düsseldorf 1984

CAPRA, FRITJOF: Wendezeit. Bausteine für ein neues Weltbild, Scherz, München 1983

CHURCHMAN, C. WEST: The Systems Approach and Its Enemies, Basic Books,

New York 1979 (deutsch: Der Systemansatz und seine «Feinde», Grundfragen der sozialen Systemplanung, Haupt, Bern 1980)

Coffin, Tristam: «The Quest for Peace». In: The Washington Spectator, 1. Dezember 1987

Conrad, Joseph: Lord Jim, Bantam Books, New York 1981 (deutsch: Lord Jim, Diogenes, Zürich 1974)

Dante Alighieri: Die Göttliche Komödie, Insel, Frankfurt am Main 1974

Diagnostic and Statistical Manual of Mental Disorders: DSM-III-R, American Psychiatric Association, Washington. D. C. 1987

Die Bibel (nach der Übersetzung Martin Luthers), Deutsche Bibelgesellschaft, Stuttgart 1990

Edinger, Edward: Anatomy of the Psyche: Alchemical Symbolism in Psychotherapie, Open Court, La Salle, Illinois 1985

Edinger, Edward: Schöpferisches Bewußtwerden. C. G. Jungs Mythos für den modernen Menschen, Kösel, München 1986

Eliot, T. S.: Four Quartets, Harcourt Brace Jovanovich, San Diego 1943 (deutsch in: Gesammelte Gedichte, Suhrkamp, 2. Aufl., Frankfurt am Main 1988)

Enright, John: Confrontation: Encounters in Self and Impersonal Awareness (Hg. Blank, Gottesegan und Gottesegan), Macmillan, New York 1970

Franz, Marie Louise von: Projection and Re-Collection in Jungian Psychology, Open Court, La Salle, Illinois 1985 (deutsch: Spiegelungen der Seele. Projektion und innere Sammlung in der Psychologie C. G. Jungs, Kösel, München 1988)

Gardner, John W.: Self Renewal: The Individual and the Innovative Society, W. W. Norton, New York 1981

Gazzaniga, Michael S.: Mind Matters: How the Mind and Brain Interact to Create Our Conscious Lives, Houghton Mifflin, Boston 1988

Goulding, Mary M.: «Kopfbewohner» oder: Wer bestimmt dein Denken? Wie man die Feindschaft gegen sich selbst mit Spaß und Leichtigkeit in Freundschaft verwandelt, Junfermann, Paderborn 1988

Goulding, Mary M. und Robert L.: Changing Lives Trough Redecision Therapy, Grove Press, New York 1979

Guggenbühl-Craig, Adolf: Power in the Helping Professions, Spring Publications, New York 1971

Guggenbühl-Craig, Adolf: Seelenwüsten. Betrachtungen über Unmoral und Psychopathie, Schweizer Spiegel, Zürich 1980

Hamaker, John D.: The Survival of Civilization, Hamaker-Weaver, Burlingame, Kalifornien 1982

Haughton, Rosemary: The Passionate God, Paulist Press, New York 1981

Hersh, Seymour M.: The Price of Power, Simon & Schuster, New York 1983

Hillman, James: «Betrayal», Spring 1965, Spring Publications, Dallas 1965

Hitchcock, John: Atoms, Snowflakes and God, Theosophical Publishing House, San Francisco 1986

Holland, Joe, und Henriot, Peter: Social Analysis: Linking Faith and Justice, Orbis Books, Maryknoll, N. Y. 1983

Holtz, Barry W. (Hg.): Back to the Sources: Reading the Classic Jewish Texts, Simon & Schuster, New York 1984

Howes, Elisabeth Boyden: Jesus' Answer to God, Guild for Psychologycal Studies, San Francisco 1984

Jung, C. G.: The Structure and Dynamics of the Psyche, Pantheon Books, New York 1960 (deutsch: Die Dymamik des Unbewußten, Gesammelte Werke, Band 8, Walter, Olten 1967)

Jung, C. G.: Psychology and Alchemy, Princeton University Press, Princeton, N. J. 1968 (deutsch: Psychologie und Alchemie, Gesammelte Werke, Band 12, Walter, 4. Aufl., Olten 1984)

Kahn, Lynn S.: Peacemaking: A Systems Approach to Conflict Managament, University Press of America, Lanham, Maryland 1988

Keyes, Margaret Frings: Inward Journey: Art as Therapy, Open Court Publishing Co, La Salle, Illinois 1983

Kidron, Michael, und Segal, Ronald: Hunger und Waffen, Rowohlt, Reinbek 1981

Klerman, Gerald L., und Weissman, Myrna: Interpersonal Psychotherapy of Depression, Basic Books, New York 1984

Kolbenschlag, Madonna: Kiss Sleeping Beauty Goodbye, Bantam Books, New York 1981

Kull, Steven: »Nuclear War and the Desire for World Destruction». In: Political Psychology, Heft 4, Nr. 3, September 1983

Lewis, C. S.: Till We Have Faces, Harcourt Brace Jovanovich, San Diego 1956

Lifton, Robert Jay, und Humphrey, Nicholas: In a Dark Time, Harvard University Press, Cambridge, Mass. 1984

Lockart, Richard: Money and Soul, Spring Publications, Dallas 1983

Luke, Helen M.: Dark Wood to White Rose, Dove Publications, Pecos, New Mexico 1975

Luke, Helen M.: The Way of Woman Ancient and Modern, Apple Farms Publications, Three Rivers, Michigan 1979

Luke, Helen M.: Woman, Earth, Spirit, Crossroad, New York 1981

MAHDI, LOUISE C. (Hg.): Betwixt and Between: Patterns of Masculine and Feminine Initiation, Open Court, La Salle, Illinois 1987

MELLO, ANTHONY DE: Meditieren mit Leib und Seele. Neue Wege der Gotteserfahrung, Butzon & Bercker, 3. Aufl., Kevelaer 1987

MELLO, ANTHONY DE: The Song of the Bird, Image Books, New York 1982 (deutsch: Warum der Vogel singt. Geschichten für das richtige Leben, Herder, 6. Aufl., Freiburg 1987)

MELLO, ANTHONY DE: Wellsprings: A Book of Spiritual Exercises, Doubleday, New York 1986

MENNINGER, KARL: Whatever Became of Sin? Bantam Books, New York 1988

MENNINGER, KARL: Strafe – ein Verbrechen? Erfahrungen und Thesen eines amerikanischen Psychiaters, Fischer, Frankfurt am Main 1982

MILLON, THEODORE: Disorders of Personality, John Wiley, New York 1981

NEUMANN, ERICH: Tiefenpsychologie und neue Ethik, Fischer, Frankfurt am Main (o. J.)

OLIN, WILLIAM F.: Escape From Utopia. Peace Press, Santa Cruz, Kalifornien 1980

OUSPENSKY, PETER D.: In Search of the Miraculous, Harcourt Brace Jovanovich, San Diego 1949 (deutsch: Auf der Suche nach dem Wunderbaren. O. W. Barth, Weilheim 1966)

PALMER, HELEN: Das Enneagramm. Sich selbst und andere verstehen lernen, Knaur Taschenbuch 4244, München 1991)

PARENTI, MICHAEL J.: Power and the Powerless, ST. Martin's Press, New York 1977

PECK, M. SCOTT: People of the Lie, Simon & Schuster, New York 1984

PECK, M. SCOTT: Der wunderbare Weg. Eine neue Psychologie der Liebe und des spirituellen Wachstums, Bertelsmann, Gütersloh 1986

PHILLIPS, MICHAEL: The Seven Laws of Money, Random House, New York 1974

RICE, EDWARD: The Man in the Sycamore Tree, Doubleday, New York 1970

RICH, ADRIENNE: On Lies, Secrets and Silence, W. W. Norton, New York 1979

ROETHKE, THEODORE: Collected Poems, Doubleday, New York 1966

SANFORD, JOHN A.: Evil: The Shadow Side of Reality, Crossroad, New York 1984

SANFORD, JOHN A.: The Man Who wrestled With God. Paulist Press, New York 1981

SAYERS, DOROTHY L.: The Mind of the Maker, New American Library, New York 1956

SCHAEF, ANNE WILSON: When Society Becomes an Addict, Harper & Row, New York 1987

SEXTON, MARY PATRICIA: The Dante Jung Correspondence, Joyce Motion Picture Co., Northridge, Kalifornien 1975

SOLZHENITSYN, ALEKSANDR I.: A World Split Apart, Harper & Row, New York 1978

TART, CHARLES: Waking Up: Overcoming the Obstacles to Human Potential, Shambhala, Boston 1986 (deutsch: Hellwach und bewußt leben, Scherz, München 1988)

TART, CHARLES: Transpersonal Psychologies, Harper & Row, New York 1975 (deutsch: Transpersonale Psychologie, Walter, Olten 1978)

TUCHMAN, BARBARA: The March of Folly, Alfred A. Knopf, New York 1984 (deutsch: Die Torheit der Regierenden. Von Troja bis Vietnam, Fischer, Frankfurt am Main 1987)

WAGNER, JANE: The Search Signs of Intelligent Life in the Universe, Harper & Row, New York 1986

WELCH, JOHN: Spiritual Pilgrims: Carl Jung and Teresa of Avila, Paulist Press, New York 1982

Zeitschriften und Magazine

Dollars and Sense

International Journal of the Creative Arts in Psychotherapy

New Age

Spring

The Defence Monitor

Washington Spectator

transformation

Marcus Allen
Tantra für den Westen
Der direkte Weg zur persönlichen Freiheit (8392)
Astrologie für das Neue Zeitalter (8517)

Lynn Andrews
Die Medizinfrau
Der Einweihungsweg einer weißen Schamanin (8094)

Itzhak Bentov
Auf der Spur des wilden Pendels
Abenteuer im Bewußtsein (7973)
Comic Book
Wie die Schöpfung funktioniert (8334)

Joachim-Ernst Berendt
Nada Brahma – die Welt ist Klang (7949)
Das Dritte Ohr
Vom Hören der Welt (8414)

Morris Berman
Wiederverzauberung der Welt
Am Ende des Newtonschen Zeitalters (7941)

Arthur J. Deikmann
Therapie und Erleuchtung
Die Erweiterung des menschlichen Bewußtseins (8089)

Larry Dossey
Die Medizin von Raum und Zeit
Ein Gesundheitsmodell. Vorwort von Fritjof Capra (8327)

Norbert A. Eichler
Das Buch der Wirklichkeit
Das I Ging für das Wassermann-Zeitalter (7921)

Reshad Feild
Leben um zu heilen (8509)
Schritte in die Freiheit
Die Alchemie des Herzens (8503)

Piero Ferrucci
Werde was du bist
Selbstverwirklichung durch Psychosynthese (7980)

rororo sachbuch transformation

C 2296/3

transformation

Tathang Tulku
Raum, Zeit und Erkenntnis
Aufbruch zur neuen Erfahrung von Welt und Wirklichkeit (8099)

Klausbernd Vollmar
Fahrplan durch die Chakren
Ein Übungsbuch zur Aktivierung der Energiezentren (8513)

Janwillem van de Wetering
Ein Blick ins Nichts
Erfahrungen in einer amerikanischen Zen-Gemeinde (7936)

Robert Anton Wilson
Der neue Prometheus
Die Evolution unserer Intelligenz (8350)

Gary Zukav
Die tanzenden Wu Li Meister
Der östliche Pfäd zum Verständnis der modernen Physik: vom Quantensprung zum Schwarzen Loch (7910)

rororo sachbuch transformation

C 2296/3 c

Körpererfahrung

Nathaniel Branden
Ich liebe mich auch
Selbstvertrauen lernen (8486)

Julius Fast
Typisch Frau! Typisch Mann!
Warum Mann und Frau so verschieden sind und trotzdem harmonisieren können (7102)

Muriel James/Dorothy Jongeward
Spontan leben
Übungen zur Selbstverwirklichung (8301)

Frédérick Leboyer
Weg des Lichts
Yoga für Schwangere – Texte und Übungen (7855)

Else Müller
Hilfe gegen Schulstreß
Übungsanleitungen zu Autogenem Training, Atemgymnastik und Meditation für Kinder und Jugendliche (7877)
Bewußter Leben durch Autogenes Training und richtiges Atmen
Übungsanleitungen zu AT, Atemtraining und meditative Übungen durch gelenkte Phantasien (7753)

Martin Siems
Dein Körper weiß die Antwort
Focusing als Methode der Selbsterfahrung (7968)

Deenbandhu Yogi (Detlef Uhle)
Das rororo Yoga-Buch für Anfänger
(7891)

SACHBUCH rororo

C 2163/6

Lernprogramme

Eine Auswahl

Georg R. Bach/Laura Torbet
Ich liebe mich – ich hasse mich
Fairness und Offenheit im Umgang mit sich selbst (7891)

Maren Engelbrecht-Greve/Dietmar Juli
Streßverhalten ändern lernen
Programm zum Abbau psychosomatischer Krankheitsrisiken (7193)

Wayne W. Dyer
Der wunde Punkt
Die Kunst, nicht unglücklich zu sein. Zwölf Schritte zur Überwindung der seelischen Problemzonen (7384)

G. Hennenhofer/K. D. Heil
Angst überwinden
Selbstbefreiung durch Verhaltenstraining (6939)

Rainer E. Kirsten/Joachim Müller-Schwarz
Gruppentraining
Ein Übungsbuch mit 59 Psycho-Spielen, Trainingsaufgaben und Tests (6943)

Gerhard Krause
Positives Denken – der Weg zum Erfolg
13 Bausteine für ein erfülltes Leben (7952)

Walter F. Kugemann
Lerntechniken für Erwachsene
(7123)

Michael P. Nichols
40 werden
Die zweite Lebenshälfte als Chance zur Veränderung (8425)